# BETHLÉEM EN PALESTINE

DE PIERRE PÉAN

*Pétrole, la 3e guerre mondiale*, Calmann-Lévy, 1974.
*Après Mao, les managers*, Fayolle, 1977.
*Bokassa Ier*, Alain Moreau, 1977.
*Les Émirs de la République*, en collaboration avec Jean-Pierre Séréni, Seuil, 1982.
*Les Deux Bombes*, Fayard, 1982, nouvelle édition 1991.
*Affaires africaines*, Fayard, 1983.
*V, l'affaire des « avions renifleurs »*, Fayard, 1984.
*Secret d'État*, Fayard, 1986.
*Les Chapellières*, récit, Albin Michel, 1987.
*La Menace*, Fayard, 1988.
*L'Argent noir*, Fayard, 1988.
*L'Homme de l'ombre*, Fayard, 1990.
*Vol UT 772*, Stock, 1992.
*Le Mystérieux Docteur Martin*, Fayard, 1993.
*Une jeunesse française, François Mitterrand, 1934-1947*, Fayard, 1994.
*L'Extrémiste, François Genoud, de Hitler à Carlos*, Fayard, 1996.
*TF1, un pouvoir,* en collaboration avec Christophe Nick, Fayard, 1997.
*Vies et morts de Jean Moulin*, Fayard, 1998.
*La Diabolique de Caluire*, Fayard, 1999.

DE RICHARD LABÉVIÈRE

*Les Dollars de la terreur. Les États-Unis et les islamistes*, Grasset, 1999.

Pierre Péan
Richard Labévière

# BETHLÉEM EN PALESTINE

Fayard

1

# « Jésus est palestinien »

Le drapeau palestinien flotte sur la basilique de la Nativité. « Pour la première fois depuis des siècles, il n'y aura pas de troupes d'occupation sur la place de la Crèche », dit Georges Abou Kassem, le curé catholique de Bethléem, avant que ne commencent les fêtes de Noël 1995. Quatre jours auparavant, les militaires israéliens ont évacué la ville, qu'ils occupaient depuis plus de vingt-huit ans.

Comme à toutes les veilles de Noël depuis bientôt cent cinquante ans, le patriarche latin de Jérusalem – depuis 1988, c'est un Palestinien, Michel Sabbah, né à Nazareth en 1933 – est parti en milieu de journée pour Bethléem, accompagné solennellement par une escorte israélienne jusqu'au tombeau de Rachel, à l'entrée de la ville de la Nativité. Quand Jérusalem était sous domination ottomane, l'escorte était turque ; sous le mandat britannique, elle était anglaise ; quand Jérusalem devint jordanienne, elle était jordanienne. Depuis l'occupation de Jérusalem-Est et de la Cisjordanie par Israël en 1967, l'escorte a été israélienne sur l'intégralité du parcours d'une dizaine de kilomètres qui va du siège du patriarcat à l'église de la Nativité. Israël ayant libéré Bethléem en application des accords d'Oslo, l'escorte israélienne s'arrête à la limite qu'Israël considère comme la frontière entre Jérusalem et Bethléem rendue aux Palestiniens. Après la tombe de Rachel, la procession est immédiatement encadrée par des dizaines de policiers palestiniens à cheval, kalachnikov en bandoulière, drapeau palestinien à la main, et elle traverse Bethléem jusqu'à la place de la Nativité. Là, le patriarche est reçu par les autorités civiles et religieuses de Bethléem, notamment le maire chrétien, Élias Freij, et le custode – chef de la « province » franciscaine de Terre sainte qui garde pour les catholiques les Lieux saints, notamment ceux de Bethléem. Pour rendre compte des faits et gestes immuables du patriarche jusqu'à la fin de la messe de minuit, on pourrait indifféremment prendre l'une des descriptions qui en ont été faites au siècle dernier, par exemple celle du père Frédéric de Ghyvelde, un franciscain français qui effectua son premier pèlerinage à Bethléem en 1876 :

« Là, si le temps est sec, notre sacristain [un franciscain] étend un tapis par terre ; si le temps est humide, il y met, en place du tapis, une natte. Le Patriarche revêt là la *Cappa Magna* et, précédé de tout le clergé séculier et régulier, il s'avance processionnellement en traversant toute la grand-place de Sainte-Hélène [autre façon de désigner la place de la Nativité, ou place de la Crèche]. Arrivé à la porte extérieure de la Basilique, il est reçu par le père Gardien [le franciscain responsable des Lieux saints de Bethléem], là, à l'extérieur, avec le même cérémonial dont on use à la Pierre de l'Onction vis-à-vis du Patriarche aux entrées solennelles du Très-Saint Sépulcre : c'est-à-dire baisement de la petite Croix, eau bénite, encens. Là se trouvent préparés un petit tapis et le coussin, comme à la Pierre de l'Onction. Puis la procession continue, entre dans la Basilique, prend à gauche, passe par la petite porte latérale qui donne sur le cloître Saint-Jérôme, et se rend directement au trône pontifical, préparé dans le *presbytarium* de notre église Sainte-Catherine[1], et l'on commence les premières vêpres pontificales. Les vêpres terminées, le Patriarche se retire. »

Ainsi Michel Sabbah a-t-il fait. Le patriarche n'assiste pas aux complies, car il est parti se reposer dans les appartements du custode, à l'intérieur du monastère franciscain. Puis on va le chercher pour la procession quotidienne.

Avant minuit, Yasser Arafat – en uniforme vert olive, coiffé de son traditionnel keffieh – est devant la basilique. Sous les vivats des milliers de Palestiniens agglutinés sur la place, il déclare : « Je suis venu saluer le premier Palestinien, Jésus-Christ, le Messie par qui le message de paix se concrétisera. » Le président de l'Autorité palestinienne exerce depuis quatre jours le pouvoir temporel sur le lieu de naissance de Jésus. Il tient à rassurer la population chrétienne palestinienne et salue le clergé, gardien des églises, au nom de l'unité nationale. Précédé d'un *kawas* (huissier), il pénètre alors dans la basilique construite sous Justinien au VIe siècle et se rend d'abord, l'espace de quelques minutes, à l'office anglican où il fait une brève intervention. Il se pose en disciple du message pacifique du Christ, soulignant : « Nous allons poursuivre notre œuvre de paix, car Jésus-Christ a lutté pour la paix, et nous devons faire en sorte que cet objectif soit réalisé... J'espère que Dieu rapprochera chrétiens et musulmans dans ce pays... » Arafat quitte ensuite la basilique pour rejoindre l'église catholique Sainte-Catherine où va se dérouler la messe pontificale.

1. Nous verrons plus tard que tous ces rites ont une explication historique. Les franciscains célèbrent leurs offices dans l'église Sainte-Catherine, car ils n'ont pas le droit de le faire dans la basilique elle-même, réservée aux « frères séparés », grecs et arméniens.

Près d'un millier de fidèles se sont mis à l'applaudir frénétiquement, rompant ainsi le cérémonial ancestral. Il gagne le rang de sièges où est déjà installée son épouse Souha, chrétienne orthodoxe, toute de noir vêtue. Une épouse qui a tout fait pour rassurer les chrétiens dans les jours précédant la cérémonie à laquelle son mari attache tant d'importance, rappelant par exemple à la RTBF (télévision belge) : « Yasser Arafat a déclaré Noël jour férié. Comment quelqu'un peut-il avoir peur de Yasser Arafat, lui qui est entouré de chrétiens dans son bureau, dans toutes les représentations de l'OLP en Europe ? Qui peut avoir peur de Yasser Arafat, l'homme qui a été reçu par tous les principaux évêques et les principaux leaders catholiques et protestants, et par les cheikhs de Jérusalem, notamment le Grand Mufti ?... Il a donné l'autorisation de construire des églises à Gaza. On ne peut pas avoir peur de l'homme qui est à la tête de l'État palestinien. Personne ne devrait avoir peur de lui. C'est ici le pays du Christ. Yasser Arafat suivra les pas du Christ... »

À la gauche de Yasser Arafat, dans l'église Sainte-Catherine, est installé le maire de Bethléem, lui-même chrétien orthodoxe. Tout près se tient aussi le consul de France[1] et le custode. Ainsi sont réunis les principaux acteurs qui, depuis des siècles, régentent la vie mouvementée de la ville de la Nativité : le pouvoir temporel (le président de l'Autorité palestinienne et le maire de Bethléem), le consul de France (la France est traditionnellement restée la protectrice des Lieux saints et des communautés religieuses), le patriarche latin (chef catholique de Terre sainte) et le

1. En réalité, c'est le consul général adjoint, M. Jean-Christophe Peaucelle, qui était présent, car le nouveau consul de France, Stanislas de La Boulaye, n'avait pas encore rejoint son poste.

custode (responsable pour le catholicisme de la garde des Lieux sacrés de Terre sainte, notamment de la grotte de la Nativité). Il ne manque qu'un représentant d'Israël qui, comme nous le verrons, pèse encore très lourd dans les destinées de Bethléem, ne serait-ce que par le contrôle exercé sur les accès à la ville.

« Ce Noël marque le début de la liberté palestinienne et le début de la réconciliation entre Palestiniens et Juifs », déclare Michel Sabbah dans son sermon. Il demande « la paix et la tranquillité pour les peuples de la région » : « Nous prions pour les dirigeants politiques, pour les personnes de bonne volonté, et aussi pour ceux qui refusent cette paix afin que leur cœur s'éclaire. Nous appelons nos frères juifs et musulmans à vivre ensemble », a-t-il conclu avant d'entonner le *Credo*. Le même patriarche, proche de Yasser Arafat, déclarait quelques jours auparavant, après s'être réjoui de la « liberté recouvrée à Bethléem », que les « violents affrontements et les représailles militaires qui faisaient tant souffrir les Palestiniens sont terminés. La paix progresse, mais [...] une paix juste implique de rendre aux Palestiniens toute leur liberté. Elle seule pourra garantir la sécurité recherchée par les Israéliens ». Le patriarche de Jérusalem soulignait en effet que la partie orientale de la ville était, depuis mars 1993, inaccessible à la plupart des Palestiniens. Or c'est là que se trouvent les principaux Lieux saints...

La messe pontificale terminée, une nouvelle procession commence. Le patriarche, qui porte l'Enfant Jésus disposé dans une petite crèche, descend la nef de l'église Sainte-Catherine, tourne à gauche vers la porte de Joinville qui sépare l'église de la basilique de la Nativité, la franchit et se dirige tout droit, à travers la chapelle arménienne, vers l'escalier nord qui mène à la grotte située au-dessous du chœur de la basilique. Les « Latins » – c'est ainsi que l'on désigne depuis longtemps les gardiens franciscains des lieux – ne peuvent utiliser que cet escalier, alors que les « Grecs » – terme générique désignant les moines orthodoxes qui, traditionnellement, sont en effet le plus souvent de nationalité grecque – ont l'usage exclusif de l'escalier sud. Le patriarche arrive dans la grotte qui a une forme plus ou moins rectangulaire (12,30 m sur 3,50 m) et où règne une certaine pénombre (en dépit de quarante-huit lampes). Entre les deux escaliers, encadré par deux colonnes de pierre rose, l'autel de la Nativité, interdit aux Latins, et, sous la table de l'autel, posée sur un sol de marbre, une étoile d'argent à quatorze branches portant l'inscription : *« Hic de Virgine Maria Jesus Christus natus est »*, indiquant, selon la tradition, l'endroit précis où est né Jésus. Quinze lampes sont disposées au-dessus de l'étoile. Le patriarche dépose l'Enfant Jésus sur l'étoile d'argent. Le sacristain des Latins déroule sur le pavé, devant l'emplacement exact de la Nativité, un tapis qui, de là, va couvrir une bonne moitié de la grotte.

Les participants à la procession entonnent un hymne, puis le diacre prend l'Enfant Jésus et va le déposer à deux mètres de là, dans la crèche (ou mangeoire) située légèrement en contrebas, dans un petit espace qui abrite également l'autel des Mages où les Latins ont le droit de célébrer la messe. Ils ont à peine le temps de remarquer le lourd revêtement d'amiante qui recouvre trois des parois de la grotte, offert en 1873 par le maréchal Mac-Mahon, président de la République française, à la suite d'un incendie provoqué par les Grecs en 1869. Un don qui rappelle le rôle éminent de la France dans ces lieux chargés d'Histoire, mais aussi le conflit séculaire, autour et jusqu'à l'intérieur de la grotte, entre Grecs et Latins.

La procession remonte vers l'église Sainte-Catherine et les officiants se perdent dans la nuit.

Les caméras du monde occidental ont suivi les cérémonies qui s'achèvent. Il vient de se passer quelque chose d'extraordinaire qui ne peut qu'avoir frappé les centaines de millions de téléspectateurs : dans ce lieu mythique, tout juste libéré, un homme considéré hier encore comme un « terroriste » a occupé la place d'honneur au côté d'un dignitaire catholique palestinien. Jésus fait encore recette...

Le Christ est-il vraiment né là ?

L'histoire commence en tout cas avec Matthieu l'Évangéliste qui raconte :

> « Jésus étant né à Bethléem de Judée au temps du roi Hérode, voici que les mages venus d'Orient arrivèrent à Jérusalem en disant : *"Où est le roi des Juifs qui vient de naître ? Nous avons vu, en effet, son astre se lever et sommes venus lui rendre hommage."* L'ayant appris, le roi Hérode s'émut, et tout Jérusalem avec lui. Il assembla tous les grands prêtres avec les scribes du peuple et il s'enquit auprès d'eux du lieu où devait naître le Christ. *"Bethléem de Judée,* lui dirent-ils ; *ainsi, en effet, est-il écrit par le prophète :*
>
> Et toi, Bethléem, terre de Juda,
> tu n'es nullement le moindre des clans de Juda ;
> car de toi sortira un chef
> qui sera pasteur de mon peuple Israël."
>
> Alors Hérode manda secrètement les mages, se fit préciser par eux le temps de l'apparition de l'astre et les envoya à Bethléem en disant : *"Allez vous renseigner exactement sur l'enfant ; et quand vous l'aurez trouvé, avisez-moi afin que j'aille, moi aussi, lui rendre hommage."*

Sur ces paroles du roi, ils se mirent en route ; et voici que l'astre, qu'ils avaient vu à son lever, les précédait jusqu'à ce qu'il vînt s'arrêter au-dessus de l'endroit où était l'enfant. À la vue de l'astre, ils se réjouirent d'une très grande joie. Entrant alors dans le logis, ils virent l'enfant avec Marie sa mère et, se prosternant, ils lui rendirent hommage ; puis, ouvrant leurs cassettes, ils lui offrirent en présents de l'or, de l'encens et de la myrrhe. Après quoi, avertis en songe de ne point retourner chez Hérode, ils prirent une autre route pour rentrer dans leur pays.

Après leur départ, voici que l'Ange du Seigneur apparaît en songe à Joseph et lui dit : *"Lève-toi, prends avec toi l'enfant et sa mère, et fuis en Égypte ; et restes-y jusqu'à ce que je te dise. Car Hérode va rechercher l'enfant pour le faire périr."*

Il se leva, prit avec lui l'enfant et sa mère, de nuit, et se retira en Égypte ; et il resta là jusqu'à la mort d'Hérode pour que s'accomplît cet oracle prophétique du Seigneur :

*"D'Égypte j'ai appelé mon fils."*

Alors Hérode, voyant qu'il avait été joué par les mages, fut pris d'une violente fureur, et envoya mettre à mort, dans Bethléem et tout son territoire, tous les enfants de moins de deux ans, d'après le temps qu'il s'était fait préciser par les mages. »

Luc précise que Marie « mit au monde son fils premier-né, l'enveloppa de langes et le coucha dans une crèche, parce qu'il n'y avait pas de place pour eux à l'hôtellerie ».

Peut-on prendre ces textes pour... paroles d'Évangile ? Il n'est pas possible de savoir exactement si la grotte était une des innombrables cavités naturelles des environs de Bethléem ou une caverne aménagée en étable à l'intérieur d'une auberge. La tradition qui remonte à la première moitié du IIe siècle dit qu'il s'agit d'une grotte-étable[1]. Le traité d'Origène, exégète et théologien, père de l'Église grecque, parle, vers 248, de la vénération de la grotte : « À propos de la naissance de Jésus à Bethléem, si, après la prophétie de Michée et l'histoire écrite dans les Évangiles par les disciples de Jésus, quelqu'un désire d'autres preuves, qu'il sache que, conformément à ce que l'Évangile raconte sur sa naissance, on montre à Bethléem la grotte où il est né, et, dans la grotte, la mangeoire où il fut enveloppé de langes. Ce qu'on montre est si connu en ces lieux que même les personnes étrangères à notre foi savent que, dans cette grotte, est né le Jésus adoré et admiré par les chrétiens. »

Jusqu'en 1948, ces chrétiens ont été en écrasante majorité à Bethléem. En 1834, les musulmans furent même chassés de leur quartier sur ordre du fils du gouverneur d'Égypte. Toutes les activités économiques, sociales et religieuses des chrétiens tournaient autour de la grotte et de la basilique. Très liés entre eux, organisés autour de leurs prêtres latins ou grecs, ils ont vécu au rythme des conflits ancestraux pour le contrôle des Lieux saints.

Tout l'équilibre de la ville de la Nativité a volé en éclats, en 1948, avec l'arrivée massive des réfugiés musulmans chassés de leur terre ou fuyant le nouvel État d'Israël. Bethléem était alors sous la dépendance du royaume hachémite de Jordanie. En quelques semaines, la population passa de 9 000 habitants – chrétiens pour l'essentiel – à 35 000. Les chrétiens se retrouvaient dès lors minoritaires dans la ville qui avait vu naître leur Messie.

---

1. Maria Teresa Petrozzi, *Bethléem*, Franciscan Printing Press, Jérusalem, 1985.

# 2

# Du sang dans la grotte

La grotte de la Nativité n'est décidément pas le havre de paix dont nous rêvions, enfants. Depuis bientôt vingt siècles, des confessions, des nations, des individus se sont battus pour elle, et même à l'intérieur de ses murs ! Beaucoup de sang y a été versé...

Depuis la guerre de Crimée, déclenchée à cause du vol, par des moines grecs, de l'étoile de la Nativité installée dans la grotte à l'endroit précis où Jésus est censé avoir vu le jour, un soldat turc se tient sur place en permanence pour prévenir tout incident grave. Le jeudi 26 octobre 1893, c'est au tour de Hassan ben Hussein d'être de faction. Musulman, il a 25 ans, ne sait ni lire ni écrire, et ouvre de grands yeux devant le spectacle des moines « infidèles ». Il a pour mission de signaler sur-le-champ tout début de friction entre les franciscains et les Grecs, afin d'éviter que le moindre incident dégénère, comme il advient souvent. Mais ce qui se produit ce jour-là dépasse son entendement :

« À 10 heures est arrivé un *kawas* [huissier] suivi de deux messieurs européens. Ils ont commencé à visiter et, pendant leur visite, sont descendus à la grotte les religieux latins, pour faire leur procession, raconte-t-il quelques instants plus tard. Le sacristain latin a dit au *kawas* de se retirer ; ce dernier n'a pas voulu le faire et a frappé avec sa cravache ledit sacristain, puis a tiré des coups de revolver sur lui. Le frère a retenu la main du *kawas* qui brandissait la cravache après en avoir été frappé, et c'est alors que le *kawas* a fait usage de son revolver contre le sacristain, lequel est tombé par terre. Un autre religieux a aussi reçu une balle. Leurs compagnons sont immédiatement arrivés, et moi, au moment où le *kawas* a tiré, je suis monté en haut de l'escalier et j'ai appelé les soldats[1]... »

Témoin impartial, le soldat turc ne connaît pas tous les tenants et aboutissants de cette ténébreuse affaire. Avant de reconstituer ce meurtre impensable, imaginons un peu la scène : le moine qui fait fonction de sacristain dans la grotte est allongé par terre, mort, son sang s'écoule sur les dalles entre l'autel de la Nativité, sous lequel est clouée l'étoile, et l'autel des Mages ; à ses côtés, juste devant l'étoile, gît aussi le père Raphaël, 76 ans, un Italien né à Ancône : du sang coule de son bras gauche, car il a reçu une balle alors qu'il était agenouillé devant l'étoile.

Nicolas Djuric, Dalmate autrichien, travaille pour la Société russe de Palestine. Il est armé afin d'être à même de défendre ses pèlerins, comme c'est la coutume. Pour bien comprendre ce meurtre, il est en effet nécessaire d'en connaître le contexte. Depuis environ un siècle, la Russie s'intéresse de près aux Lieux saints, a beaucoup investi à Jérusalem et revendique le rôle de protectrice des sujets orthodoxes de l'Empire ottoman au même titre que la France l'est vis-à-vis des catholiques du Levant. La Russie se démène alors énergiquement pour racheter la basilique

1. Archives diplomatiques, consulat de Jérusalem, série A, carton 21(2). Tous les éléments de ce chapitre ont été puisés à cette source.

de la Nativité à la Sublime Porte. Bethléem fait en effet partie de la Palestine, province de l'Empire ottoman.

Il faut aussi avoir en tête que Grecs orthodoxes et Latins sont en conflit depuis des siècles à propos de leurs droits respectifs sur la grotte. Djuric est orthodoxe, et, ce 26 octobre, accompagne deux pèlerins russes, le baron de Hahn, membre du tribunal de Iaroslav, et un certain Homoutov, propriétaire foncier, pour visiter la grotte. La coutume veut que lors de la procession quotidienne des Latins – c'est-à-dire des franciscains qui gardent les Lieux saints depuis le XIVe siècle –, les visiteurs doivent quitter les lieux, et c'est encore plus vrai s'ils n'appartiennent pas au même rite. Même le sacristain grec qui était en train de déposer un œillet sur la tapisserie de la crèche a demandé au guide et aux pèlerins russes de partir quand il a entendu les Latins entamer leur descente par l'escalier nord. Si les deux pèlerins ont tenu compte de sa recommandation et commencé à remonter les marches de l'escalier sud, leur guide, lui, est resté dans la grotte. C'est en arrivant au haut des marches que le sacristain grec a entendu les coups de feu.

Dans les minutes qui suivent le meurtre, les soldats turcs saisissent Nicolas Djuric et l'emmènent à la caserne turque toute proche. Les franciscains transportent leur mort et leur blessé au monastère Saint-Sauveur qui jouxte la basilique de la Nativité. Les autorités turques, aussitôt prévenues, commencent l'instruction de l'affaire. Les pèlerins russes et leur guide prétendent que le sacristain catholique a poussé Djuric, dont la tête a heurté une lampe. De l'huile lui aurait coulé sur la figure. Indigné, le guide aurait alors repoussé le moine, lequel aurait pris ses grosses clés pour le frapper au visage. Le service religieux aurait cessé soudainement, les lampes se seraient éteintes et un coup de feu serait parti des profondeurs de la grotte. Ce n'est qu'à ce moment-là que Djuric aurait porté la main à son revolver. Puis les franciscains s'en seraient pris au guide qui, en état de légitime défense, aurait fait feu...

Cette version est d'abord répandue par les Grecs. La rumeur est reprise par le consul général de Russie qui, prévenu en hâte du grave incident, débarque rapidement sur place. L'interrogatoire des témoins vient juste de se terminer. Les Turcs savent déjà à quoi s'en tenir grâce aux témoignages des deux soldats. D'un ton arrogant, le consul demande alors qu'on lui amène le prisonnier. Les Turcs refusent. Le diplomate réclame que Nicolas Djuric soit écroué à la prison consulaire russe. Après une demi-heure d'invectives, le consul relève les noms des fonctionnaires présents et déclare qu'il va porter plainte contre eux. Le diplomate russe et ses trois collaborateurs quittent les lieux et se retirent au monastère grec qui jouxte la basilique de la Nativité, faisant pendant à son homologue franciscain.

Deux jours plus tard, le consul de Russie écrit à son collègue français qui suit évidemment l'affaire de fort près, puisque les gardiens franciscains des Lieux saints sont placés sous sa protection et que leur chef, le custode, l'a saisi aussitôt – et exclusivement – après le meurtre.

Le Russe évoque « un attentat à main armée commis par des franciscains dans la grotte de la Nativité contre la vie de ressortissants russes [...] et contre la vie du sujet autrichien Nicolas Djuric, qui est au service de la Société impériale russe orthodoxe de Palestine »... Il réclame la liste des moines présents dans la grotte et exige que soient arrêtés « ceux d'entre eux qui relèvent de votre juridiction ».

En réponse, le consul de France lui demande à pouvoir entendre les fameux pèlerins. Le Russe refuse. Dans ces conditions, le Français ne donne pas suite à la plainte russe déposée contre les franciscains. Il est très fortement agacé par le comportement de son collègue. Il apprend en effet que ce dernier a rendu visite à l'assassin et lui a même laissé un beau cadeau. Mais le représentant de la France a reçu pour instructions très fermes du Quai d'Orsay de « garder des relations courtoises avec son collègue russe » ; il en est « effaré », car il le considère comme « dangereux ». Mais les deux pays se sont déjà fait une guerre pour Bethléem, et Paris estime que cela suffit.

En fin de compte, les gesticulations du consul de Russie auront néanmoins pour résultat la destitution du *mudir* (responsable de l'administration turque) de Bethléem.

3

# Israël contrôle l'accès à la grotte

Depuis les temps les plus anciens, les pèlerins ont été empêchés de circuler ou rançonnés par ceux qui contrôlaient l'accès aux Lieux saints et ne partageaient pas leur foi. Si la ville même de Bethléem est, depuis le 21 décembre 1995, sous contrôle de l'Autorité palestinienne, son accès reste contrôlé par les Israéliens dans la mesure où la ville de la Nativité est comme une enclave en territoire israélien. Impossible d'y aller sans transiter par Israël. La plupart des visiteurs de la grotte passent par l'aéroport de Tel-Aviv et, de là, empruntent un taxi ou un car. Si le pèlerin prend un avion d'El Al au départ de Paris, il sera l'objet, dès Orly, d'un premier interrogatoire tatillon et désagréable, puis d'un second à son arrivée. S'il emprunte un vol d'une autre compagnie, le contrôle, aussi sévère, s'effectuera seulement à Tel-Aviv. En bus ou en taxi, le pèlerin prendra ensuite la direction de Jérusalem où est mort le Christ. Il sortira de la Ville sainte par une route à quatre voies qui dessert prioritairement les colonies de la banlieue sud. Cet axe a été récemment aménagé à partir de la route principale qui mène à Hébron, à une quarantaine de kilomètres plus au sud. Quelques belles maisons patriciennes en pierres blanches attirent l'œil : elles étaient occupées avant 1948 par des Palestiniens, notamment par des Bethléemites.

Une zone rocailleuse et vallonnée sépare Jérusalem de Bethléem. Le voyageur laisse sur sa gauche l'imposante bâtisse du monastère orthodoxe de Saint-Élias qui a, depuis des temps immémoriaux, marqué la limite entre les deux villes saintes. Les autorités municipales de Bethléem s'y déplaçaient traditionnellement pour accueillir leurs visiteurs. Après un virage qui débouche sur une petite côte, le regard est attiré par des projecteurs orange qui restent allumés tout le jour. De part et d'autre de la route, plusieurs écriteaux comportent des inscriptions en arabe et en anglais invitant les passagers des véhicules à préparer « leurs documents en vue d'un contrôle ». Puis le pèlerin découvre en haut de la côte une série de balises en plastique rouges et blanches qui canalisent la circulation jusqu'à un mirador. De l'intérieur de la tour d'observation d'une bonne dizaine de mètres de haut, un soldat scrute les alentours avec une paire de jumelles posée sur un trépied, à côté d'un affût de mitrailleuse.

Au milieu des voies, une casemate en béton flanquée d'un toit de toile abrite le poste militaire de contrôle. Trois soldats y surveillent en permanence le trafic, ininterrompu dans les deux sens. En sus des passeports et cartes d'identité, les papiers du véhicule sont contrôlés et parfois longuement épluchés, ainsi que le permis d'accès à Jérusalem pour les Palestiniens. Les véhicules palestiniens à plaques blanches et numéros verts n'ont pas le droit de sortir de l'enclave de Bethléem ; seuls ceux qui arborent des plaques jaunes à chiffres noirs, israéliennes, ont la possibilité de circuler dans les deux sens. Après une chicane, un rétrécissement de la voie marque la fin du *check-point* militaire.

Le regard du pèlerin remarque à main gauche une barrière métallique délimitant une coursive d'une centaine de mètres abritée de tôles ondulées et hérissée de trois drapeaux israéliens. C'est le passage piétonnier que doivent prendre en principe les journaliers palestiniens qui ont le droit de travailler en Israël, mais, en réalité, celui-ci est bien peu utilisé. Les piétons palestiniens contournent le plus souvent le poste de contrôle en traversant le terrain vague d'un entrepôt de matériels de travaux publics situé à proximité. Le sentier utilisé débouche juste derrière le mirador, entre deux clôtures de grillage renversées. Tous les matins, entre 5 et 8 heures, un flot continu de travailleurs palestiniens emprunte cet itinéraire qui débouche à une petite centaine de mètres de la casemate, et, de là, monte dans des taxis collectifs à destination des chantiers des colonies ou des exploitations agricoles avoisinantes. À tout moment, les Israéliens peuvent suspendre cette tolérance : ils ferment le sentier et obligent les journaliers palestiniens à utiliser la coursive métallique. Le pèlerin pourra alors apercevoir des Palestiniens refoulés, il pourra même assister à des scènes qui le mettront mal à l'aise, voire le choqueront : des Palestiniens attendant on ne sait quoi, les mains sur la tête...

Ce *check-point* est l'obsession de Hanna Nasser, 63 ans, nouveau maire catholique de Bethléem, nommé par Yasser Arafat le 14 juin 1997. Hanna Nasser était membre du Conseil municipal depuis 1972 et maire adjoint depuis 1976. Il nous reçoit en sa mairie, située place de la Nativité, juste à côté de la mosquée d'Omar. Il fait partie de la tribu des Faraya, une des six tribus chrétiennes de Bethléem, et peut attester, grâce aux registres paroissiaux de Sainte-Catherine, la paroisse franciscaine installée à côté de la basilique de la Nativité, la présence de ses aïeux à

Bethléem depuis 1760. Il a dix frères et sœurs ; sa mère a encore bon pied, bon œil, malgré ses 95 ans, et suffisamment d'énergie pour demander à son fils quand elle pourra récupérer les quatre maisons et les cinq terrains qu'ils possédaient à Jérusalem, que les Israéliens ont raflés à la famille, en 1948, au nom d'une mesure inique frappant les « propriétaires absents ». Réaliste, Hanna Nasser sait bien qu'il ne les récupérera jamais.

Le maire de Bethléem ouvre son entretien[1] en parlant de la nouvelle « catastrophe » que les Israéliens sont en train de fomenter contre les Bethléemites[2] : la transformation du *check-point*, passage obligé des pèlerins et des touristes sur le chemin de la grotte. Israël a décidé d'aménager à sa place un *check-point* beaucoup plus important, du style d'Erez, qui contrôle l'entrée de la bande de Gaza. Officiellement, il sera censé « améliorer » le passage des très nombreux touristes attendus à Bethléem pour les fêtes du Jubilé. Il ne sera utilisé que par les touristes, les colons juifs et les notables. Quant aux Palestiniens ordinaires, ils emprunteront une voie parallèle, située à moins de 200 mètres de la route principale. Le dispositif sera complété par un parking de sept cents places et une allée piétonnière de 650 mètres conduisant au « terminal piétonnier », comme à Gaza. Les Israéliens ont commencé par élever un mur autour du *check-point* actuel.

« Ainsi les pèlerins ne verront plus – comme cela arrive fréquemment aujourd'hui – des Palestiniens les mains sur la tête ou menottés dans l'attente du bon vouloir des soldats israéliens, explique le maire de Bethléem. Une nouvelle

1. Entretien avec les auteurs du 5 juillet 1999.

2. Le plan a été confirmé le 26 septembre 1999, selon un communiqué du Badil Resource Center du 30 septembre.

fois, les Israéliens repousseront les limites du Grand Jérusalem au détriment de celles de Bethléem, et confisqueront encore 300 dunums [1 *dunum* = 1 000 m$^2$], dont 27 appartiennent à la municipalité de Bethléem... »

Cette nouvelle restriction de mouvements entre sa ville et Jérusalem est, selon Hanna Nasser, « une décision politique qui brise un peu plus les liens entre les familles chrétiennes qui avaient l'habitude de se retrouver pour Noël, pour le Vendredi saint ou pour d'autres fêtes. Elle ne peut qu'avoir un impact économique négatif sur une ville où le chômage est déjà très important. »

Durant notre entretien, il reviendra constamment, quoique avec des mots différents, sur la cause principale des problèmes de Bethléem : la politique d'Israël. « Nous vivons sur une île et sommes victimes d'un apartheid dont le nouveau *check-point* est une parfaite illustration. La population est déprimée. La Cisjordanie et Gaza sont une même grande prison dont la clé se trouve en Israël... » Il parle avec amertume de la formidable injustice dont les Palestiniens sont victimes depuis plus d'un demi-siècle, et qui a été entérinée par le reste du monde : « Le monde a cru que les Arabes voulaient jeter les Israéliens à la mer, alors que la réalité était tout autre. Ce sont les Israéliens qui ont repoussé les Arabes dans le désert. Ils ont réussi à faire croire que les terres où ils se sont installés étaient vides !... » Comme tous les gens que nous avons rencontrés à Bethléem, Hanna Nasser fait un parallèle entre l'attention récemment portée par la communauté internationale aux Kosovars et le sort qui leur a été réservé : « Pour nous, l'OTAN n'a jamais appliqué les résolutions de l'ONU... C'est injuste ! »

Dès lors qu'il a abordé ce sujet, Hanna Nasser s'est animé, sa voix est devenue plus forte, plus persuasive. Tous les responsables palestiniens sont habités par ce même sentiment d'iniquité. Le maire retrace l'histoire de sa ville à grandes foulées, sans toutefois remonter avant la domination ottomane :

« Les Bethléemites n'ont jamais supporté le joug ottoman. La période du mandat britannique a été la meilleure. Après, la majorité a été obligée de partir. L'administration jordanienne a limité le développement... La plus mauvaise période de notre histoire est celle de l'occupation israélienne, à partir de juin 1967. Les familles ont dès lors été divisées. Des milliers d'étudiants qui avaient quitté Bethléem avec un laissez-passer israélien n'ont pu ensuite revenir et se sont retrouvés disséminés à travers le monde avec un statut de réfugiés. » Le maire décrit les confiscations de terres intervenues après l'annexion de Jérusalem-Est : 7 000 dunums, dont plus de 3 000 destinés à ouvrir des routes de contournement.

« *Ils* [le terme le plus courant pour désigner les Israéliens] sont les plus forts, les plus riches. Le monde se tait. L'Amérique et l'Europe ne veulent pas bouger. Ce qui a été fait en 1948 a été une grave faute, et les spoliations continuent. Il y a maintenant 180 000 colons en Cisjordanie. Les Palestiniens ne contrôlent qu'une toute petite partie de leur territoire. Je ne suis pas optimiste. Je ne peux oublier que Léa Rabin a dit que son mari ne voulait rendre que 60 % des territoires occupés... Si la crise économique continue, il y aura de graves problèmes... »

Il attend beaucoup de la présence de caméras du monde entier, braquées sur Bethléem à l'occasion des fêtes commémorant la naissance du Christ lors de la Noël 1999 : « Quelque chose doit être fait, car la situation est explosive... On approche de l'heure de vérité... Croire qu'Israël pourra vivre en paix alors que la Palestine n'aura récupéré que 60 % de ses terres et que le drapeau israélien flottera sur al Aqsa [la mosquée de Jérusalem] est une stupidité. Il faudrait qu'ils comprennent que leur sécurité ne sera assurée que du jour où il existera un État palestinien nanti de tous les attributs de la souveraineté. »

# 4

# Quand Bethléem était latine...

Vingt siècles d'une histoire particulièrement mouvementée : après avoir eu pour maîtres Rome, puis Byzance, les Perses, les Arabes musulmans, les Croisés francs, les Turcs, les Mamelouks d'Égypte, puis à nouveau les Turcs, puis encore l'Égypte pendant dix ans, et derechef la Sublime Porte jusqu'à la fin de l'Empire ottoman Bethléem la chrétienne a surtout vécu sous le joug musulman. Beaucoup de sang et beaucoup de larmes ont été versés pour la ville qui a vu naître le prince de la paix. En 1917, elle passe sous contrôle britannique et le reste jusqu'en 1948, date à laquelle elle est intégrée au royaume hachémite. En 1967, elle est occupée par les Israéliens et libérée, comme on l'a vu, juste avant Noël 1995. Comme si cette dépendance ne suffisait pas, religieux grecs et arméniens d'un côté, moines latins de l'autre s'entre-déchirent autour et dans la grotte de la Nativité.

Bethléem a en effet été mêlée de fort près à tous les conflits entre Rome et Byzance. Ceux-ci ont perduré après la chute de Constantinople. Les batailles qui resurgissent régulièrement entre les Grecs et les franciscains autour de la grotte, à propos d'une lampe ou du nettoyage d'un tapis, ne sont que les séquelles de combats féroces qui ont véritablement commencé dès 1054, avec le schisme qui sépara l'Église d'Occident et celle d'Orient. Des combats et des enjeux parmi lesquels il est souvent impossible de démêler la part du temporel et celle du spirituel. Ainsi le vol de l'étoile de la Nativité par les Grecs en 1847 entraîna-t-il, on l'a vu, la guerre de Crimée en 1854...

Si Bethléem n'a appartenu que quelques dizaines d'années au royaume franc de Jérusalem, elle a été protégée des agressions musulmanes comme de l'emprise des religieux grecs ou arméniens par la « fille aînée de l'Église » agissant en tant que bras armé de Rome et de la chrétienté d'Occident. Même après être devenue laïque et républicaine, la France est restée la protectrice des Lieux saints et des religieux latins jusqu'à l'arrivée des Britanniques à Jérusalem en 1917. Aujourd'hui encore, le consulat de Jérusalem entretient des relations étroites avec les minorités chrétiennes et les communautés religieuses « qu'il appuie (et défend) dans leurs démarches auprès des autorités [israéliennes], dont il subventionne les œuvres, dont il s'efforce de faire respecter les droits (immunités fiscales et douanières)[1] ».

Quand Jésus est né, la Palestine, administrée par Hérode, dépendait de l'Empire romain. À la mort de celui-ci, le pays est morcelé ; la Judée – et donc Bethléem – est rattachée à la province impériale de Syrie. Titus détruit le Temple et Jérusalem, mais épargne Bethléem, la ville voisine. Celle-ci est en revanche victime de la violence d'Hadrien après la deuxième révolte juive fomentée contre les Romains de

1. Jean-Pierre Valognes, *Vies et morts des chrétiens d'Orient*, Fayard, 1994.

132 à 135. L'empereur romain, en lutte contre les judéo-chrétiens, profane alors la grotte de la Nativité en faisant planter devant elle un bosquet sacré voué au culte d'Adonis. Comme tout l'Empire, Bethléem reste païenne jusqu'en 311, année où est proclamée la liberté de culte par Galère, auguste d'Orient[1]. Treize ans plus tard, Hélène, mère de l'empereur Constantin qui a décidé de transférer la capitale de l'Empire romain à Byzance, visite la Terre sainte. L'année suivante, l'empereur converti réunit à Nicée le premier concile œcuménique, d'où sort le dogme de la Sainte Trinité. « C'est la première fois que le pouvoir impérial intervient dans une question de dogme : toutes les relations entre le temporel et le spirituel en découlent[2]. » Au cours de ce concile, Constantin fait la connaissance de Macaire, évêque de Jérusalem, qui le convainc de consacrer des sommes importantes à la construction d'églises en Terre sainte. C'est ainsi qu'est lancée en 326 l'édification de la première église au-dessus de la grotte où est né Jésus. La tradition veut que la localisation de la grotte ait alors été jalousement gardée par les judéo-chrétiens, malgré deux siècles de répression. La première mention de l'église Sainte-Hélène est faite par un pèlerin de Bordeaux en 333. Depuis trois ans, Constantin a inauguré la nouvelle capitale de l'Empire romain sur les rives du Bosphore. Pour l'histoire de Bethléem, ce changement de capitale aura, bien des siècles plus tard, de très lourdes conséquences : l'Occident latin va y céder la place à l'Orient grec ; Rome déclinante va être supplantée par Byzance, le latin remplacé par

1. Paul Lemerle, *Histoire de Byzance*, PUF, coll. « Que sais-je ? », 13e édition, 1998.

2. *Ibid.*

le grec... Bethléem et la Palestine vont être bientôt rattachées à Byzance.

Le village de la Nativité devient un centre important de vie monastique[1] autour de saint Jérôme, l'auteur de la Vulgate. Paule, une patricienne de Rome, consacre alors sa fortune à l'érection de deux monastères et – déjà – d'un hospice destiné aux pèlerins. La prise de Rome par les Wisigoths en 410 provoque un afflux de réfugiés vers Bethléem.

Au v^e^ siècle, les batailles doctrinales font rage entre les chrétiens de Jérusalem. En 449, au concile d'Éphèse, Juvénal, évêque de Jérusalem, est le pivot de toutes les intrigues : le patriarche de Constantinople y est assassiné pour cause d'orthodoxie et le pape de Rome, Léon le Grand, excommunié. Deux ans plus tard, au quatrième concile œcuménique de Chalcédoine qui reconnaît à l'évêque de Rome la première place, mais qui accepte – contre l'avis du pape – le rattachement de Jérusalem à Constantinople, le même Juvénal se renie pour se faire nommer patriarche de Jérusalem. Quand il arrive dans cette ville, un hérétique monophysite[2] a été élu à sa place ! Il repart sur-le-champ pour les rives du Bosphore, chercher des soldats qui l'imposeront à la tête du patriarcat, et donc de Bethléem.

Passions et violences ne s'arrêtent pas pour autant. Durant toute cette période, « l'histoire intérieure se confond avec celle du christianisme, et ceci restera vrai tout au long de l'histoire byzantine. Nous avons tendance à négliger ces

1. Maria Teresa Petrozzi, *Bethléem*, *op. cit.*

2. Le concile de Nicée avait établi que le Christ est à la fois Dieu et homme, alors que les monophysites ne reconnaissent en Dieu qu'une seule « nature ».

querelles théologiques dont l'Occident ne nous donne pas l'exact équivalent : c'est à nos guerres de religions qu'il faut songer pour mesurer à la fois la violence que prirent les luttes religieuses à Byzance, et leur importance politique[1] ».

En 529, les Samaritains de Naplouse, révoltés contre Byzance, mettent à sac une Bethléem déjà délabrée. Deux ans plus tard, le moine Sabas, envoyé par le patriarche de Jérusalem à Constantinople, obtient de l'empereur Justinien la reconstruction de la basilique et l'édification d'églises et de monastères. La nouvelle basilique est imposante, avec ses cinq nefs délimitées par d'impressionnantes colonnes corinthiennes en calcaire rose du pays et ses très riches mosaïques. En 603-604, le patriarche de Jérusalem, Sophrone, s'enthousiasme : « Entré dans le magnifique édifice à quatre colonnades [...], j'exulterai de joie. À la vue des quatre colonnes aux reflets d'or et des mosaïques habilement exécutées, les nuages de mes douleurs se dissiperont. Je regarderai au plafond les décorations brillantes comme des astres [...]. »

Bethléem est également dotée d'une nouvelle enceinte destinée à la protéger des pillards. À la même époque, c'est un monophysite qui devient patriarche de Constantinople. L'Orient chrétien est plus divisé que jamais, mais reconnaît encore la primauté de Rome.

En 614, les Perses envahissent la Palestine, plongeant dans l'allégresse les Juifs « qu'animait un esprit d'aversion contre le christianisme triomphant[2] ». Jérusalem est mise à feu et à sang, mais les envahisseurs épargnent Bethléem

1. Paul Lemerle, *Histoire de Byzance, op. cit.*
2. Maria Teresa Petrozzi, *Bethléem, op. cit.*

après avoir remarqué une mosaïque dans la basilique de la Nativité : sur cette représentation de l'Adoration des Rois mages, ils ont cru reconnaître des habits persans...

Vaincus, les Perses quittent Bethléem quinze ans plus tard. La région vit une huitaine d'années de calme jusqu'à l'invasion des Arabes musulmans en 637. Bethléem ne fête pas Noël cette année-là. Jérusalem, sa voisine, grâce à ses solides remparts et à la résistance acharnée du patriarche (de rite grec) Sophrone, ne se rend qu'en février 638, après avoir négocié sa reddition directement avec le calife Omar, connu dans l'Histoire pour sa modération. Le « Prince des croyants » accorde au patriarche des garanties pour les personnes, les églises et les biens, et rentre aux côtés du patriarche dans une Jérusalem qui porte encore les stigmates des violences perses. Cette tolérance s'étend évidemment à Bethléem : le calife vient même prier dans la basilique et limite les lieux de culte des musulmans. Bethléem se souvient encore aujourd'hui de ce grand calife : sur la place de la Nativité, en face de la basilique, s'élève la mosquée d'Omar...

Même si cette politique de tolérance sera suivie jusqu'en 1009, l'arrivée des Arabes pose le problème de la présence de sanctuaires chrétiens sous des régimes musulmans. La vie chrétienne décline à Bethléem. Plutôt que de chercher secours et protection à Constantinople, les patriarches de Jérusalem se tournent toujours vers l'Occident. Les uns après les autres, ils envoient des émissaires recueillir des aumônes dans toute l'Europe, et jusqu'en Angleterre. Vers l'an 800, le patriarche Georges fait appel à Charlemagne. Des moines apportent à l'empereur franc les clés du Saint-Sépulcre, du Calvaire, du mont des Oliviers et celles de la cité avec son étendard. Charlemagne joue le rôle d'intermédiaire avec le calife. Une sorte de protectorat franc sur les Lieux saints et sur les religieux est ainsi institué. C'est le premier contact entre un souverain d'Occident et celui de l'islam. Charlemagne fait construire un hospice près du Saint-Sépulcre et envoie d'importantes aumônes pour la réparation des Lieux saints. Son fils Louis le Pieux crée une quête régulière pour leur entretien et correspond avec le patriarche de Jérusalem. En 881, le patriarche Élie III s'adresse lui-même « à tous les rois de la race de Charlemagne et au clergé d'Occident » et sollicite aumônes et assistance[1]. Dans le même temps, les papes de Rome envoient eux aussi des subsides. Ainsi Jean VIII, en 879, remet à trois moines venus de Terre sainte des dons modestes, en s'excusant de leur modicité, imputable, dit-il, aux « ravages des païens ». Dans le courant du IXe siècle, de nombreux pèlerins affluent à Jérusalem et à Bethléem. À la fin du Xe siècle, de grands personnages prennent à leur tour la route de Jérusalem[2] : un évêque de Constance, un comte de Périgord, le comte d'Arcis...

En 1009, le calife égyptien al-Hakim, atteint de folie, déclenche une persécution contre les chrétiens et fait détruire le Saint-Sépulcre, mais Bethléem est une nouvelle fois épargnée sans qu'on connaisse la raison de cette mansuétude. Peu de temps après, le duc Robert II de Normandie envoie au patriarche de Jérusalem une somme importante pour restaurer le tombeau du Christ. Les grands pèlerinages reprennent. D'importants groupes de quelques centaines à quelques milliers de participants font le déplacement vers les Lieux saints. Des princes à la conscience chargée se dirigent vers Jérusalem et Bethléem. Le pèleri-

1. J. Babalda (éd.), *La Question des Lieux saints*, Paris, Librairie Victor Lecoffre, 1925.

2. Jean Richard, *Histoire des Croisades*, Fayard, 1996.

nage est imposé comme pénitence à ceux qui ont enfreint la trêve de Dieu. Voyage périlleux – beaucoup meurent en route – et souvent onéreux, car les pèlerins doivent payer des taxes pour poursuivre leur chemin et un « tribut » aux Sarrasins pour accéder au Saint-Sépulcre. Avant même l'appel d'Urbain II et la première croisade, la vénération des Lieux saints est déjà bien ancrée dans l'Occident chrétien.

Au milieu du XIe siècle a lieu un événement essentiel pour comprendre l'histoire de Bethléem et plus généralement la question des Lieux saints. Pendant que les chrétiens reconstruisent églises et monastères, le patriarche de Constantinople, Michel Cérulaire, et le cardinal Humbert, représentant du pape Léon IX, s'excommunient l'un l'autre, en 1054, pour des motifs disciplinaires et dogmatiques. C'est le Grand Schisme, qui n'empêche d'ailleurs pas les négociations de continuer entre la papauté et Byzance. Cette rupture n'empêche pas davantage l'empereur byzantin Alexis Comnène, dans une lettre envoyée au comte de Flandres, de demander l'aide et le soutien de l'Occident chrétien.

Fin novembre 1095, le pape Urbain II, après un concile tenu en l'église de Clermont, s'adresse à la foule des nobles de la région et prononce une virulente condamnation des violences et injustices commises par les chevaliers, puis il exhorte la foule à partir défendre les chrétiens d'Orient, victimes de l'invasion turque. Le pape ne fait pas alors de distinction entre les différents rites, d'autant moins que le lancement de la croisade fait suite à l'appel à l'aide d'Alexis Comnène. Peut-être a-t-il en tête que l'empereur byzantin, reconnaissant, demandera ensuite à son clergé de le rétablir dans sa primauté[1] ? Très nombreux sont ceux à

1. *Ibid.* L'évocation des Croisades emprunte beaucoup à ce livre remarquable.

se dire prêts à entreprendre séance tenante ce « voyage » en vue de libérer Jérusalem. Pécheurs inquiets de leur salut, la promesse d'indulgences exerce sur eux une extraordinaire attirance.

Au cri de « Dieu le veut ! » et en arborant sur leur vêtement la croix d'étoffe qui était probablement celle des pèlerins se dirigeant vers la Terre sainte, nombreux sont ceux qui partent avant la date fixée par le pape – le 15 août 1096 – alors qu'ils ne sont en rien des guerriers. Excités par les « fous de Dieu », ces prédicateurs qui sillonnent l'Europe afin de relayer l'appel d'Urbain II, beaucoup d'hommes et même de femmes quittent tout, accompagnés de leurs enfants, dans l'espoir de rallier Jérusalem qu'ils croient découvrir chaque fois qu'ils aperçoivent une ville nouvelle. Les barons de France, de Normandie, de la vallée de la Loire, du Languedoc, d'Italie du Sud et quelques autres grands seigneurs cherchent d'abord à rassembler les moyens de financer leur expédition, vendant ou mettant en gage leurs biens. Le célèbre Godefroy de Bouillon, duc de Basse-Lorraine, cède ainsi son château de Bouillon à l'évêque de Liège.

Si Godefroy passe pour le chef de la première croisade, il n'a été en fait que l'un d'eux, aux côtés de Bohémond de Tarente, de Raymond de Saint-Gilles, de John France et de bien d'autres qui prenaient collectivement les décisions militaires, l'encadrement religieux étant assuré par l'évêque du Puy, légat du pape, Adhémar de Monteil. Tous partent donc en plein été 1096 et empruntent des itinéraires différents pour converger vers l'extrémité orientale de l'Europe, à Constantinople. L'empereur Alexis Comnène est inquiet de l'approche de ces dizaines de milliers d'hommes en armes. Jamais il n'aurait pensé que son appel susciterait un tel engouement. Les Byzantins prennent peur : « Ces masses d'hommes déferlant dans l'Empire donnaient l'image d'une véritable invasion. Découvrant la richesse de la ville impériale, ses monuments, ses trésors religieux (Constantinople avait collectionné les reliques les plus prestigieuses), les Croisés n'allaient-ils pas être tentés de s'emparer de tout ce qui se trouvait à leur portée[1] ? »

Alexis Comnène fait donc surveiller de près toutes ces bandes conduites par des nobles francs aguerris. Il suspend parfois leur ravitaillement quand certains s'écartent de la route assignée, ou quand ils refusent de lui prêter hommage. C'est ce qu'il fait à l'encontre de Godefroy de Bouillon. Baudoin de Boulogne, frère de ce dernier, riposte par le pillage des faubourgs de Constantinople, mais Godefroy et ses principaux compagnons viennent finalement s'agenouiller devant l'empereur byzantin et lui prêtent serment de fidélité. Le duc de Basse-Lorraine est aussitôt considéré comme un fils par Alexis Comnène qui le comble de présents. La plupart des grands seigneurs imitent Godefroy. Ainsi la croisade se trouve intégrée dans la politique byzantine visant à récupérer les territoires perdus par l'empereur.

Les différentes bandes allaient livrer combat après combat, siège après siège, dont celui d'Antioche au début de juillet 1098. De nombreux Croisés ont déjà abandonné et rebroussé chemin ; beaucoup d'autres ont péri par les armes ou été emportés par les épidémies. Les chrétiens des rites orientaux, patriarche grec en tête, sont surpris par l'attitude tolérante des Croisés. Après l'occupation d'Antioche, les guerriers francs rendent en effet la cathédrale au culte et réintègrent le patriarche grec dans ses fonctions.

---

1. *Ibid.*

Les barons étaient néanmoins perplexes. Après plus de deux ans de route, les voici encore à plusieurs centaines de kilomètres de Jérusalem ! Le 11 septembre, ils écrivent au pape, racontent leurs épreuves, leurs victoires, puis font appel à lui :

« Nous vous conjurons d'achever votre ouvrage en venant au milieu de nous et en amenant avec vous tous ceux que vous pourrez amener... Venez donc nous aider à finir cette guerre qui est la vôtre. Nous avons vaincu les Turcs et les païens ; nous ne pouvons pas de même combattre les hérétiques : les Grecs, les Arméniens, les Syriens, les jacobites. Nous vous en conjurons donc, Très Saint Père, venez au milieu de vos enfants ! Vous qui êtes le vicaire de Pierre, venez siéger dans son église, venez former nos cœurs à la soumission et à l'obéissance ; venez détruire par votre autorité suprême toutes les hérésies. Venez nous conduire dans le chemin que vous nous avez tracé, et nous ouvrir les portes de l'une et l'autre Jérusalem. Venez délivrer avec nous le tombeau du Christ et faire prévaloir le nom de chrétien sur tous les autres noms ! »

En attendant la réponse, ils lancent des opérations militaires pour leur propre compte et occupent de vastes territoires. Leurs chefs se querellent sur la finalité de leurs actions. Rendront-ils les terres occupées à l'empereur byzantin, comme ils s'y sont engagés ? Un empereur qui les a abandonnés, contrairement à sa promesse... Les barons francs constituent un « Orient latin » cependant que les pèlerins piaffent de ne pas foncer sur Jérusalem.

En janvier 1099, ils ne sont plus que vingt-cinq mille à reprendre leur avancée vers le Saint-Sépulcre. Début juin, toutes les forces atteignent Ramallah, à une quinzaine de kilomètres au nord de Jérusalem. Les chefs se réunissent pour étudier la stratégie à suivre. Ils hésitent à aller porter la guerre en Égypte. Les Croisés ont en effet pris langue, l'année précédente, avec le calife qui avait repris Jérusalem aux Turcs et qui leur a proposé de leur livrer la Ville sainte, mais le chef des Fatimides s'est ravisé, leur faisant savoir que le gouverneur de Jérusalem ne les autorisait à venir faire leurs dévotions que par groupes de deux cents. L'état de leurs forces leur fait renoncer au projet d'aller punir le calife de ne point avoir tenu sa promesse. D'autant que des chrétiens de Bethléem sont arrivés à Ramallah pour les avertir que le gouverneur de Jérusalem a placé la ville en état de siège, qu'il a fait empoisonner les puits et expulser tous les chrétiens. Le patriarche grec de Jérusalem, Simon[1], est déjà parti se réfugier à Chypre. Les chrétiens de Bethléem supplient également les croisés de venir protéger la basilique de la Nativité. Les barons décident d'envoyer sur-le-champ un détachement dirigé par Gaston de Béarn vers la Ville sainte, et un autre, dirigé par Tancrède, duc de Hauteville, vers Bethléem.

Le 7 juin 1099, les Croisés occupent la ville de la Nativité ; leur drapeau flotte sur la basilique et les chrétiens leur font la fête. Un nouveau chapitre de l'histoire de la ville commence.

À quelques kilomètres de là, cependant, les choses se passent moins bien : un premier assaut lancé sur Jérusalem échoue le 13 juin, faute d'un nombre suffisant d'échelles. Le siège reprend bientôt de façon plus méthodique. Le 8 juillet, sur le conseil d'un clerc qui affirme avoir eu une apparition du légat Adhémar, mort quelques mois plus tôt, un jeûne général est ordonné, ainsi qu'une procession autour des remparts. L'assaut commence le 13 juillet et finit

1. J. Babalda (éd.), *La question des Lieux saints, op. cit.*

le 15. Godefroy et Eustache de Boulogne, originaires de Tournai, sont les premiers croisés à pénétrer dans la ville. « Jérusalem est prise au prix d'un inqualifiable carnage[1]. »

Des historiens ont parlé du « sang montant jusqu'au frein des chevaux ». Des milliers de musulmans furent massacrés dans la mosquée al-Aqsa. Tancrède et Gaston de Béarn leur avaient pourtant remis leurs bannières en signe de sauvegarde, mais les massacreurs n'en tinrent aucun compte. Des hécatombes eurent lieu partout dans la ville. Une synagogue fut même incendiée avec tous ceux qui s'y étaient réfugiés.

Les Croisés vont vénérer le tombeau du Christ et rendent grâces à Dieu. Godefroy de Bouillon est nommé roi de Jérusalem, et Daimbert, archevêque et légat d'Urbain II, se fait proclamer patriarche. Un patriarche latin remplace donc le patriarche grec en fuite : cet événement ne manquera pas d'avoir d'importantes conséquences tout au long des neuf siècles à venir.

Paradoxalement, la violence de l'installation des Francs à Jérusalem n'est pas annonciatrice d'intolérance à l'égard des autres chrétiens : les autres rites peuvent reprendre leurs activités. Les Grecs disposent ainsi d'un autel au Saint-Sépulcre, aux termes d'un *modus vivendi* qui durera jusqu'à la reprise de Jérusalem par les musulmans en 1187. Le nouveau patriarche latin fête la Noël 1099 dans la basilique de Bethléem, avant d'obtenir de Godefroy de Bouillon qu'il se reconnaisse comme son vassal et lui rende publiquement hommage. Tancrède est le seul chef des Croisés à rester aux côtés de Godefroy ; il occupe la région de Naplouse,

1. Maria Teresa Petrozzi, *Bethléem, op. cit.*

les territoires situés au nord-est de Jérusalem, Tibériade, contrôle les rives du lac et la vallée du Jourdain.

Godefroy de Bouillon meurt le 18 juillet 1100 sans laisser d'enfants. Un bref conflit surgit pour sa succession. Baudouin de Boulogne, son frère, l'emporte contre le patriarche Daimbert, contraint de le couronner lui-même dans la basilique de Bethléem, le jour de Noël suivant... Baudouin reste le chef temporel de Bethléem jusqu'à sa mort, le 2 avril 1118, et Daimbert son chef spirituel. Baudouin laissera alors la place à son cousin, couronné, toujours à Bethléem, le jour de Noël sous le nom de Baudouin II.

Pourquoi les rois de Jérusalem se font-ils couronner à Bethléem plutôt qu'à Jérusalem ? Probablement pour éviter le scandale que pourrait constituer le fait de recevoir une couronne d'or dans la ville où le Christ a jadis reçu une couronne d'épines...

Bethléem est reconstruite et devient une belle forteresse. Un monastère est érigé à côté de la basilique de la Nativité pour les chanoines de Saint-Augustin qui ont été chargés de la garde des principaux sanctuaires, notamment du Saint-Sépulcre et de Bethléem. En 1110, le roi Baudouin Ier a obtenu du nouveau pape Pascal II l'érection de Bethléem en siège épiscopal[1]. De 1165 à 1169, Manuel Ier, l'empereur de Constantinople, Amaury, le roi de Jérusalem, et Raoul, l'évêque de Bethléem, font restaurer et décorer la basilique. L'édifice reçoit une couverture de cèdre et de plomb ; de nouvelles dalles de marbre remplacent le vieux pavement usé ; un revêtement de marbre blanc orne les murs latéraux,

1. Le diocèse connut d'ailleurs une existence fort brève et devint ensuite un siège titulaire.

et un autre, de mosaïque, couvre la partie supérieure de la nef centrale ; la voûte de la grotte de la Nativité est décorée de mosaïques polychromes et dorées dont certaines sont faites de cubes de verre et de nacre.

Peu de temps après la réfection de la basilique, le 2 octobre 1187, les Francs, affaiblis par des luttes intestines, dirigés par Guy de Lusignan, dernier roi de Jérusalem, subissent le désastre de Hattîn, infligé par Saladin qui s'empare sans combattre de la Ville sainte et de Bethléem. Celle-ci repasse ainsi sous le joug musulman. Le royaume de Jérusalem n'a duré que 88 ans. Hubert Walter, évêque de Salisbury et ambassadeur de Richard Cœur de Lion – lequel vient de remporter des victoires lors de la troisième croisade –, négocie avec les musulmans un *modus vivendi* autorisant le culte latin pendant un certain temps contre paiement d'un tribut.

Les Croisés partis, le patriarche orthodoxe revient à Jérusalem. Ce retour aura bientôt pour les Latins des conséquences au moins aussi néfastes que celui des musulmans.

Jusqu'au début du XIVe siècle, Bethléem entre dans une période de grandes turbulences, seulement interrompue par les quinze ans qui courent de 1229 à 1244, où la ville de la Nativité retourne sous l'autorité des Francs[1]. En 1266, le Mamelouks d'Égypte expulsent les chanoines de Saint-Augustin, les chrétiens, et abattent les murailles de la ville. Le bannissement des chrétiens ne durera guère, mais les chanoines, eux, ne reviendront pas à Bethléem. Les pèlerins sont alors admis à visiter la grotte et la basilique, mais les nouveaux maîtres exigent d'eux un tribut au profit des caisses de l'État, voire de leurs propres poches.

---

1. Paul Lemerle, *Histoire de Byzance, op. cit.*

Cependant, le sort de Bethléem est en définitive plus enviable que celui de Constantinople. Les Croisés ont en effet pris Byzance le 13 avril 1204. « Des scènes épouvantables de carnage et de pillage se déroulèrent pendant trois jours dans la ville saccagée : des membres du clergé latin y prirent leur part aux côtés des soldats du Christ. Les richesses immenses, éblouissantes pour les yeux naïfs et grossiers des Croisés, accumulées par les siècles dans la ville jusqu'alors inviolée, furent dispersées à travers tout l'Occident... Restait à partager le butin, et d'abord à élire un empereur latin : ce fut le comte de Flandre, Baudoin[1]... » Un patriarche latin remplace le patriarche grec. La domination franque durera jusqu'en 1261. L'empereur Baudouin II et le patriarche latin s'enfuiront alors en Occident. Épuisé, mutilé, morcelé après le passage des Croisés, l'Empire byzantin ne s'en relèvera pas et les haines entre Latins et Grecs demeureront plus que jamais inexpiables. « La chute de Byzance avait surtout eu deux grandes causes, d'ailleurs liées l'une à l'autre : les croisades et l'antagonisme religieux de l'Orient et de l'Occident[2]. »

---

1. *Ibid.*
2. *Ibid.*

5

# Le temps de Jésus

Bethléem fait d'autant plus rêver que nous, Occidentaux, savons bien que tout a commencé là, et d'abord notre ère. Avec nos petits et grands ordinateurs, nous avons peur du « bogue » du début de l'an 2000, peur que tout ne vienne à s'arrêter dans le déroulement du temps de Jésus, complètement intégré depuis des années dans les automatismes informatiques qui règlent notre vie quotidienne et sans lesquels tout, dans celle-ci, risquerait de se dérégler. Ces repères temporels comme ces peurs sont largement partagés par ceux qui ne sont pas chrétiens de culture ou de conviction, et pour qui l'an 2000 sera l'an 1378 de l'Hégire (cas des musulmans), l'an 4697 pour les Chinois, l'an 5760 pour les Juifs, ou l'an 1716 pour les Coptes, parce que CNN, Wall Street, le FMI, l'OTAN, bref l'Occident dans son entier dominent le reste du monde en ayant recours à des repères temporels qui commencent à Bethléem.

Une des plus profondes émotions que procure le voyage à Bethléem vient de ce qu'il donne formes et couleurs à un périmètre magique, celui sur lequel repose un système de datation devenu quasi universel, qu'il permet de l'explorer, de s'y mouvoir, de se l'approprier... Des générations de pèlerins ont tenté cet impossible périple au pays du début du temps, au point d'équilibre entre l'« avant » et l'« après ». À Bethléem, si les traces du commencement ne sont pas immédiatement perceptibles, toutes les ruelles de la vieille ville convergent en direction du lieu attesté de ce début : l'église de la Nativité qui abrite la grotte où, selon la tradition, s'est déroulé l'accouchement de la Vierge Marie.

Cette grotte n'a pas été spontanément ni universellement reconnue comme le lieu où tout a commencé. L'histoire du temps de Jésus est longue et chaotique, et le retour à Bethléem ne s'est imposé que patiemment, à l'issue d'une reconstruction théologique et politique qui a duré jusqu'en 1582, date de naissance du calendrier grégorien, du nom de son inventeur, le pape Grégoire XIII. Il s'agit du calendrier suspendu dans nos cuisines, posé sur nos bureaux, ou qu'on transporte sur soi sous forme d'agenda. Il est lui-même issu du vieux système romain connu sous le nom de « calendrier julien » en souvenir de son initiateur, Jules César, qui situait le début du temps 45 ans avant la naissance de Jésus (ou, comme on dit, « avant notre ère »). Il y a plus de 2 045 ans régnait à Rome la plus grande confusion dans le décompte du temps. Débutant à la fondation de Rome, il reposait sur un découpage lunaire égyptien. Il se décomposait en 10 mois (4 de 31 jours, 6 de 30) qui formaient une année de... 304 jours. Résultat : de décalage en décalage, on en arrivait à célébrer en plein hiver les fêtes qui auraient dû accompagner les moissons. Régulièrement, des remises à jour étaient nécessaires pour recaler les moissons en été. Confiées aux pontifes – des ministres du culte –, ces corrections étaient sources de corruption : les maîtres du calendrier pouvaient retarder ou avancer les échéances des agents du fisc afin d'augmenter ou restreindre les rentrées d'argent des sénateurs amis ou ennemis. Pour mettre fin à cet « achat » sauvage du temps, réconcilier les saisons et le calendrier et – en définitive – affirmer sa maîtrise sur les activités politiques, économiques et religieuses, Jules César fit appel à Sosigène, un astronome égyptien originaire d'Alexandrie, lequel abandonna la Lune au profit du Soleil. La nouvelle année du calendrier julien correspondait désormais à l'intervalle entre deux retours consécutifs du Soleil à l'équinoxe de printemps. Cette année tropique est fixée à 365,25 jours. Tous les quatre ans, un jour y est ajouté, après le 24 février – *bis sexto ante calendas Martii*, le sixième jour avant les calendes de mars (1^er^ mars) –, créant ainsi les années bissextiles. Par ailleurs, l'équinoxe de printemps coïncide avec le 25 mars, et le début de l'année est ramené du 1^er^ mars au 1^er^ janvier, date à laquelle les nouveaux consuls entrent en fonctions. Enfin, pour appliquer la réforme, il convenait de rattraper le temps perdu par les manipulations précédentes. En conséquence, l'année 708 depuis la fondation de Rome (quarante-sixième avant notre ère) devait compter 455 jours ! Suite à cette « année de la confusion » – telle que la baptisèrent les auteurs latins –, le 1^er^ janvier de l'an 709 après la fondation de Rome devint l'an 1 du calendrien julien, correspondant à l'an 45 avant Jésus-Christ.

Le calendrier julien s'impose progressivement à l'ensemble des populations occidentales soumises à l'hégémonie romaine, même si diverses éphémérides et autres outils de mesure cohabitent souvent sur un même territoire. Ainsi, le 29 août 284 (du « temps de Jésus ») marque le début d'une nouvelle chronologie, appelée « ère des Martyrs », qui s'ouvre avec le règne de Dioclétien. En effet, ce nouvel empereur – surnommé le « Grand Persécuteur » – se distingue par une politique de répression systématique à l'encontre des premiers chrétiens. Afin de parachever une maîtrise du pouvoir qu'il veut sans faille, il instaure un nouveau calendrier fondé sur des périodes administratives de quinze ans. Enjeu de pouvoir, la fabrique du temps, avec lui, devient à son tour un instrument de pouvoir. Si cet empereur particulièrement féroce tient à laisser son empreinte sur le temps en distinguant tous ses actes grâce à un nouveau décompte coïncidant avec le début de son règne, cet autoritarisme arithmétique ne supplante pas pour autant le calendrier julien qui reste en vigueur pour la majorité des populations vivant à l'écart de l'encadrement administratif quotidien de l'Empire. « En effet, à cette époque, on peut dire que le calendrier n'est pas encore strictement unifié, explique la théologienne Marie-Jeanne Coloni. Plusieurs systèmes de décompte du temps se superposent, et finalement cohabitent avec le calendrier julien, qui reste dominant[1]. » Le calendrier des Martyrs, quant à lui, disparaîtra progressivement de la vie courante après la mort de Dioclétien.

Victimes de persécutions, les chrétiens ont le plus grand mal à stabiliser et unifier les dates importantes de leur liturgie. Ainsi, selon les régions et les Églises, ils fêtent la naissance de Jésus à des dates différentes en faisant coïncider cet anniversaire avec d'anciennes fêtes païennes ou religieuses, notamment les Saturnales romaines, recomposition des fêtes de Yule dans les pays du Nord et du culte de Mithra venu de Perse. Importé des gnoses iranienne, phrygienne, égyptienne ou phénicienne, le culte des divinités solaires est encouragé par les empereurs qui entendent ainsi symboliser leur pouvoir absolu, central et irradiant.

1. Entretien du 8 octobre 1999.

Au IIIe siècle, Caracalla impose le culte du dieu solaire syrien, *Sol invictus* (le Soleil invaincu). L'empereur Aurélien atténue les apports syriens mais garde le Soleil triomphant dont il fixe la fête au 25 décembre.

Ce monothéisme à structure solaire séduit les philosophes, et l'idée néoplatonicienne d'un Soleil qui n'est plus le Dieu suprême, mais son plus parfait symbole, conquiert Constantin (306-337) avant sa conversion au christianisme. Ainsi le *Sol invictus*, fête du dieu solaire, devient sous son règne une fête du Soleil à l'occasion de laquelle on célèbre le Dieu créateur de l'univers. Puis la conversion de Constantin assure la christianisation de l'Empire (315-323) avant que, sous Théodore le Grand (379-395), la religion du Christ ne devienne religion d'État et que le paganisme ne soit définitivement interdit[1]. Cette évolution s'accompagne d'un grand mouvement intellectuel de relecture et de reproduction des Évangiles.

Habitués à fonder leurs réflexions sur la tradition du haut Moyen Âge, les clercs ont pensé le temps à travers la Bible. Le Nouveau Testament constitue une coupure d'importance dans la mesure où la naissance de Jésus – Dieu fait homme – matérialise la promesse du Salut. Seuls les Évangiles de Matthieu et de Luc précisent les circonstances de la naissance de Jésus :

> « En ces jours-là fut publié un édit de César Auguste pour le recensement de toute la Terre. Ce premier recensement eut lieu pendant que Quirinus commandait la Syrie. Et tous allaient se faire recenser chacun dans sa ville. Joseph monta de Galilée, la ville de Nazareth, en Judée, à la ville de David appelée Bethléem – parce qu'il était de la

1. Marie-Christine Mottet, *Le Père Noël est une figure*, Desclée de Brouwer, 1996.

maison et de la race de David – pour être recensé avec Marie son épouse, qui était enceinte. »

La prise en compte de ce mystère de l'apparition de Dieu sous les traits d'un homme dans une grotte de Bethléem change tout. Si cette manifestation humaine passe pour hérétique à Rome, dans la mesure où elle contredit le dogme de l'essence divine, les chrétiens d'Orient l'intègrent presque littéralement à la pratique de leur foi : « Selon la conception ecclésiastique orthodoxe ultérieure, Dieu s'est réellement manifesté dans la personne historique de Jésus, et, dans ce cas, la Parole de Dieu entre dans le monde dès le moment de la naissance[1]. » Cette avancée de l'Église d'Orient vers la reconnaissance de la Nativité de Bethléem comme événement fondateur va entraîner un profond bouleversement parmi l'ensemble de la chrétienté qui s'achemine peu à peu vers la définition d'un commencement de son temps...

Cette mise en chantier s'opère en 325, lors du concile de Nicée qui érige la double nature du Christ en dogme essentiel : « Il a pris chair de la Vierge Marie et s'est fait homme. » Le concile se préoccupe principalement de la date de Pâques, celle de la Résurrection du Christ, qui reste le point de référence du calendrier liturgique. Quelques années plus tard, en 354, l'Église fixe officiellement la naissance de Jésus à Bethléem, le 25 décembre. Symbole du syncrétisme de l'époque, la date ne repose pourtant sur aucun fondement totalement indiscutable. « Clément d'Alexandrie, mort vers l'an 220, plaça la Nativité au 18 avril ; d'autres au 25 mars ; saint Épiphane, mort en 403,

1. Olivier Cullmann, *Noël dans l'Église ancienne*, Delachaux Niestlé, 1949.

au 6 janvier, date adoptée par les Églises d'Orient. La fixation au 25 décembre est attribuée au pape Liberus en 354 », précise le grand folkloriste Arnold Van Gennep[1].

Dans le calendrier julien, le 25 décembre correspondait au solstice d'hiver, jour à compter duquel le Soleil remonte dans le ciel et la durée des jours augmente. Cette fixation de la naissance de Jésus à la date de *Sol invictus*, qui marque la renaissance après les frimas, traduit la volonté de ne pas heurter d'anciennes croyances populaires, mais de les intégrer au contraire dans le nouveau champ liturgique. En associant étroitement le culte païen du Soleil invaincu au mystère chrétien de l'incarnation de Dieu, les Pères de l'Église inaugurent une double universalisation : celle du 25 décembre et celle de Bethléem.

Dans un contexte similaire, l'Église d'Orient avait choisi de privilégier la date du 6 janvier pour célébrer l'apparition de Jésus : l'Épiphanie, condensé du souvenir de la Nativité, du baptême du Sauveur, de l'adoration des bergers et des Mages. En Grèce, le 6 janvier correspondait à la fête de Dionysos, dieu de la vigne et du vin. En Égypte, le même jour célébrait la naissance de l'enfant de la déesse Isis, incarnation du Soleil renaissant. Aussi, lorsque Rome imposa le 25 décembre comme date officielle de la venue au monde de Jésus, les Églises d'Orient hurlèrent-elles à la superstition. Les communautés chrétiennes d'Arménie et de Syrie qualifièrent cette journée de « fête païenne et idolâtre » et refusèrent de la célébrer, quels que fussent les efforts déployés par saint Chrysostome à Antioche. Quant à saint Jérôme, en dépit d'une argumentation véhémente, il

1. In *Cérémonies périodiques, cycliques et saisonnières. Cycle des douze jours : de Noël aux Rois*, Robert Laffont, 1999.

ne parvint pas non plus à imposer cette date dans son monastère de Bethléem, et, jusqu'au VI^e siècle, à Jérusalem, la Nativité fut célébrée le 6 janvier[1].

D'autres disputes éclatent dans l'interprétation des Évangiles portant sur la saison où survint la Nativité. Les moines et clercs d'Orient déclenchent à ce sujet ce qu'on appellera la « polémique des bergers ». En effet, si l'on se réfère encore à saint Luc, on voit mal comment la naissance de Jésus pourrait coïncider avec la période hivernale alors qu'il y avait dans la contrée des bergers qui vivaient aux champs et y surveillaient leurs troupeaux :

> « Tout à coup, un ange du Seigneur parut auprès d'eux et le rayonnement de la gloire du Seigneur les environna et ils furent saisis d'une grande crainte. Mais l'ange leur dit : "Ne craignez point, car je vous annonce une nouvelle qui sera pour tout le peuple une grande joie. Il vous est né aujourd'hui dans la ville de David un Sauveur qui est le Christ Seigneur. Et voici ce qui vous servira de signe : vous trouverez un nouveau-né enveloppé de langes et couché dans une crèche." Au même instant se joignit à l'ange une troupe de la milice céleste louant Dieu et disant :
>
> *Gloire à Dieu au plus haut des cieux*
> *Et paix sur la terre aux hommes*
> *Objets de la bienveillance divine !*
>
> Lorsque les anges les eurent quittés, les bergers se dirent les uns aux autres : "Poussons jusqu'à Bethléem et voyons cet événement qui est arrivé." [...] Il s'y rendirent en toute hâte et trouvèrent Marie, Joseph et le nouveau-né couché dans une crèche [...]. Et les bergers s'en retournèrent, glorifiant Dieu de tout ce qu'ils avaient vu et entendu. »

1. Françoise Lebrun, *Le livre de Noël*, Robert Laffont, Paris, 1995.

Or, à Bethléem, les pâturages se situent à une altitude comprise entre 500 et 800 mètres. Les hivers sont rudes ; par conséquent, les bêtes restent à l'étable et Jésus n'a donc pas pu naître pendant la saison froide. Mais la puissance du mythe et la recomposition des rites païens supplantent ici le sens commun.

Au-delà des confrontations entre Églises d'Orient et d'Occident, l'intronisation d'un Christ à la fois divin et humain marque la volonté et le besoin d'un dogme qui puisse rendre compte de la totalité de l'espace et du temps – un temps qui ne peut être défectueux. En effet, avec ses 365,25 jours, l'année julienne est plus longue que l'année solaire délimitée par deux retours consécutifs du Soleil à l'équinoxe de printemps. L'écart est de 3 jours tous les 400 ans. À vue humaine, ce décalage est dérisoire ; à plus long terme, il risque de mettre en cause la crédibilité de l'Église et la légitimité de son pouvoir temporel.

Pensant éponger un déficit de temps, les trois cent quinze pères réunis au concile de Nicée avaient décidé d'associer définitivement le dimanche de Pâques à la première pleine Lune de printemps, qui tombait alors le 21 mars. Persuadés que l'équinoxe de printemps correspondrait toujours à cette date, ils ont associé Pâques au dimanche suivant le quatorzième jour de la lunaison. Or les siècles suivants vont bien évidemment aggraver la fuite du temps, au point qu'on finira bientôt par fêter Pâques en plein été ! Pour l'Église, une nouvelle remise à niveau du temps et des saisons par un calendrier apte à définir et régenter le temps universel devient plus pressant que jamais. C'est en reprenant les conclusions du concile de Nicée sur la date de Pâques qu'un moine scythe – Denys le Petit (500-560) –, mathématicien et astronome, va opérer la grande révolution du « temps de Jésus » en faisant correspondre définitivement le commencement du décompte de notre temps avec la naissance attestée de Jésus à Bethléem. Il abandonne ainsi la référence à l'avènement de Dioclétien et fait débuter les années au 25 décembre. En se fondant sur les travaux historiques menés par les évêques Alexandre, Clément et Eusèbe aux IIe et IIIe siècles, Denys le Petit révolutionne le décompte du temps en partant, non plus de la mort, mais de la naissance de Jésus. Révisant les calendriers anciens, s'appuyant sur le texte biblique et les interprétations des Pères de l'Église, il propose au pape, en 525, d'ajouter à sa numérotation les deux lettres A.D. : *Anno Domini*, c'est-à-dire « en l'année du Seigneur ».

Sa méthode de calcul des différentes phases de la Lune se fonde sur les cycles de 19 ans élaborés par le pape Hilaire à la fin du Ve siècle. Après de savants calculs, il fait ainsi démarrer le 17e cycle lunaire en l'« an 532 de Notre Seigneur Jésus-Christ », et fixe le jour de Pâques au 11 avril : « Parmi les seize arguments qu'il présente pour confirmer son calcul de la date de Pâques, la question qui se pose est celle de la détermination de l'année de l'Incarnation, qu'il fait démarrer le 25 mars de l'an 753 de la fondation de Rome. Dans ses prévisions, Jésus est conçu le dimanche 25 mars (équinoxe de printemps), il naît le mardi 25 décembre (solstice d'hiver) et il est crucifié à 33 ans et 3 mois le vendredi 25 mars[1]. » Mais Denys le Petit s'est trompé d'au moins quatre ans dans la reconstitution du calendrier romain : saint Matthieu indique en effet que Jésus est né sous le règne d'Hérode ; or ce dernier

1. Jean-Pierre Parisot et Françoise Suagher, *Calendriers et chronologie*, Masson, 1996.

mourut en 750 du calendrier julien, c'est-à-dire quatre ans avant le temps de Jésus.

Si l'on peut dire que la fête de Noël – le 25 décembre – est célébrée à Rome depuis 335-336[1], sa généralisation ne s'étendra à l'Europe du Nord qu'à travers la fête de Yule marquant le solstice d'hiver. Il reste à faire adopter cette date fortement symbolique par l'Église comme véritable point de départ du calendrier julien réformé. La proposition de Denys le Petit est simplifiée : on déplace le début de l'année de sept jours pour le faire correspondre à une date ronde, le 1er janvier de l'an 754 de la fondation de Rome.

Jusqu'aux VIIe et VIIIe siècles, plusieurs provinces de France font encore commencer l'année le 1er mars. À partir de Charlemagne, et dans certaines régions jusqu'au XIIe siècle, l'année débute le 25 décembre. C'est un édit pris par Charles IX en 1567 qui instaure de façon définitive en France le 1er janvier comme date obligatoire de l'année.

Notre temps, le temps de Jésus, commence donc à cheval sur les années 753 et 754 après la fondation de Rome. « Les historiens datent les événements antérieurs à l'ère chrétienne en utilisant le calendrier julien : la numérotation des années démarre avec l'an 1 avant J.-C., qui est l'année qui précède l'an 1 après J.-C. Il n'y a pas d'année "zéro", car, au VIe siècle, le zéro n'existe pas dans la numérotation romaine en usage en France[2]. » Autrement dit, le début du temps de Jésus ne commence pas à zéro, mais à 1. Les astronomes ne compteront négativement les années avant la naissance de Jésus qu'en 1770, à partir des travaux du physicien Cassini. Et ils nommeront « zéro » l'année qui

1. Noëlle Maurice et Denis Boulet, *Romée*, Desclée de Brouwer, 1963.
2. *Ibid.*

précède la naissance de Jésus à Bethléem. Mais ceci est pure convention, puisque l'an zéro n'a jamais existé. À ce propos, il est important de redire que le 1er janvier 2000, nous entrerons dans l'an 2000, et ce n'est que le 1er janvier 2001 que commencera vraiment le XXIe siècle...

Si la venue au monde du Christ marque désormais le commencement officiel de notre temps, peut-on à proprement parler de *commencement* à Bethléem ? Dès qu'on aborde avec lui cette question, Jean-Toussaint Desanti rallume sa pipe[1]. Ses petits yeux malins s'animent comme s'il préparait une de ses blagues favorites : « Le temps – plus que toute autre chose – a toujours déjà commencé. » Spécialiste des mathématiques et de la phénoménologie de Husserl, ce patriarche de la philosophie française a ouvert d'innombrables chantiers sur la question des origines. « Si le temps a toujours déjà commencé, martèle-t-il, notre imaginaire a, par ailleurs, impérativement besoin de se bricoler des repères spatio-temporels ; il nous faut le plus souvent marquer le début d'une histoire et un lieu susceptible d'incarner cet instant de crise : le commencement ; comme s'il nous fallait nous raccrocher à quelque chose de palpable afin d'exorciser les terribles interrogations du destin. Contre les néoplatoniciens et leurs conceptions cycliques, le succès durable de la doctrine de saint Augustin tient justement à l'idée d'un commencement temporel de l'Univers. »

Malgré le rayonnement de l'augustinisme, le monde chrétien n'adopte pas rapidement l'invention du temps de Jésus et son commencement enraciné à Bethléem. En France, son usage ne s'officialise qu'après l'an mil. En

1. Entretien avec l'un des auteurs, le 1er mai 1980.

effet, ce n'est qu'au tournant des XI^e et XII^e siècles, une fois les esprits libérés des terreurs millénaristes, que le temps de Jésus conquiert sa linéarité moderne. Avant cette rupture, les prières des couvents et monastères continuaient de rythmer la vie des champs et des bourgades, jusqu'à l'apparition des beffrois urbains qui amorcent la laïcisation du temps. « Plus encore pour des nécessités pratiques que pour des raisons théologiques qui d'ailleurs sont à sa base, le temps concret de l'Église, c'est – adapté de l'Antiquité – le temps des clercs, rythmé par les offices religieux, par les cloches qui les annoncent, à la rigueur indiqué par les cadrans solaires, imprécis et changeants, mesuré parfois par les clepsydres grossières. À ce temps de l'Église marchands et artisans substituent le temps plus exactement mesuré, utilisable pour les besognes profanes et laïques, le temps des horloges. C'est la grande révolution du mouvement communal dans l'ordre du temps que ces horloges partout dressées face aux clochers des églises[1]. »

Hormis cette confrontation entre le temps des clercs et celui des marchands, le développement de la société urbaine impose progressivement ses règles, conformes aux contraintes économiques et sociales, plus précisément aux conditions de travail. Jacques Le Goff montre magistralement comment les luttes ouvrières pour la réduction du temps de travail ont accentué la laïcisation du temps à travers la généralisation du temps de Jésus :

« De même, les documents d'archives nous prouvent que des conflits réels ont eu lieu, que nous laissait présager l'ordonnance du prévôt de Paris du 12 mai 1395 – *Pour ce*

1. Jacques Le Goff, « Au Moyen Âge : temps de l'Église et temps du marchand », *Pour un autre Moyen Âge*, Gallimard, 1978.

*que... plusieurs gens de metiers, comme tixerrans de linge, foulons, laveurs, maçons, charpentiers et plusieurs autres ouvriers et demourans à Paris se sont voulu et veullent efforcier d'aller en besogne et de laisser œuvre à telles heures, jà soit ce qu'ils facent paier de leurs journées, tout autant comme se ils faisoient besogne tout au long d'un jour...* – ; le prévôt rappelle que la journée de travail est fixée *des heure de soleil levant jusqu'a heure de soleil couchant, en prenant leurs repas a heures raisonnables.* »

Le Goff ajoute : « Les documents d'Auxerre et de Sens, même en admettant que nous avons ici affaire à une catégorie sociale, nous permettent d'ailleurs de comprendre les buts des ouvriers dans leur lutte pour être maîtres de leur temps de travail : au fond, sans doute le désir d'être protégés contre la tyrannie patronale en ce domaine, mais plus précisément le besoin que soit délimité, à côté du temps de travail, un temps de loisir, et, à côté du travail salarié réglementaire, un temps pour le travail personnel ou le travail noir[1]. »

C'est dans le cadre de cette vaste recomposition en cours qu'intervient au XVIe siècle la réforme déterminante pour la stabilisation et l'universalisation du temps de Jésus : l'adoption du calendrier grégorien, qui va remplacer le vieux système julien.

En effet, le calendrier julien réformé n'a pas totalement empêché la fuite du temps : « Il pouvait arriver que le Soleil s'éclipsât naturellement, de la même façon qu'il s'obscurcit miraculeusement au temps de la Passion de Notre Seigneur et Rédempteur en bravant l'ordre de la nature, ce qui

---

1. *Id.*, « Le temps du travail dans la crise du XIVe siècle : du temps médiéval au temps moderne », *Études suisses d'histoire générale*, vol. XVII, 1959.

donnait au Juif perfide et au Mahométan mécréant une raison de mépriser [...] le plus grand mystère et le plus important miracle que nous ayons[1]. » Cette « fuite » de Pâques est revenue périodiquement en tête des préoccupations des derniers conciles : Avignon en 1344, Constance en 1415, et Bâle en 1434. C'est finalement le concile de Trente (1545-1562) qui confie au pape Grégoire XIII la charge de remettre en ordre le temps. Assistant le prélat, les frères Lelio et le jésuite allemand Clavius étudient plusieurs solutions pour reculer l'équinoxe de printemps.

Dans la tour des Vents, un observatoire qu'il a fait spécialement élever en 1575 au Vatican pour observer les étoiles, le pape Grégoire XIII et son fidèle collaborateur le profeseur Buoncompagni, de Bologne, se penchent sur les cartes les plus récentes de la Terre sainte, notamment sur celles du grand atlas d'Abraham Ortelius, le *Theatrum orbis terrarum*, qui font autorité depuis une dizaine d'années. Les deux hommes cherchent à localiser précisément le lieu mythique de l'an 1 du calendrier qu'ils ont pour mission de réviser, afin de résoudre une bonne fois pour toutes la dérive de Pâques que l'invention de Denys le Petit n'a pas pu empêcher.

À l'issue de ces travaux menés dans le plus grand secret de l'observatoire romain, il est décidé d'ôter 10 jours à l'année 1582. Après avoir été soumise à l'approbation des autorités, cette coupure du temps est officialisée par la bulle papale du 24 février 1582, *Inter gravissimas*. En conséquence, à Rome, le vendredi 15 octobre succède au jeudi 4 octobre. Pour empêcher de nouvelles fuites du temps, les

1. *In* « La chiave del calendario gregorino », cité par Francesco Maiello dans *Histoire du calendrier*, Seuil, 1996.

années bissextiles sont fixées tous les 4 ans, selon la règle julienne ; elles comptent 366 jours, le jour supplémentaire étant ajouté à la fin du mois de février ; mais les années séculaires restent communes, à l'exception de celles marquant un nombre de siècles divisible par quatre. Les années normales ont donc 365 jours et sont divisées en 12 mois inégaux de 30 ou 31 jours (sauf février qui en compte 28 ou 29). Comme pour l'année julienne, le début de l'année est fixé au premier jour du mois de janvier, et l'équinoxe de printemps survient le 20 ou le 21 mars selon que l'année est bissextile ou normale.

La réforme ne fit pas d'emblée l'unanimité, notamment dans les pays protestants et orthodoxes, peu enclins à reconnaître une bulle papale. Comme l'Espagne et le Portugal, la France d'Henri III appliqua la réforme grégorienne dès le mois de décembre 1582, le dimanche 9 étant suivi par le lundi 20 de ce mois. Les États catholiques d'Allemagne et de Suisse se conformèrent au nouveau calendrier deux ans plus tard. Il fallut attendre 1700 pour enregistrer le ralliement des protestants des Pays-Bas, d'Allemagne et de Suisse ; 1752 pour celui de la Suède et de l'Angleterre. Les orthodoxes de Russie et de Bulgarie ont attendu, eux, le XX$^{e}$ siècle : leur calendrier enregistrait 13 jours de retard en 1900. L'Union soviétique s'est alignée en 1918 en décidant que le 14 février succéderait au 1$^{er}$ février, si bien que, selon ce mode de calcul, la révolution d'octobre 1917 s'est en fait déroulée au mois de novembre... Aujourd'hui encore, la naissance de Jésus et la Pâque sont fêtées par les orthodoxes selon le calendrier julien.

Ce n'est qu'avec la généralisation du calendrier grégorien que le temps de Jésus s'est stabilisé et identifié progressivement au temps historique. La naissance de Jésus marque désormais le point de passage entre un « avant » et un « après ». Sur cette échelle du temps, les périodes de scolarité et de vacances, de travail et de repos sont encadrées par les jours du Seigneur et les jours fériés qui, pour l'essentiel, se réfèrent encore à la vie de Jésus, de sa mère, des apôtres et de tous les saints qui ont vécu en appliquant ses préceptes : Noël, Pâques, Ascension, Pentecôte, Assomption et Toussaint.

Enchaînant crise sur crise, le décompte du temps s'est progressivement chargé de la réalité du destin universel. Se remplissant d'histoires et devenant Histoire, il est désormais vécu comme un temps d'épreuves. À Bethléem même, le constat de l'hétérogénéité du temps revêt toute son ampleur : le lieu reconnu de la naissance de Jésus n'accumule-t-il pas les contradictions et les tensions ? Plus qu'ailleurs l'Histoire y est instable, les intérêts divergents, les antagonismes souvent sanglants.

6

# Après la prise de Constantinople, la France protège la grotte de la Nativité et les Latins

En 1535, François Ier conclut la première alliance jamais signée entre un Roi Très Chrétien et un monarque musulman, prenant ainsi à revers ses rivaux regroupés autour de l'empereur Charles Quint. Mais cette alliance choque les chrétiens. Pour se racheter, il obtient de Soliman le Magnifique une capitulation concédant à la France le protectorat exclusif des Latins et de leurs établissements religieux dans le Levant. Désormais, le roi de France peut entretenir les églises, nommer des consuls dans toutes les grandes villes de l'Empire ottoman, y garantir la liberté commerciale, civile et religieuse de ses sujets. Au fur et à mesure de leur renouvellement, les capitulations étendent le protectorat de la France à tous les chrétiens de l'Empire relevant de Rome. La France reprend ainsi son rôle de fille aînée de l'Église et de bras armé de la papauté qu'elle exerçait quelques siècles plus tôt. Ce droit au protectorat des communautés chrétiennes d'Orient constituera l'instrument privilégié de son influence au Proche-Orient.

L'exercice de ce droit a varié au gré des alliances et des conflits engagés par la Sublime Porte. Après la bataille navale de Lépante au cours de laquelle, le 7 octobre 1571, don Juan d'Autriche écrasa les Turcs, des religieux latins furent emprisonnés à Damas, et les sanctuaires pris par les Grecs et les Arméniens. L'envoyé de Charles IX obtint à Constantinople la libération des religieux latins et la restitution des Lieux saints (1571-1572). Dès son accesssion au trône, un des premiers soins d'Henri IV fut d'envoyer à Constantinople Savary de Brèves pour y rétablir le crédit de la France et solliciter le concours de la Turquie contre la Maison d'Autriche, mais, quelques années plus tard, les droits des Latins étaient de nouveau remis en cause par les Grecs.

Les revers essuyés par les armées ottomanes en Hongrie avaient profondément irrité le sultan. Un prisonnier de guerre hongrois suggéra à l'aga des janissaires que le seul moyen d'en finir avec une guerre désastreuse et de désarmer les princes chrétiens consistait à expulser de Jérusalem et de Bethléem les religieux latins, de les faire conduire enchaînés à Constantinople, et d'empêcher en même temps les pèlerins catholiques d'aller faire leurs dévotions sur les Lieux saints. Le conseil fut vivement apprécié, et les firmans promptement rédigés. L'ambassadeur de Henri IV réussit *in extremis* à les faire révoquer et ses menaces obligèrent le sultan à accepter d'inclure dans les capitulations une clause accordant explicitement au roi de France la protection des sanctuaires de Jérusalem, des religieux qui y résidaient et des pèlerins qui s'y rendaient.

Les gardiens catholiques des Lieux saints se retrouvaient ainsi sous la protection de la France. Acteurs déjà importants de l'histoire de Bethléem, les franciscains étaient arrivés en Terre sainte en 1217, conduits par le frère Élie. Deux ans plus tard, leur patron, François d'Assise, avait accosté à son tour à Saint-Jean-d'Acre avec douze compagnons ; il avait effectué une première visite aux Lieux saints avant de se rendre en Égypte pour tenter d'approcher le sultan, qu'il souhaitait convertir, puis était repassé par la Terre sainte pour accomplir une seconde visite à Bethléem et aux autres Lieux saints. Il était ensuite reparti pour l'Europe, laissant sur place quelques frères avec la recommandation de ne pas abandonner les sanctuaires. En 1230, le pape Grégoire IX adressa aux prélats d'Orient une lettre considérée comme fondatrice de l'installation des frères mineurs en Terre sainte. En 1263, la « province » franciscaine était organisée en trois circonscriptions nommées « custodies », dont l'une portait l'appellation de « Terre sainte ». En 1291, à la suite de la chute du royaume latin de Jérusalem, les franciscains se transportèrent à Chypre. Pendant toute cette première période, ils étaient restés très proches des Croisés, agissant comme leurs chapelains et conseillers. Un certain nombre fut massacré en 1244, 1263 et 1266.

Au début du XIVe siècle, le roi d'Aragon, le roi de France et celui de Naples effectuèrent des démarches auprès des sultans du Caire pour obtenir que des religieux catholiques puissent s'installer de manière stable dans les principaux sanctuaires de Judée, notamment à Bethléem. En 1333, après de longues et difficiles négociations et en contrepartie de très grosses sommes d'argent, les souverains de Naples et Sicile, Robert d'Anjou et Sancia, son épouse, obtinrent du sultan Méleken-Nasser Mohammed, en faveur des frères mineurs, la propriété exclusive du Cénacle[1] et le droit de résider de manière permanente dans l'église du Saint-Sépulcre, ainsi que d'y célébrer l'office divin. Ils offrirent ce droit au pape à la condition expresse que les frères mineurs en soient les gardiens « à perpétuité ». Un peu plus

1. À Jérusalem, la salle où Jésus institua l'Eucharistie.

tard, les franciscains obtenaient également la propriété de la grotte de la Nativité et de la basilique qui la recouvre. En 1336, appuyés auprès du sultan d'Égypte par les souverains de Naples, ils purent se rétablir définitivement en Terre sainte après avoir obtenu les droits juridiques nécessaires sur les Lieux saints, ainsi que diverses propriétés et résidences – acquisitions qui furent officiellement reconnues par le pape Clément VI, le 21 novembre 1342, aux termes des bulles *Gratias agimus* et *Nuper carissimae* qui leur concédaient la garde des Lieux saints. Dès lors, le siège central de la custodie de Terre sainte fut établi près du Cénacle, sur le mont Sion[1]. Après la bataille de Lépante, ils en furent expulsés, tout comme ils le furent des Lieux saints et donc de Bethléem où ils s'étaient installés dès 1347. En 1560, ils acquirent l'actuel couvent du Saint-Sauveur, à Jérusalem, où ils transférèrent le siège central de la custodie.

Durant la quinzaine d'années qui suivit l'octroi par le sultan au roi de France de la protection des Lieux saints et des religieux qui y résidaient, tout alla bien pour les pères de Palestine. Mais les Grecs schismatiques et les Arméniens n'acceptaient pas cette concession et ils usèrent pendant des siècles de tous les moyens, légaux et illégaux, pour récupérer à leur profit les Lieux saints, notamment la grande église de Bethléem et la grotte de la Nativité. En 1619, les Arméniens rassemblèrent ainsi un fonds de 150 000 livres pour entreprendre des démarches visant à en déposséder les Latins. Ils corrompirent les autorités de Jérusalem pour obtenir un firman les autorisant à officier dans

1. Les franciscains continuent aujourd'hui encore à revendiquer la propriété du mont Sion auprès des autorités israéliennes.

les Lieux saints, notamment dans la grotte de la Nativité. Les protestations de l'ambassadeur de France furent rejetées. Louis XIII s'en émut et dépêcha un M. Deshayes, muni d'instructions très pressantes. Celui-ci conféra pendant six semaines, et, dans les premiers jours de 1621, obtint enfin un firman adressé au gouverneur de Jérusalem :

> « L'Empereur de France m'a fait entendre que de toute ancienneté les prêtres et religieux francs qui servent les églises qui sont tant dans la ville de Jérusalem qu'aux environs avaient coutume de n'être point inquiétés et de vivre en pleine liberté, conformément aux capitulations qui sont entre nous, et que, même, de toute ancienneté, ils sont en possession de l'église de Bethléem, car, encore que par le passé ils aient permis à la nation arménienne et aux autres nations chrétiennes d'avoir une chapelle en ladite église de Bethléem pour y faire leurs prières selon leurs usages, si est ce qu'ils se sont toujours réservé à eux la grotte où Jésus est né, laquelle est au-dessous de l'église, et quoique par plusieurs fins les autres nations chrétiennes en aient voulu débattre la possession, il a toujours été jugé qu'il n'y avait que les religieux francs qui eussent droit en l'église de Bethléem et qui puissent célébrer la messe en ladite grotte et y allumer des lampes, et que si les autres nations chrétiennes y avaient des chapelles et y célébraient leurs messes ou liturgie, ce n'était que par permission des religieux francs, ce qui appert par plusieurs commandements des Sultans d'Égypte qui, depuis la conquête du pays, ont été conformés au temps que régnait mon miséricordieux aïeul Sultan Soliman et approuvés par plusieurs cadis...
>
> C'est pourquoi, afin que tous les Lieux qui d'ancienneté étaient en la possession et au gouvernement des religieux francs leur soient derechef rendus et consignés en leurs mains, et que ceux qui voudraient troubler et inquiéter à l'avenir lesdits religieux en soient détournés et empêchés, mon impérial commandement est intervenu... »

Le firman enjoignait également aux autorités de Jérusalem de ne plus écouter et juger les contestations qui pourraient s'élever entre les différentes communautés chrétiennes, mais d'envoyer à Constantinople les parties et leurs preuves pour que tous les procès aient lieu à la Porte en présence du Grand Vizir et des hauts fonctionnaires de l'Empire. Le même firman menaçait l'évêque arménien, à l'origine de toute l'affaire, de destitution, et son adjoint de bannissement s'ils venaient à ourdir de nouvelles intrigues contre les Latins.

Muni de ce firman et de quelques autres lettres, M. Deshayes, accompagné d'un officier de la Porte nommé Youssouf, quitta Constantinople au mois d'août 1621. Sûr de son fait, il arriva à Jérusalem à la fin septembre et trouva les autorités fort mal disposées, car les Arméniens leur avaient déjà distribué plus de 30 000 livres... Le gouverneur refusa tout d'abord de recevoir le firman impérial. La population musulmane, habilement excitée, menaçait de se soulever. Le pacha fut obligé d'accorder une garde personnelle à M. Deshayes qui, malgré les risques, ne s'en laissa pas compter. En plein divan, il menaça le gouverneur et le cadi de retourner à Constantinople pour porter ses doléances à la Porte. Le gouverneur céda et restitua alors les sanctuaires, notamment celui de Bethléem.

Malgré le firman et les menaces de la Porte, les franciscains ne jouirent pas longtemps de la paix que la Cour de France croyait leur avoir assurée. Peu après le départ de M. Deshayes, le gouverneur concéda en effet aux Grecs et aux Arméniens le droit de bénir le pain sur l'autel de la grotte de la Nativité. Encouragés par cette mesure, Grecs et Arméniens reprirent alors leurs menées contre les Latins. Un grave incident survint entre franciscains et Arméniens autour de la grotte. Les Arméniens avaient acheté cinq témoins musulmans qui se présentèrent au tribunal de Jérusalem et déclarèrent sous serment que le jardin situé à l'orient de l'église de Bethléem ainsi qu'une des clés de la grotte de la Nativité appartenaient de toute ancienneté aux Grecs. Pour empêcher cette spoliation, les frères de corde offrirent 9 000 écus d'Espagne au cadi. Une nouvelle fois, les autorités de Jérusalem excitèrent les populations contre les Latins en accréditant la rumeur qu'ils conspiraient avec les ennemis de l'Empire, cherchant notamment à convertir les sujets de la Porte pour restaurer sur la Palestine la domination des Francs. Le couvent du Saint-Sauveur où résidaient les franciscains fut assiégé, un moine massacré sur la route de Bethléem. Les religieux ne durent leur salut qu'à la fuite...

Très irrité par les incidents survenus autour de la grotte de la Nativité, le roi Louis XIII décide d'installer en 1623 un consul de France à Jérusalem, Jean Lempereur, « pour la gloire de Dieu et le soulagement des personnes pieuses qui vont par dévotion visiter les Lieux saints ». Dès son arrivée, le consul doit faire face à l'hostilité conjuguée de ses protégés, des autorités locales et des puissances étrangères. Sa tâche et celle de ses successeurs sont rendues si difficiles que la présence consulaire à Jérusalem restera épisodique jusqu'en 1843.

Toutefois, aidée pour une fois par Venise, la France obtient en 1624 un nouveau firman reconnaissant que la préséance dans les cérémonies, notamment dans l'église de Bethléem, appartient aux religieux catholiques ; que la nation grecque s'est servie de faux témoignages ; qu'elle a ouvert sans aucun droit deux portes dans la partie méridionale de l'Église ; que les trois clés de l'ancien portail et des deux petites portes de la grotte appartiennent aux

Francs et que les Grecs s'en sont emparés en usant de fausses preuves.

En 1632, les Grecs renouvellent leurs prétentions et les accompagnent d'une somme de 20 000 écus versée au Grand Vizir ; il est sur le point de déposséder une nouvelle fois les Latins quand ceux-ci versent une somme plus importante encore. Le Grand Vizir part alors pour mener la campagne de Perse, laissant les rênes à Ali Pacha qui fait prendre une décision assurant aux Grecs la possession de l'église de Bethléem, de la grotte de la Nativité et des jardins attenants à l'église. Les efforts de l'ambassadeur de France, aidé des représentants de Venise et de l'empereur d'Allemagne, sont contrariés par les passions populaires. Soutenus par les janissaires, les Grecs assiègent le palais de France et celui de Venise. Les domiciles des ambassadeurs sont violés. Le premier drogman de Venise est pendu au balcon, et un drogman de France arrêté.

En 1635, un nouveau firman réintègre les franciscains dans leurs droits. Un officier de la Porte est envoyé à Jérusalem pour veiller à sa bonne exécution. Dès 1637, un nouveau firman dépouille derechef les religieux francs. Les Grecs reprennent possession de la grotte et de l'église. Louis XIV a alors d'autres chats à fouetter et néglige les intérêts français en Terre sainte. En 1665, il donne cependant à M. de La Haye, son ambassadeur près la Porte, mission de revendiquer les Lieux saints et de demander la cession d'une place forte sur la côte d'Afrique où le duc de Beaufort a battu par deux fois les Algériens. Très fâché par cette demande, le Grand Vizir confirme néanmoins les droits des franciscains. La colère de la Porte monte d'un cran quand elle apprend que le Roi-Soleil vient en aide à l'empereur allemand et à la République de Venise, ses ennemis jurés. Objet de mauvais traitements, l'ambassadeur de France est rappelé de Constantinople. Le roi pense rompre avec la Turquie. Finalement, il décide de faire une ultime tentative et nomme auprès de la Porte M. de Nointel, qui remet ses lettres de créance le 3 février 1671. Quand le diplomate français évoque les Lieux saints, le Grand Vizir refuse de l'écouter ; il ne prendra connaissance de ses propositions qu'en lisant plus tard le mémoire qu'il lui aura rédigé. L'ambassadeur y réclame au nom du roi :

> « Qu'en considération de l'ancienne amitié et de ce que l'Empereur de France est le protecteur du Christianisme auprès de Sa Majesté, la religion chrétienne sera toujours exercée dans les lieux de l'Empire ottoman où elle a été jusqu'à présent ;
>
> Que les Évêques chrétiens romains sujets du Grand Seigneur soient en la même considération maintenus et gardés dans leur dignité et exercice de leur religion ;
>
> Que les religieux français et autres qui desservent les églises du Saint-Sépulcre et du Saint-Sauveur et autres seront conservés dans la possession et garde desdits Saints Lieux qu'ils gardent depuis tant de siècles, sous la protection dudit Empereur de France ;
>
> Que les Lieux usurpés par les Grecs, et particulièrement la grotte où est né Jésus-Christ, et le mont Calvaire, ensemble toutes les appartenances leur soient rendus ;
>
> Qu'il sera permis à tous les Français et autres de visiter lesdits Saints Lieux sans qu'il leur soit fait aucun trouble ni empêchement ;
>
> Que défenses seront faites aux pachas, gouverneurs et autres officiers de molester lesdits religieux, desservir lesdits Saints Lieux et que, au cas où il interviendrait quelque condamnation contre eux, l'appel qu'ils interjetteraient des jugements en suspendra l'exécution jusqu'à temps qu'ils soient confirmés par la Porte. »

Le Grand Vizir promet d'examiner ces réclamations et d'y faire droit, mais l'ambassadeur ne voit rien venir. Lassé par ce silence, Louis XIV décide d'envoyer un agent extraordinaire qui remettra une lettre du ministre des Affaires étrangères, M. de Lionne, expliquant que l'ambassadeur de France sera rappelé si les capitulations ne sont pas promptement renouvelées avec les additifs qu'il exige d'y voir apporter. Le chevalier d'Arvieux, qui parle le turc, est désigné pour remplir cette mission. Un vaisseau du roi, le *Diamant*, est mis à sa disposition. Le plénipotentiaire français arrive à Constantinople le 4 mars 1672 et fait connaître les exigences du roi. Au lieu de remettre la lettre explicite de M. de Lionne, l'orgueilleux ambassadeur entend mener à bien tout seul la négociation et échoue sur la question des Lieux saints. La Porte lui répond que « le Grand Seigneur ne dépouillera pas ses propres sujets de leurs propres biens pour les donner à des étrangers ». Jugeant alors sa présence inutile, l'envoyé du roi quitte Constantinople le 24 juillet 1672, rentre à Versailles et rend compte à un Louis XIV on ne peut plus mécontent. Le roi demande au chevalier d'Arvieux un mémoire sur les moyens à employer pour avoir raison des Turcs. Ce mémoire est remis au roi le 24 septembre 1672.

Le texte développe d'abord longuement l'intérêt que présente la protection des Lieux saints :

> « Il est constant, Sire, ainsi que j'ai eu l'honneur de le représenter à Votre Majesté dans mon premier mémoire, que les Turcs sont les plus fiers et les plus arrogants des hommes. Ils croient que tout leur est dû et que les manières honnêtes qu'on a pour eux sont bien moins des marques de notre politesse naturelle que de notre faiblesse et du besoin que nous avons d'eux. Mais un très long usage m'a convaincu qu'ils ne sont jamais les amis que de ceux qui les maltraitent, et qu'ils n'accordent jamais rien que par la force. Ils sont incapables de goûter les meilleures raisons

> que quand elles partent de la bouche du canon. Il faut même observer que les coups suivent de bien près les menaces, ou imiter les Allemands qui frappent avant que de menacer. Tout cela, bien ménagé et bien soutenu, fera infiniment plus d'effet sur ces sortes de gens que tous les ménagements et toutes les politesses qu'on a pour eux et dont ils ne sont pas susceptibles. »

Le chevalier propose ensuite au roi d'envoyer mouiller aux Dardanelles l'escadre du Levant, forte de quinze vaisseaux. Trois bâtiments seraient dirigés sur Constantinople pour en retirer l'ambassadeur et les sujets du roi au cas où les capitulations ne seraient pas renouvelées à très bref délai. Si les Turcs venaient à résister, l'escadre devrait attaquer les Dardanelles, brûler Smyrne et s'emparer de Chio. Louis XIV trouva le projet intéressant, mais en fut distrait par les affaires de Hollande. Les revers subis par les Turcs en Pologne les ramenèrent néanmoins à plus de ménagements envers la France. Les capitulations furent renouvelées avec une partie des additifs demandés en juin 1673. L'ambassadeur de France réclama ensuite les firmans nécessaires pour que les religieux francs rentrent en possession de leurs sanctuaires. Une fois de plus, la Porte trouva mille et un prétextes pour en retarder la promulgation. Le diplomate français se rendit lui-même à Jérusalem et constata que le patriarche grec pouvait produire un autre firman confirmant sa possession de l'église de Bethléem et déclarant notamment : « Il se trouve maintenant que le monastère de Bethléem est un bâtiment que son architecture et ses fondations peuvent faire passer pour une forteresse et que, depuis qu'ils se le sont approprié, l'autorité des Francs s'accroît si fort de jour en jour dans le pays, en réduisant les peuples des environs à embrasser leur abominable religion et à leur donner leurs enfants pour les faire élever dans le pays de France », tant et si bien qu'il est ordonné que « le Patriarche des Grecs résidant en Jérusalem, ses religieux et ses peuples, nos tributaires, soient remis dans la possession de l'église du Saint-Sépulcre, de celle de Bethléem avec ses jardins, attenances et dépendances, et des clefs d'icelle que ledit Patriarche a gardées de toute ancienneté sans permettre que les Francs puissent s'ingérer dans les uns et les autres lieux ni avoir aucune clef contre l'ancienne coutume, et s'ils veulent les visiter selon leur rite abominable, vous leur permettrez de le faire après qu'ils en auront demandé la permission et le consentement au Patriarche des Grecs. Vous défendant très expressément de permettre qu'il soit rien innové dans les susdits lieux et, si à l'avenir les Francs nous présentaient quelque sorte d'écritures, vous les renverrez à ma Sublime Porte par la foi et l'obéissance que vous devez à ce noble signe. »

Outré par tant de mauvaise foi, M. de Nointel fait partir sur-le-champ vers la France, l'Espagne, l'Italie et Malte des religieux de Terre sainte, porteurs d'une lettre circulaire exhortant les princes chrétiens à ordonner à leurs vaisseaux de courir sus à tous les bâtiments turcs montés par des équipages grecs. Instruit du voyage de M. de Nointel à Jérusalem, le Grand Vizir lui expédie un courrier afin qu'il revienne en toute hâte à Constantinople où l'attend, dit-il, des dépêches de la plus haute importance.

Deux commissaires de Terre sainte sont entre-temps arrivés à Versailles et exposent au roi la situation qui y prévaut, ainsi que l'inefficacité de son ambassadeur face à la mauvaise foi de la Porte. M. de Nointel est alors rappelé et ne rentrera à Paris qu'après plusieurs années d'exil.

Une autre tentative est encore lancée pour obtenir un ordre de restitution des Lieux saints aux Latins – sans plus de succès. Le roi décide alors de se faire justice lui-même. Il envoie une expédition contre Alger et une autre contre Chio. Attitude immédiatement comprise par la Porte : quand le nouvel ambassadeur demande le firman sollicité depuis si longtemps, il lui est remis avec empressement (en 1690). La grande église de Bethléem, les jardins et le cimetière attenants, la grotte et ses deux clefs, celle du portail, reviennent aux Latins. Les religieux catholiques rentrent ainsi en possession de l'église de Bethléem dont ils ont été exclus depuis cinquante-huit ans, et du Saint-Sépulcre qu'ils ont perdu depuis quatorze ans.

En 1717, pour bien marquer leurs droits, les franciscains installent à l'endroit précis où Jésus est né une belle étoile d'argent portant une inscription en latin :

*HIC DE VIRGINE MARIA*
*JESUS-CHRISTIS NATUS EST*

En reconnaissance des services que lui a rendus le marquis de Villeneuve dans la conclusion de la paix de Belgrade, la Porte renouvelle en 1740 les capitulations favorables aux Francs, ouvrant ainsi seize ans de relative tranquillité aux Latins. Mais quand il apprend la teneur du traité conclu entre la France et l'Autriche le 1^er^ mai 1756 à Versailles, le gouvernement ottoman, blessé, sait qu'il n'a plus d'espoirs d'être soutenu par la France. Celle-ci vient en effet de procéder à un renversement d'alliances : renonçant à soutenir la Prusse contre la Maison d'Autriche, elle s'allie avec cette dernière et passe même avec elle un accord secret d'aide réciproque. Or Vienne est l'ennemie principale de Constantinople... Les Grecs profitent habilement de l'occasion pour reprendre le combat qu'ils mènent avec acharnement depuis la prise de Jérusalem par Godefroy de Bouillon. Leur harcèlement commence au Saint-

Sépulcre, le 2 avril 1757 : des pèlerins grecs envahissent les lieux et pillent un autel à la porte du sanctuaire. Misant sur l'irritation du Grand Vizir, le patriarche grec obtient un nouveau firman qui ne cite les anciennes capitulations que pour mieux les enfreindre et qui enlève les sanctuaires et notamment Bethléem aux Latins. En toute impunité, car la France s'intéresse désormais beaucoup moins aux Lieux saints que par le passé.

À la fin du siècle des Lumières, puis sous la Révolution, les histoires de moines sont considérées en France avec mépris. Abandonnés par leur protecteur en Terre sainte, pourchassés en métropole pour cause de Constitution civile du clergé, les franciscains vont devenir, pendant une soixantaine d'années, des adversaires résolus de la France, et la custodie du couvent du Saint-Sauveur un foyer d'agitation antifrançais. Italiens et Espagnols, nombreux à la custodie, obtiennent qu'elle encourage l'insurrection espagnole contre la France, prête le pavillon de Terre sainte au commerce anglais pour contourner le blocus continental, et exhorte même l'Autriche à se substituer à la France pour assurer le protectorat des Lieux saints...

Malgré son anticléricalisme, le Comité de salut public estime néanmoins qu'il y a un intérêt national à sauvegarder le rôle de la France au Proche-Orient. Il donne des instructions précises à Descorches, son ambassadeur à Constantinople : « À l'égard des prérogatives attachées aux fonctions d'ambassadeur de France relativement à la religion et à la qualité de protecteur du culte chrétien dont nos ambassadeurs ont toujours été investis, le citoyen Descorches, sans attacher trop d'importance à ces prérogatives, n'en conservera pas moins tous les droits qui lui sont attribués, ne fût-ce que pour entretenir la considération dont les ministres de France ont joui jusqu'à présent. »

Le Directoire partage le même état d'esprit. Son ambassadeur, qui débarque sur les rives du Bosphore au début de 1796, demande aussitôt à être « réintégré dans les droits des ambassadeurs de France, et surtout dans celui de protéger les églises catholiques qui se trouvent à Constantinople et dans les Échelles du Levant ».

Puis le Premier Consul fait insérer dans le traité de paix franco-turc du 24 juin 1802 un article qui rétablit pleinement les capitulations de 1740. Par l'intermédiaire de Talleyrand – tout évêque défroqué qu'il soit –, Napoléon Bonaparte demande à son ambassadeur à Constantinople de « reprendre et exercer dans toute son étendue [...] le droit de protéger les églises catholiques du Levant[1] ».

En 1816, les religieux de Terre sainte réclament à Louis XVIII la protection de la France. Les Grecs, qui ne contrôlaient qu'un baptistère et un escalier, ont en effet repris possession de « toute l'église supérieure, dont ils n'occupent que le chœur à proprement parler, faisant de la belle et spacieuse nef, ornée par sainte Hélène de quarante colonnes de marbre, une halle ou bazar, ou lieu d'amusement pour les enfants de l'école, quelquefois le dortoir et la taverne des pèlerins mêlés et confondus, tandis que la population catholique, beaucoup plus nombreuse, ne peut contenir dans la chapelle voisine, basse et obscure, qu'on ne leur permet même pas d'agrandir. Les Arméniens reçurent l'aile gauche du chœur et murèrent la porte qui donnait passage à nos religieux dans la procession qu'ils font chaque soir au sanctuaire souterrain de la Nativité. Il a fallu le concours du régime de Mehemet-Ali et la présence du prince de Joinville pour faire rouvrir cette porte condamnée. »

1. In *Mémoire d'Eugène Boré*, Jérusalem, 19 mars 1848.

L'objectif final des Grecs était de s'emparer du lieu le plus important, la grotte de la Nativité. Conjointement avec les Arméniens, ils n'avaient obtenu que la jouissance de la table de marbre située au-dessus de l'endroit où est né Jésus, emplacement toujours aux mains des religieux francs qui veillaient avec soin sur l'étoile d'argent et ses inscriptions latines. Cette détermination des Grecs était en réalité encouragée par un nouvel et grand acteur, le tsar qui, depuis le traité de Kutchuk-Kaïnardji passé en 1774 entre la Russie et la Sublime Porte, se considérait comme le protecteur des Grecs orthodoxes de l'Empire ottoman et entendait faire accepter au sultan ce protectorat exercé sur une vingtaine de millions de ses sujets. Depuis le XVII^e^ siècle, l'idée de venger l'affront fait à l'orthodoxie par la prise de Constantinople en protégeant les Slaves et autres chrétiens de l'Empire ottoman avait pris corps. Ce dessein à caractère religieux était doublé d'un autre, beaucoup plus stratégique : avoir accès à la Méditerranée et accroître l'empire des Tsars en dépouillant la Porte. C'est ainsi qu'au congrès de Vienne, en 1815, la Russie revendique explicitement un droit de protection des orthodoxes analogue à celui que la France exerce en faveur des catholiques. Metternich et l'Angleterre refusent.

En 1817, un firman pris sous la pression du tsar Alexandre déclare que les Lieux saints n'appartiennent ni aux Latins, ni aux Grecs, mais à la Turquie. Louis XVIII proteste et engage avec la Russie une discussion qui n'aboutit pas... À Jérusalem, les Grecs ont pris l'habitude, à chaque difficulté rencontrée avec les Latins, de se tourner vers la Russie. De leur côté, les Russes encouragent leurs pèlerins à venir nombreux en Terre sainte, font des donations au patriarcat orthodoxe et investissent à Jérusalem.

7

# La crèche et le Père Noël

Le premier de mes cahiers scolaires que j'aie pu retrouver[1] est daté du 10 janvier 1944. En haut de la marge, à gauche, on peut lire : *« J.M.J., aidez-moi. »* Pendant quelques années, institutrices et instituteurs m'auront ainsi placé sous la protection des trois personnages de la grotte de Bethléem : Jésus, Marie, Joseph. On ne s'étonnera guère que, quelques dizaines d'années plus tard, j'aie voulu mieux connaître l'histoire de ce lieu, d'autant plus que la crèche, sa représentation et sa symbolique occupaient une large place dans mon univers d'enfant.

J'ai encore sous les yeux la petite crèche que, chaque année, à la veille de Noël, ma mère fabriquait seule d'abord, puis qu'elle et moi confectionnions avec du « papier-rocher » et de la mousse ramassée dans la forêt voisine. Quand la crèche était prête, nous placions Joseph, Marie, le bœuf et l'âne, et attendions minuit pour y déposer l'Enfant Jésus. Je me souviens aussi du plaisir que nous prenions, enfants, à visiter trois grandes crèches : à l'église paroissiale, chez les sœurs du Bon-Secours et à l'Hôtel-

1. C'est Pierre Péan qui écrit.

Dieu, de loin la plus belle. J'insistais pour déposer moi-même la pièce de monnaie dans les mains d'un petit ange bleu aux ailes blanches qui remerciait en hochant la tête.

Le mot « crèche » vient de l'allemand *Krippe*, qui désigne littéralement la mangeoire destinée aux animaux, qu'on trouve dans les étables. Il a fini par signifier et désigner la totalité et l'unicité du lieu : mangeoire, étable et grotte de Bethléem. Cette façon de rendre sensible et perceptible le mystère de Dieu fait homme va connaître un prodigieux succès, cautionné par l'Église elle-même. « Pour le pape Innocent III (XII^e siècle), les représentations historiques ne sont pas défendues dans les églises, parce qu'elles stimulent la foi et la piété des fidèles ; dans le chapitre *Cum Decorum* de la glose du droit canon, il ne défend pas de représenter la crèche de Notre Seigneur, les mages, Hérode, Rachel pleurant ses enfants, etc. Innocent IV (au XIII^e siècle) dit à peu près la même chose en ces termes : “Il n'est pas défendu de représenter quelque chose pour exciter la componction, par exemple la crèche” », précise le folkloriste Arnold Van Gennep[1].

La plus ancienne représentation de la Nativité remonte, semble-t-il, à 343. Elle a été découverte sur le fragment d'un sarcophage romain qui montre l'Adoration des bergers sous la lune, l'Enfant Jésus se trouvant entre un âne et un bœuf. Mais le culte de la crèche est antérieur. Vers 250, le philosophe chrétien Origène d'Alexandrie (185-254) parle déjà, dans ses écrits, de la grotte et de la crèche de Bethléem. Saint Jérôme évoque lui aussi la crèche, un siècle plus tard, en regrettant : « Ah, s'il m'était donné seulement

1. In *Le Folklore français. Cycle des douze jours de Noël aux Rois*, Robert Laffont, 1999.

de voir la crèche où reposa le Seigneur ! Mais, hélas, par vénération pour le Christ, nous avons enlevé la crèche d'argile pour lui en substituer une d'argent. » Un art véritable se développe peu à peu autour du thème de la crèche de Bethléem. Peintres et sculpteurs en font un de leurs thèmes favoris : « Au monastère bénédictin de Fleury-sur-Loire, une Vierge tenant l'Enfant derrière des courtines date du VIIIe siècle ; des fresques avec des scènes de la Nativité, à Saint-Martin-de-Fenollar, sont du XIIe siècle[1]. » Aux XIIe et XIIIe siècles, un authentique théâtre liturgique de Noël met en scène, sur le parvis des églises, des « crèches vivantes » avec la Sainte Famille, l'âne et le bœuf, tandis que l'intérieur des nefs se peuple d'anges costumés et de bergers vivants censés veiller sur leur troupeau à la belle étoile. Cette extériorisation de la foi culmine avec saint François d'Assise à qui certains chercheurs attribuent l'invention de la crèche. En 1223, pour célébrer le culte du nouveau-né Jésus, qui ne faisait pas l'unanimité chez les théologiens de l'époque, François d'Assise célèbre la messe de minuit dans une étable d'Ombrie. Les témoignages relèvent qu'il « fit préparer la crèche et le foin, puis amener le bœuf et l'âne. Enfin, il fit venir de nombreux frères et autres bonnes gens [...] et, sur la crèche qu'il avait fait préparer dans ce but, on célébra la messe en grande solennité[2] ». Au cours d'une visite à Greccio, le 2 janvier 1983, le pape Jean-Paul II a réaffirmé qu'« à l'initiative de saint François d'Assise, le mystère de Noël fut représenté visiblement pour la première fois ici, dans cette vallée ».

1. Charles Grando, « Noël en Roussillon », *La Tramontane*, n° 304, 1948.

2. Textes cités par Bernard Chevallier dans *Crèches de Noël*, photographies de M. Tulane, Paris, 1987.

En Italie, puis en Provence, on voit ainsi se multiplier les crèches vivantes dans les villages au cours du XIIIe siècle. Leur esthétique reproduit celle des crèches ornant les bas-reliefs des cathédrales. Cette pratique gagne le reste de la France, mais aussi l'Allemagne, l'Italie et l'Espagne où apparaissent des crèches vivantes ou mécanisées au cours des XIVe et XVe siècles. D'après les ethnologues et les historiens spécialisés, la crèche s'installe durablement dans les traditions religieuses à partir du XVIe siècle.

Si François d'Assise est sans nul doute un précurseur de la « crèche vivante », on peut difficilement lui attribuer la paternité de ce que les historiens appellent la « crèche stable », composée de figurines de bois ou de plâtre. Celles-ci apparaissent au fur et à mesure que la dévotion à la Nativité et à l'enfance du Christ s'impose à travers les écrits et pratiques des moines contemplatifs et des ordres mendiants. « Selon l'historien R. Berliner, la plus ancienne crèche formée par la juxtaposition de figurines et établie dans une église durant la période de Noël qui soit attestée par un texte, serait celle qu'en 1562 les jésuites de Prague dressèrent dans une chapelle de leur église proche du maître autel, note Régis Bertrand. Elle avait été précédée depuis 1559 par l'érection temporaire d'un "sépulcre" à l'occasion du Vendredi saint[1]. » R. Berliner a également démontré que les jésuites ont joué un rôle décisif dans la diffusion de la crèche à travers l'Europe germanique au cours des dernières décennies du XVIe siècle, mais qu'ils furent imités

1. In *Crèches et santons de Provence*, Éd. A. Barthélemy, Avignon, 1992.

et parfois supplantés après 1600 par d'autres ordres ou instances religieux et par les aristocrates.

En France, la dévotion à la Nativité et à l'enfance du Christ atteignit une sorte d'apogée durant la première moitié du XVII^e^ siècle avec la théologie mystique de l'Incarnation, propagée par ce mouvement spirituel que l'on appelle depuis la fin du XIX^e^ siècle l'« École française », étroitement lié à la congrégation de l'Oratoire, fondée par Pierre de Bérulle en 1611. Les oratoriens ont d'abord pratiqué avec discrétion cette dévotion à la Nativité qui n'emportait pas l'adhésion générale, tant l'image convenue de l'enfance, encore péjorative, ne pouvait s'accorder, sans choquer, avec la grandeur du mystère de Noël. Quoi qu'il en soit, c'est bien avec la Contre-Réforme et ses nouvelles figures de dévotion qu'on assiste au triomphe de la crèche. L'« invasion mystique » qui suit le concile de Trente officialise en quelque sorte l'Adoration par la représentation du « Verbe éternel fait enfant ». Cette dévotion est étroitement liée au culte de la Vierge Marie et, plus largement, de la Sainte Famille.

Ainsi légitimée par la Contre-Réforme, la crèche a commencé par s'imposer dans les églises au cours du XVIII^e^ siècle. Reconstituant ce grand mouvement d'implantation des crèches dans les lieux de culte, Arnold Van Gennep en répertorie les traces dans les paroisses, les chapelles de confréries, les couvents et les hôtels-Dieu. Fabriquer une crèche consiste le plus souvent à exposer la figurine d'un enfant posé dans un berceau, encadré par les statuettes de la Vierge et de saint Joseph, parfois au milieu d'un décor de branchages ou de papier censé reproduire la grotte. Par exemple, « la crèche triptyque de la cathédrale Sainte-Marie-d'Oloron, en Béarn, date du XVIII^e^ siècle. Le panneau central, sculpté en haut-relief, représente la Nativité avec l'âne et le bœuf ; sur un panneau adjacent apparaît une jeune fille qui offre des œufs, et un laquais tenant la bride d'un chameau. Sur le soubassement, on voit une mère et son enfant, peut-être Jean-Baptiste, et, à la partie supérieure, dans un médaillon, des nuages dorés et trois anges. Devant ce triptyque évoluent des personnages, de dimensions importantes : de 50 à 60 cm pour ceux qui sont debout, 40 cm pour ceux qui sont à genoux. Ils sont sculptés dans le bois, puis coloriés et dorés[1]. »

Plusieurs chercheurs « créchistes » insistent sur l'interdiction des « mystères de Noël » par Louis XIV en raison de la tournure excessivement profane prise par ces rituels, et sur l'abrogation de la messe de minuit prononcée durant la révolution de 1789 dans de nombreux diocèses de France. Ces décisions expliqueraient l'apparition de crèches dans les foyers comme autant de signes de résistance de la piété des fidèles face aux édits royaux, puis à la persécution révolutionnaire. S'ouvrirait ainsi la période dite des « crèches familiales », réponses domestiques aux turbulences intervenues dans l'espace public hérité de l'Ancien Régime. Au début, les « crèches familiales » constituent des objets précieux, exposées dans des vitrines et appelées « chapelles » pour les distinguer de celles des églises. « Certaines, en verre filé ou en porcelaine, sont de véritables chefs-d'œuvre, comme celles de Nevers ou du musée Borély de Marseille[2]. »

Aux pressions historiques qui expliquent en partie cette émergence de la crèche, œuvre précieuse qui n'est pas sans rappeler l'art de la miniature si prisé par l'aristocratie,

1. Arnold Van Gennep, *Le Folklore français*, *op. cit.*
2. Françoise Lebrun, *Le Livre de Noël*, *op. cit.*

s'ajoute ici l'influence de différents savoir-faire domestiques et artisanaux avec l'apparition de figurines de série en mie de pain, puis en argile, comme les santons de Provence. Des dynasties de santonniers, comme Gloriain à la fin du XVIII^e siècle, jusqu'à nos jours avec la famille Neveu, vont transformer l'art de la crèche en y ajoutant leurs « petits saints » régionaux. Les « crèches familiales » font désormais le tour du monde chrétien. À travers l'Europe et jusqu'en Amérique du Sud et en Asie, la Sainte Famille s'impose en s'adaptant et en adoptant le costume, la tradition, les matériaux locaux.

Dans son *Tableau historique de Marseille* rédigé au début de la Révolution, le docteur Achard, qui dresse un constat plutôt désapprobateur de cette évolution, confirme la « privatisation » de la crèche : « Crèches : on donne ce nom à des représentations de la Nativité de Notre Seigneur, de l'Adoration des mages et des bergers, que l'on fait à Marseille sur les autels des églises paroissiales et autres [...]. Je ne sais pas pourquoi nos pasteurs, qui ont lu les canons de l'Église, ont oublié que le canon 39 du concile de Narbonne, tenu en 1609, défend de "faire dans les églises des indécences telles que la représention des prophètes ou des bergers...". Il est vrai que ce ne sont que des figures de cire ou de bois qu'on habille élégamment pour nous peindre la richesse des mages [...]. Mais on doit laisser cet amusement aux enfants qui jouent à la chapelle. Nous avons emprunté ces drôleries des Italiens ou des Espagnols. Cela amuse le peuple et un particulier qui a fait chez lui une crèche est sûr d'avoir chaque jour une quantité étonnante de femmes qui viennent jouir de ce spectacle pour deux sols. On rassemble les "chanteurs de Noël" et on a soin de rendre l'assemblée bruyante ; cela attire des pratiques[1] », s'indigne en conclusion le docteur marseillais.

De fait, la crèche familiale favorise le développement de nouveaux réseaux de sociabilité à travers la curiosité ou la piété des voisins, l'inventivité des artisans, la rivalité entre quartiers cherchant à fabriquer la plus belle représentation de la Nativité de Bethléem. Paradoxalement, ce mouvement de « privatisation » débouche sur une troisième étape : celle de la « crèche-spectacle », qui renoue avec les origines de la « crèche vivante » des drames liturgiques des XIe, XIIe et XIIIe siècles. Ces « crèches publiques » ou « crèches spectacles » qu'on voit se multiplier durant les premières décennies du XIXe siècle intègrent non seulement les santons, mais aussi d'autres personnages profanes tirés de la vie quotidienne. Porteurs d'offrandes, comme les Mages, ces derniers représentent des corps de métier – ainsi les vignerons, les boulangers ou les maçons – mais aussi des mendiants ou les enfants des rues.

Même si elle s'inspire des traditions franciscaines des mystères médiévaux, cette « crèche-spectacle », miroir et introspection de la structure sociale, se réalise le plus souvent en marge de la hiérarchie catholique. « En Champagne, dans la vallée de la Suippes, on appelait *Bergeoterie* une sorte de représentation de la crèche vivante, relève Arnold Van Gennep. On installait dans les églises une crèche avec le bœuf et l'âne réchauffant de leur souffle le Divin Enfant. Les enfants de chœur, les marguilliers et sonneurs se déguisaient en anges et en bergers... »

« En Franche-Comté, c'est un théâtre populaire qui représente ce spectacle liturgique, raconte encore le folk-

1. Tome 1 (un seul paru), Lausanne, 1789.

loriste. À la fin du XVIII$^{e}$ siècle, dans les maisons religieuses, des théâtres mécaniques représentent des scènes de la Nativité, et c'est un devoir d'y assister. Adultes et enfants rient des facéties de Barbizier, personnage qui incarne l'esprit frondeur des Francs-Comtois. Ce vigneron mène la revue et lance des propos critiques sur le comportement de ses concitoyens ; la Naitourne, sa femme, n'est pas la plus épargnée [...]. La crèche bisontine avait encore beaucoup de succès en 1938. Les représentations commençaient en décembre et se poursuivaient jusqu'en janvier. Il y avait plusieurs théâtres connus sous les noms de "crèche bisontine", "étable de Bethléem", "crèche orientale" ; ils étaient installés dans un hangar, au fond d'une cour, ou dans un magasin inoccupé. Un spectacle de "figures mouvantes en cire et en relief" eut lieu sous le nom de *Bethléem* à Nancy, pour la première fois en 1752. Cette pièce mettait en scène tous les personnages de la crèche et durait une heure ; elle souleva une tempête parmi les magistrats, car une figure représentant la reine de Hongrie remerciait de l'offrande. Ce manque de respect cessa, car on ne l'appela plus que *la quêteuse*, et le spectacle se poursuivit ; il avait lieu encore au début du XIX$^{e}$ siècle[1]. »

Le mouvement des « crèches-spectacles » connaît son apogée sous le Second Empire. Cultivant volontiers l'anachronisme et les signes d'un exotisme approximatif, il s'efforce d'évoquer, par les paysages et les costumes, la Palestine du I$^{er}$ siècle. Intégrant l'esthétique des phases précédentes, il privilégie la référence à Bethléem en tant que village où est né Jésus et auquel il faut s'identifier le plus possible, quitte à prendre quelques libertés avec la

1. Arnold Van Gennep, *Le Folklore français*, *op. cit.*

topographie des lieux. Bethléem devient ainsi une sorte de référence universelle et mythique. Ce n'est plus un village de Palestine, mais le village modèle auquel doivent ressembler tous ceux du monde chrétien. La crèche opère ainsi un effet de renversement par lequel ce sont tous les villages du monde qui deviennent peu ou prou Bethléem.

Un article anonyme paru le 4 décembre 1831 dans *Le Messager de Marseille* décrit les Noëls d'antan et montre à quel point la représentation de Bethléem s'est éloignée de la réalité : « C'était là que l'on voyait Bethléem, village situé à cent lieues de la Méditerranée et doté d'un port magnifique avec phare, forteresse et vaisseaux de ligne qui bombardaient la place ; puis des paysans, des laboureurs, des bohémiens, des bergères, costumés à la manière des Provençaux et allant parfois offrir au nouveau-né des layettes, des langes, des vêtements confectionnés au goût du jour ; on y voyait aussi Notre Saint Père le pape entouré de ses cardinaux et donnant la bénédiction pontificale aux habitants d'Assyrie et de Marseille, vu l'ignorance bien constatée du siècle... »

Aujourd'hui cohabitent désormais toutes sortes de crèches : crèches d'église, crèches-spectacles et crèches publiques. La tradition de la crèche familiale connaît un réel renouveau. Dans les églises comme dans les foyers, on réalise des crèches avec toutes sortes de matériaux et de végétaux afin de reconstituer un décor éphémère, mais toujours au plus près de la Sainte Famille de Bethléem. « Nous avons tous fait des crèches, note Jean Giono ; puis nos enfants en ont fait à leur tour. Alors, si nous observons, nous voyons que c'est plus qu'un magnifique jeu d'hiver : c'est un moyen d'expression. »

En dépit d'un exotisme oriental toujours omniprésent, la référence à Bethléem s'épure et tend à se rapprocher d'une certaine réalité moins mythique. Ainsi la ville de Strasbourg, qui accueille chaque année depuis 1570 le marché de Noël – le fameux *Christkindelsmlarik* –, a décidé de faire de la ville de Bethléem son invitée d'honneur de la Noël 1999. Essentiellement consacré à l'artisanat et aux décorations de Noël, « ce marché sera l'occasion de restituer symboliquement à Bethléem son titre de véritable capitale de Noël, expliquent les responsables de la municipalité. À la veille de l'an 2000, alors que la plupart des grandes villes joueront le strass et les paillettes, Strasbourg se veut plus "humble" et souhaite redonner aux festivités de Noël leur nécessaire spiritualité. Ainsi la ville de Strasbourg a envisagé un rapprochement entre la capitale de Noël de l'Europe et la capitale de Noël authentique que constitue Bethléem en Palestine ». Cette coopération est prévue sous différentes formes. Le « marché de la Nativité » proposera des ventes et démonstrations par des artisans de Bethléem : tapisserie, poterie, dinanderie, travail de la nacre et du bois d'olivier. Un « chemin des 40 piliers » exposera sur la place du Château dix-sept monolithes sculptés par des artistes en France, puis rejoindra Bethléem afin d'établir un lien entre la cathédrale de Strasbourg et l'église de la Nativité. Plusieurs autres expositions de bijoux, robes, tapis et photos sont d'ores et déjà prévues à l'hôtel de ville, place Broglie, salle de l'Aubette et place Kléber, afin de faire connaître les traditions et le quotidien des habitants de Bethléem. Enfin, un cycle de « conférences pour l'espoir » se propose d'aborder plusieurs questions centrées sur « les missions de l'Église catholique dans le monde », « l'esprit évangélique et la construction européenne », « Jésus, l'homme de Galilée : bonne nouvelle pour chacun » ; mais aussi sur les recettes traditionnelles de Palestine, les « droits de l'enfant, de la femme, de la famille », ramenant plus directement aux problèmes actuels auxquels sont confrontés les habitants de Bethléem.

Si la crèche et ses différents modes de représentation ont toujours maintenu Bethléem au centre de la fête de Noël, il n'en a pas été de même avec l'irruption du Père Noël qui a progressivement occupé une part très importante de l'espace symbolique de Noël. Par rapport à la « légitimité » de la crèche de Bethléem, le Père Noël fait figure de parvenu, sinon d'imposteur. Beaucoup plus récent que la crèche, le Père Noël – *Father Christmas, Babbo Natale, Santa Claus* ou *Weinachtman* – ne connaît plus de frontières. Historiquement, son existence procède de la fusion syncrétique de plusieurs rituels – dont les Saturnales romaines et le Noël des fous – et de plusieurs personnages, dont l'abbé de Liesse, saint Nicolas et le Père fouettard.

Rome et les provinces de l'Empire commémoraient le règne de Saturne – dieu des semailles et de l'agriculture – chaque année, du 17 au 24 décembre. Les villes étaient alors sens dessus dessous, l'ordre des valeurs établies et les hiérarchies sociales inversés. Après le temps des libations, des licences de toutes sortes et des orgies collectives, le roi des saturnales – choisi parmi les soldats les plus jeunes – devait se donner la mort, marquant ainsi le rétablissement de l'ordre et la fin de la fête. Cette période merveilleuse et chaotique est dominée par un dieu au double visage : Saturne-Cronos. Dieu de l'abondance, des semailles et de l'agriculture, il est le protecteur des enfants, qu'il incite au travail et à l'obéissance. En même temps, sur son char, une faux à la main, toujours prêt à donner la mort, il est représenté en vieillard malfaisant et dévoreur d'enfants. Cette dualité du dieu Saturne-Cronos serait à l'origine des figures indissociables du Père fouettard, qui enlève les enfants dans sa hotte, et de saint Nicolas, qui leur redonne vie en leur distribuant cadeaux et friandises.

Mais qui est au juste saint Nicolas ? Il vécut à Myra (actuellement en Turquie) dont il devint l'évêque entre la fin du IIIe et le début du IVe siècle. Ses reliques ont été transférées en Italie à Bari, au Monte Gargano. Chrysostome, son premier biographe, nous apprend qu'il introduisit le culte de Jésus en Orient avant de devenir lui-même, de son vivant, l'objet d'un véritable culte. Rapidement canonisé pour avoir servi d'intercesseur entre les hommes et Dieu, il a mené une lutte incessante contre les rituels païens de l'époque, dont les cultes de Diane et d'Apollon. « En l'an 1100, un gentilhomme lorrain, revenant de la croisade, passa par l'Italie et reçut – ou vola – les os de l'un des doigts de saint Nicolas. Il en fit don à l'église de Port, alors consacrée à la Vierge Marie, raconte Françoise Lebrun. Les pèlerins se pressèrent en foule, l'église devint saint Nicolas-de-Port, et un nouveau miracle allait ajouter encore à sa gloire et à sa vénération par les Lorrains. Au cours de la sixième croisade, en l'an 1230, un seigneur lorrain, le chevalier Cunon de Réchicourt, fut fait prisonnier par les Infidèles. On l'enferma dans un cachot, on lui riva au cou un carcan de fer, on l'attacha par sept chaînes scellées dans la muraille. Dix ans passèrent, mais le chevalier ne désespérait pas, il continuait à prier Dieu et à invoquer saint Nicolas. Le matin du 5 décembre 1240, son geôlier lui annonça que sa fin était proche et lui conseilla en se moquant d'implorer ce saint dont la fête était pour le lendemain. Ce que fit le chevalier, puis il s'endormit. Quand il se réveilla, il crut être le jouet d'un rêve : il se trouvait sur le parvis de l'église de Port. Il se souleva, malgré sa faiblesse et le poids des chaînes, et alla frapper au portail. Un jeune clerc s'approcha et, effrayé par l'aspect de cet homme hirsute et enchaîné, refusa d'ouvrir et alla chercher le chanoine. Alors le grand portail s'ouvrit de lui-même et le chevalier se jeta à deux genoux devant l'autel. Un peu plus tard, pendant la messe, lorsque la foule entonna le *Te Deum*, un nouveau miracle se produisit : les fers qui enserraient la taille et les membres du captif s'éclatèrent et s'ouvrirent d'eux-mêmes, les chaînes se rompirent ensemble, et toute cette monstrueuse ferraille chut à grand bruit sur les dalles [...]. Et quand, au XVe siècle, René II, duc de Lorraine, gagna la bataille de Nancy contre Charles le Téméraire, et qu'il attribua sa victoire à saint Nicolas, le patronage du saint fut confirmé par le pape Innocent X au nom de l'Église de Rome. Le culte s'étendit le long de la Moselle, de la Meurthe et de toute la vallée du Rhin[1]. »

D'autres miracles liés à la sauvegarde de petites filles et de petits garçons déshérités finirent par faire de saint Nicolas celui qui fête les enfants en leur apportant des récompenses.

Plus caractéristique encore est la multiplication des pains qu'on lui attribue : « Nicolas, de retour d'un voyage en Terre sainte sur les traces de Jésus et de Jean-Baptiste, séjourna un temps dans le monastère de Sion, en Lycie, où il multiplia un pain pour nourrir les quatre-vingt-trois ouvriers affairés à bâtir la nouvelle chapelle de la congrégation. Le désir conscient de Nicolas comme les miracles qui lui furent attribués nous montrent son identification massive au Christ Jésus. Cette identification n'est certainement pas étrangère à la tournure que prit son culte et à

1. *In* Françoise Lebrun, *Le Livre de Noël*, *op. cit.*

la présentation qui en fut faite plus tard aux enfants, lui qui est leur saint patron[1]. »

Les pouvoirs de saint Nicolas ont une contrepartie qui prend les traits maléfiques d'un croquemitaine que la tradition nomme le Père fouettard, « invention non pas populaire, mais scolaire – relève Arnold Van Gennep –, créée par des pédagogues du XVIIIe siècle, probablement par les Jésuites, grands amis des punitions corporelles, ou par leurs émules, les Frères des écoles chrétiennes ». Le Père fouettard affectionne l'usage des verges et du martinet à l'encontre des enfants méchants et désobéissants. Il peut aussi les prendre avec lui et leur infliger la dure punition de l'enfermement loin de la cellule familiale. Ce pouvoir l'apparente à la grande famille des croquemitaines, des loups-garous et autres diables, farfadets et mauvais esprits de la forêt profonde.

Le double culte de saint Nicolas et du Père fouettard préfigure celui du Père Noël et donne corps au mystère de l'Incarnation. Partout où ce double culte a existé s'est imposée la présence d'un personnage surnaturel, porteur de dons et de réconfort, sans toutefois qu'il entre en concurrence avec le mystère de la Nativité. Alors que saint Nicolas sera banni de presque tous les pays gagnés par la Réforme, la Hollande continuera à le vénérer et à entretenir parmi la jeunesse son culte fervent. Si l'on en croit Jean-Louis Hue[2], cet asile aux Pays-Bas serait à l'origine du retour de saint Nicolas dans le monde luthérien américain. « Il étaie son interprétation sur le livre que Washington Irwing publia en 1809, dans lequel il racontait de façon

1. Marie-Christine Mottet, *Le Père Noël est une figure*, *op. cit.*
2. In *Dernières Nouvelles du Père Noël*, Grasset, 1987.

romanesque et comique la fondation de New York (primitivement Nouvelle Amsterdam) par les Hollandais. Les marins hollandais avaient pourvu leur navire d'une figure de proue représentant saint Nicolas, aussi le saint patron des marins. Le trois-mâts s'échoua à New York lors d'une tempête. Alors le saint apparut à un marin durant un rêve et lui dit que, s'il fondait une ville en ce lieu, il la visiterait chaque année sur son char, descendrait les tuyaux des cheminées pour livrer ses cadeaux aux enfants. Le mythe du Père Noël était en construction. Il ne suffisait plus qu'à déplacer cette visite sur la fête de Noël, ce que fit Moore en 1822. Nous avons vu que ce "détail" est l'essentiel du mythe : reposer le problème de l'Incarnation au moment de la fête de la Nativité[1]. »

La transformation de saint Nicolas en Père Noël est attribuée au révérend Clement Clarke Moore, citoyen américain, pasteur luthérien, professeur de théologie et de littérature grecque. En 1822, il lut à ses élèves un poème de sa composition intitulé *Une visite de saint Nicolas* ou *La Nuit avant Noël* :

*... Tandis que mes yeux s'émerveillaient*
*Devant ce paysage*
*Apparut un tout petit traîneau*
*Tiré par huit rennes minuscules.*

*À la vivacité et à l'agilité*
*Du petit vieux qui conduisait,*
*Je devinai tout aussitôt*
*Que c'était là saint Nicolas [...].*

1. Marie-Christine Mottet, *Le Père Noël est une figure*, *op. cit.*

*Alors, d'un seul élan,*
*Rennes, traîneau et puis saint Nicolas*
*Se retrouvèrent ainsi*
*En haut du toit [...].*

*Comme je me retournais,*
*Éberlué,*
*Je vis sortir saint Nicolas,*
*Bondissant hors de la cheminée*

*Tout de fourrure vêtu*
*Des pieds jusqu'à la tête,*
*Et ses habits étaient ternis*
*Par la cendre et la suie.*

*Avec son balluchon de jouets*
*Flanqué sur son épaule,*
*Il avait l'air d'un chiffonnier*
*Paré pour le marché [...].*

*Sa drôle de petite bouche*
*Avec ses lèvres gourmandes*
*S'entourait d'une barbe blanche,*
*Plus blanche que la neige !*

*[...] Mais je l'entendis encore crier*
*Avant de s'éloigner de ma vue :*
*À tous, à tous, bonne nuit,*
*Joyeux Noël à tous !*

Préfigurant nos modernes campagnes de communication, le miracle d'une iconographie consensuelle achèvera ce qu'avait initié la poésie. Sous le crayon de Thomas Nast, le célèbre illustrateur de Moore, saint Nicolas perd ses attributs d'évêque pour se transformer en un vieillard bonhomme à longue barbe blanche, coiffé d'un bonnet de fourrure et portant une grande houppelande rouge bordée d'hermine. C'est sous le nom de Santa Claus que ce saint Nicolas *new look* conquiert le Nouveau Monde... Le succès de sa diffusion ne répond à aucune consigne officielle de la part de l'Église ou de tout autre pouvoir constitué, mais – relèvent les ethnologues – correspond au besoin unanime de condenser en une seule image les différentes incarnations de la Nativité qui cohabitent dans l'Amérique de cette fin du XIXe siècle.

Avec la même aisance, Santa Claus traverse l'Atlantique et va s'imposer à la vieille Europe. Une carrière époustouflante commence : le Père Noël moderne est arrivé ! Mais cette soudaine unanimité autour du nouveau venu ne va pas sans poser quelques problèmes du côté de la hiérarchie catholique qui – se sentant dépossédée du monopole de sa gestion symbolique – crie alors à l'imposture ! Pour la France, Arnold Van Gennep cite les commentaires de deux hauts personnages ecclésiastiques, adressés aux curés en 1951.

D'abord le cardinal Saliège, archevêque de Toulouse : « Ne parlez pas du Père Noël pour la bonne raison qu'il n'existe pas et n'a jamais existé. Ne parlez pas du Père Noël, car le Père Noël est une invention dont se servent les habiles pour enlever tout caractère religieux à la fête de Noël. Mettez les cadeaux dans les souliers de vos enfants, mais ne dites pas ce mensonge que le Petit Jésus descend dans les cheminées pour les apporter. Ce n'est pas vrai. Ce qu'il faut faire, c'est donner la joie autour de vous, car le Sauveur est né. »

Puis le cardinal Roques, archevêque de Rennes : « Ce n'est certainement pas, pour prendre un exemple dans la vie courante, en gorgeant les esprits des invraisemblables stupidités d'un imaginaire chiffonnier dénommé “Père Noël”, ou bien en remplaçant le culte de Dieu par celui de la force musculaire [...], que l'on verra se lever des générations robustes, capables de vaincre les duretés de l'époque actuelle ! »

C'est dans ce climat de réprobation ecclésiastique qu'interviendra – en décembre 1951 – l'« exécution du Père Noël » aux grilles de la cathédrale de Dijon, qui fera la une des journaux.

« Le Père Noël a été pendu hier après-midi aux grilles de la cathédrale de Dijon et brûlé publiquement sur le parvis. Cette exécution spectaculaire s'est déroulée en présence de plusieurs centaines d'enfants des patronages. Il avait été accusé de paganiser la fête de Noël et de s'y être installé comme un coucou en prenant une place de plus en plus grande. On lui reproche surtout de s'être introduit dans toutes les écoles publiques d'où la crèche est scrupuleusement bannie, rapporte *France-Soir* du 24 décembre 1951. Dimanche à 3 heures de l'après-midi, le malheureux bonhomme à barbe blanche a payé, comme beaucoup d'innocents, une faute dont s'étaient rendus coupables ceux qui applaudirent à son exécution. Le feu a embrasé sa barbe et il s'est évanoui dans la fumée, poursuit le grand quotidien parisien. À l'issue de l'exécution, un communiqué a été publié dont voici l'essentiel :

> "Représentant tous les foyers chrétiens de la paroisse désireux de lutter contre le mensonge, 250 enfants, groupés devant la porte principale de la cathédrale de Dijon, ont brûlé le Père Noël. Il ne s'agissait pas d'un geste symbolique. Le Père Noël a été sacrifié en holocauste. À la vérité, le mensonge ne peut éveiller le sentiment religieux chez l'enfant et n'est en aucune façon une méthode d'éducation. Que d'autres disent et écrivent ce qu'ils veulent et fassent du Père Noël le contrepoids du Père fouettard. Pour nous, chrétiens, la fête de Noël doit rester la fête anniversaire de la naissance du Sauveur."

« L'exécution du Père Noël sur le parvis de la cathédrale a été diversement appréciée par la population et a provoqué de vifs commentaires, même chez les catholiques, conclut le journal. D'ailleurs, cette manifestation intempestive risque d'avoir des suites imprévues par ses organisateurs [...]. L'affaire partage la ville en deux camps. Dijon attend la résurrection du Père Noël assassiné hier sur le parvis de la cathédrale. Il ressuscitera ce soir, à 18 heures, à l'hôtel de ville. Un communiqué officiel a annoncé en effet qu'il convoquait, comme chaque année, les enfants de Dijon place de la Libération, et qu'il leur parlerait du haut des toits de l'hôtel de ville où il circulera sous les feux des projecteurs. Le chanoine Kir, député-maire de Dijon, se serait abstenu de prendre parti dans cette délicate affaire. »

Pourquoi le Père Noël et la crèche ont-ils ainsi fait la une de l'actualité ? Coucou dans la crèche, le Père Noël est-il à ce point un usurpateur qu'il finirait par occuper toute la place, jusqu'à occulter la Sainte Famille ? L'affaire prend suffisamment d'ampleur pour susciter, en marge de la campagne de presse, une intervention de l'ethnologue Claude Lévi-Strauss devant le congrès de folklore de São Paulo en 1952 :

« Il est certain que ce développement, tant par son importance matérielle que par les formes sous lesquelles il se produit, est un résultat direct de l'influence et du prestige des États-Unis d'Amérique. Ainsi, on a vu apparaître simultanément les grands sapins dressés aux carrefours ou sur les artères principales, illuminées la nuit ; les papiers d'emballage historiés pour cadeaux de Noël ; les cartes de vœux à vignettes, avec l'usage de les exposer pendant la semaine fatidique sur la cheminée du récipiendaire ; les quêtes de l'Armée du salut suspendant ses chaudrons en guise de sébiles sur les places et dans les rues ; enfin, les personnages déguisés en Père Noël pour recevoir les suppliques des enfants dans les grands magasins. Tous ces usages [...] se sont implantés et acclimatés en France avec une aisance et une généralité qui sont une leçon à méditer pour l'historien des civilisations. »

Poursuivant son analyse du Père Noël, Claude Lévi-Strauss désamorce la polémique et le fantasme d'un « coucou dans la crèche » qui occulterait la dimension spirituelle de la Nativité. Prolongeant une filiation sacrée, le Père Noël ne saurait être un symbole d'irreligion. En fait, ajoute-t-il, « le personnage moderne de Santa Claus ou du Père Noël résulte de la fusion syncrétique de plusieurs personnages : abbé de Liesse, évêque-enfant élu sous l'invocation de saint Nicolas, saint Nicolas même, à la fête duquel remontent directement les croyances relatives aux bas, aux souliers et aux cheminées. L'abbé de Liesse régnait le 25 décembre ; la Saint-Nicolas a lieu le 6 décembre ; les évêques-enfants étaient élus le jour des Saints-Innocents, c'est-à-dire le 28 décembre [...]. Il n'est pas étonnant que les aspects non chrétiens de la fête de Noël ressemblent aux Saturnales, puisqu'on a de bonnes raisons de supposer que l'Église a fixé la date de la Nativité au 25 décembre (au lieu de mars ou de janvier) pour substituer sa commémoration aux fêtes païennes qui se déroulaient primitivement le 17 décembre, mais qui, à la fin de l'Empire, s'étendaient sur sept jours, c'est-à-dire jusqu'au 24. En fait, depuis l'Antiquité jusqu'au Moyen Âge, les "fêtes de décembre" offrent les mêmes caractères »[1].

Juste retour des choses, selon les historiens, juste retour d'un bricolage du calendrier julien visant à universaliser le

1. *In* « Le Père Noël supplicié », *Les Temps modernes*, n° 77, mars 1952.

temps de l'Église et à faire coïncider son commencement avec la naissance de Jésus à Bethléem, le Père Noël s'est installé durablement dans nos vies d'enfants et de grandes personnes. En définitive, conclut Claude Lévi-Strauss, « il ne s'agit pas de justifier les raisons pour lesquelles le Père Noël plaît aux enfants, mais bien celles qui ont poussé les adultes à l'inventer... ». Il symbolise le passage initiatique et problématique de la fin de l'enfance à l'âge adulte. Hormis ses qualités formelles intrinsèques, l'étonnant succès du film *Le Père Noël est une ordure* trouve aussi à s'expliquer dans cette part d'objectivité.

Aujourd'hui, la centralité du Père Noël s'impose davantage en vertu de cette dimension initiatique qu'en termes de concurrence avec la crèche de Bethléem. L'un a appris à cohabiter avec l'autre et cette cohabitation plaît au plus grand nombre. Les manifestations de Strasbourg centrées sur Bethléem – capitale de la Noël 1999 –, de même qu'un art de la crèche familiale bien vivant sont là pour rappeler que la fabuleuse histoire du mystère de Noël commence toujours à Bethléem...

Dans une petite ruelle à flanc de colline, à quelques centaines de mètres de la grotte, l'odeur du bois d'olivier attire le promeneur. Je m'arrête. Un homme occupé devant un petit tour, analogue à ceux qu'utilisent les dentistes, à affiner les détails d'une main en bois d'olivier, me fait signe d'entrer. Quatre personnes travaillent à l'intérieur de la grotte. Ils fignolent qui un bœuf, qui un ange. On compte environ quatre-vingts de ces petits ateliers dans le district de Bethléem, dont la majorité n'emploient qu'un ou deux ouvriers.

La demeure patricienne des frères Zacharia, située en face de l'immeuble de « Bethléem 2000 », montre que les habitants vivent encore bien de l'exploitation du symbole de la grotte. Rien ne laisse supposer qu'en dessous de cette belle maison se trouve la plus grande fabrique de bondieuseries en bois d'olivier de tout Bethléem. Zacharia Bros emploie quinze personnes qui font quelque dix mille statuettes ou statues par an. Celles-ci figurent une centaine de modèles. L'outillage est assez perfectionné. Deux machines peuvent reproduire en même temps une douzaine de statues d'un peu moins d'un mètre de haut. Le frère Zacharia qui me reçoit est sympathique, ses affaires marchent bien et il s'attend à ce qu'elles marchent encore mieux l'année prochaine, pour le Jubilé. La fabrique écoule tous ses produits dans quatre ou cinq magasins de la ville.

À une dizaine de kilomètres de là, Michel Sabbah, le patriarche de Jérusalem, parle avec plaisir du regain d'intérêt porté à la crèche à travers le monde, « comme si on reconnaissait enfin la légitimité de Bethléem qui a vu naître l'Enfant Jésus », puis il enchaîne en se rabattant sur le domaine spirituel qui est le sien : « La messe de minuit célébrée en l'église de la Nativité de Bethléem sera retransmise par les chaînes de télévision du monde entier. Ce soir de Noël 1999, Bethléem sera véritablement le centre du monde, le centre d'une trêve universelle, d'un instant de paix et d'un formidable espoir de justice pour tous les peuples de la Terre, à commencer – bien évidemment – par les Palestiniens... »

# 8

# Une guerre pour l'étoile de la Nativité

En octobre 1847, dans le cimetière de Bethléem, des moines grecs provoquent une rixe avec les franciscains pendant que d'autres Grecs arrachent, puis emportent l'étoile de la Nativité et courent la cacher sur la colline d'Abou Ghunaim, dans le monastère de Mar Sabas, à quelques kilomètres de là. Les Grecs n'ont jamais supporté la présence de cette étoile aux inscriptions latines sur le lieu même de la naissance de Jésus. C'est une nouvelle et grave affaire entre Grecs et Latins qui commence. Elle va se développer avec l'irruption de deux acteurs de premier plan sur la scène des Lieux saints : le consul de France et le patriarche latin de Jérusalem – deux acteurs qui jouent aujourd'hui encore un rôle essentiel dans l'histoire de Bethléem.

Depuis la création du consulat de France à Jérusalem en 1623, la présence consulaire française a été épisodique. Ce n'est qu'à partir de 1843 qu'elle devient permanente. En 1848, la France, qui attache à nouveau beaucoup d'importance à sa mission séculaire en Orient, y nomme Paul-Émile Botta, un personnage de haute stature. Archéologue fameux, découvreur de Ninive et de la plus grande partie des trésors mésopotamiens du Louvre, botaniste, linguiste, orientaliste, catholique pratiquant, il est doté d'une très forte personnalité. Convaincu de l'importance politique du protectorat français à l'égard des chrétiens, il s'oppose aux autres puissances catholiques qui revendiquent la protection de leurs ressortissants et les honneurs liturgiques réservés jusque-là au consul de France[1]. Pour restaurer l'Église de Jérusalem il fait cause commune avec cet autre grand protagoniste qu'est le tout nouveau Patriarche latin nommé par le pape Pie IX, Mgr Valerga.

L'idée d'établir en Terre sainte une Église de rite latin, avec sa propre hiérarchie, venait, on l'a vu, des croisés. Le dernier patriarche latin avait quitté Jérusalem en 1187. Depuis lors, c'étaient les franciscains qui avaient assuré la présence latine en Terre sainte. En l'absence de hiérarchie, le custode jouissait de privilèges analogues à ceux des évêques.

Par sa lettre apostolique *Nulla celebrior* du 23 juillet 1847, le pape Pie IX rétablit donc le patriarcat latin, avec pour siège Jérusalem. Par là, il souhaite contrebalancer les activités missionnaires des protestants, très actifs depuis le début du siècle et dont les efforts se sont concrétisés par la création, en 1841, de l'évêché anglicano-luthérien de Jérusalem. Le patriarcat allait devoir également défendre les Latins dans leur combat ancestral contre les Grecs, soutenus par une Russie de plus en plus agressive. En une dizaine d'années, son rétablissement provoqua l'afflux de nouveaux fidèles dont le nombre annuel passa de 4 000 à 40 000, puis par l'arrivée d'ordres religieux et de congrégations tout au long du XIXe siècle[2].

1. Ouvrage publié par le consulat général de France à Jérusalem, janvier 1999.

2. Voir la revue bimestrielle *La Terre sainte*, sept.-oct. 1999.

Le choix de Mgr Valerga pour faire revivre le patriarcat de Jérusalem n'est pas dû au hasard. Caractère fort, parlant couramment l'arabe, il vient de passer six ans en Mésopotamie où il a accompli un gros travail pastoral. La venue du patriarche à Jérusalem ne peut néanmoins que contrarier le custode, depuis des siècles représentant tout-puissant de Rome. Quand Mgr Valerga débarque à Jérusalem, le 17 janvier 1848, démuni de moyens et de résidence, il est obligé de se loger, avec son secrétaire et un serviteur, parmi les moines franciscains dans un piteux appartement du couvent du Saint-Sauveur, siège de la custodie. Le 1er février, avec un cortège de franciscains, le consul de France (ce n'est pas encore Botta) et celui de Sardaigne, il fait en demi-solennité son entrée au Saint-Sépulcre. Il rencontre le pacha-gouverneur, le représentant de la Sublime Porte, qui a reçu l'ordre de le traiter aussi bien que les deux autres patriarches, grec et arménien. Ces honneurs formels ne peuvent compenser la faiblesse de ses moyens et la totale dépendance dans laquelle il se trouve à l'égard des franciscains. Il est affligé par le fonctionnement des paroisses franciscaines, fondé sur le clientélisme : les « fidèles » sont tous assistés par les frères de la Corde qui les logent, paient leurs impôts, les aident souvent financièrement. Il réclame son indépendance à Rome ; la custodie est alors contrainte par le Vatican de lui offrir un terrain et des fonds pour y construire. Malgré cette « aide », le custode ne facilite pas la mission du patriarche. Mgr Valerga va bientôt rencontrer un allié inattendu en la personne du nouveau consul de France, qu'il a bien connu à Mossoul et qui l'a même beaucoup soutenu, quelques années auparavant. Quand, l'année suivante, il se trouvera en fâcheuse posture financière pour cause de révolution à

Rome, Paul-Émile Botta partagera son traitement avec son ami le patriarche.

Les deux hommes travailleront la main dans la main pendant plusieurs années et la France va beaucoup aider le patriarche à s'imposer aux dépens du custode. Le conflit qui les oppose deviendra si aigu que Mgr Valerga essaiera de remplacer les franciscains par les lazaristes ou les jésuites dans le but de conserver la garde des Lieux saints à la catholicité. Afin de venir en aide à son ami Valerga, Botta s'efforcera, de son côté, d'obtenir que les évêques de France assument la responsabilité de cette garde en envoyant en Terre sainte des prêtres séculiers – ainsi, écrit-il, « il ne s'agirait plus de la lutte entre deux couvents, mais entre deux religions... ».

À cause du vol de l'étoile de la Nativité, intervenu quelques mois avant son entrée en fonctions, Paul-Émile Botta avait été obligé de se familiariser rapidement avec les problèmes compliqués du Levant, les querelles byzantines qui agitaient depuis des siècles Grecs et Latins. Cette affaire de vol était éminemment sérieuse, car elle s'inscrivait dans le prolongement d'une énième bataille menée par les Grecs qui, depuis 1757, n'avaient cessé de grignoter les positions des Latins. Une première tentative de vol avait déjà eu lieu en 1842. Le vizir avait même été contraint d'écrire une lettre de mise en garde aux Grecs pour éviter le pire. Le 28 avril 1845, la pierre encastrée au centre de l'étoile avait déjà disparu. Puis les incidents continuèrent à se multiplier. Le 2 novembre 1847, le prédécesseur de Botta avait expédié une longue note au Quai d'Orsay pour souligner l'importance du vol de l'étoile de la Nativité. Une démarche énergique avait été effectuée à Constantinople. Début 1848, la Sublime Porte donna l'ordre au pacha de Jérusalem de rechercher l'étoile et de la remettre à sa place.

Le pacha fut ulcéré par cet ordre qui résultait d'une démarche française. Il avait l'habitude que ces sortes d'affaires se règlent à l'amiable grâce à de bonnes espèces sonnantes et trébuchantes. Tout aurait pu s'arranger si les franciscains avaient remis 11 000 piastres au cadi. Mais le nouveau consul de France ne voulait pas entendre parler d'un compromis infâme et menaçait de faire intervenir les flottes de la République.

La République, bonne mère, ne souhaite pas faire périr ses enfants pour des histoires de moines. En tout cas, pas avant d'y être allée voir de plus près. Elle envoie donc dans un premier temps un commissaire, Eugène Boré. Celui-ci enquête en Terre sainte et, dans un mémoire intitulé « La question des Lieux saints », rédigé à Jérusalem le 19 mars 1848, reconnaît le bien-fondé des réclamations des protégés de la France. Il faut dire qu'alors qu'il était à la veille de clore sa réflexion, des pèlerins grecs avaient attaqué à coups de bâton les religieux latins en procession à l'intérieur même de l'église de Bethléem ! Un moine franciscain avait été grièvement blessé. Tout naturellement, Eugène Boré estima que la protection française des sanctuaires de Terre sainte était insuffisante : « ... La Porte a décidément à opter entre rester l'instrument de la cupidité et des violences du Schisme, ou devenir la loyale exécutrice des engagements contractés par l'intermédiaire de la France envers la catholicité... »

Ce mémoire va servir de point de départ à une nouvelle politique marquant un retour de la France à son rôle traditionnel, négligé depuis la Révolution.

En 1840, les Puissances représentées à Constantinople avaient manifesté le désir de substituer un protectorat collectif au protectorat exclusif de la France sur les établissements religieux qui n'étaient pas exclusivement français.

L'Angleterre, la Prusse, puis la Sardaigne avaient ouvert un consulat à Jérusalem. Prévenu par une démarche courtoise de la Porte, le Saint-Siège s'était mis en rapport direct avec Constantinople et avait nommé un patriarche latin à Jérusalem. La France, alors très libérale, n'avait manifesté aucune jalousie pour ces droits accordés à d'autres, qui constituaient autant d'empiétements sur les siens[1]. Même les franciscains continuaient à préférer l'appui de la Sardaigne à celui de la France.

Après avoir fait le tour de la question, le nouveau consul de France, Paul-Émile Botta, manifeste paradoxalement une attitude plutôt attentiste et se fait tirer l'oreille par l'ambassadeur à Constantinople qui lui reproche sa lenteur à réagir. Par inclination, il est pourtant partisan d'adopter une position très ferme dans l'affaire de l'étoile de la Nativité, mais il craint de n'être pas suivi par Paris. Il demande donc des instructions précises au Quai d'Orsay : « Il y va de la considération du nom français dans l'Orient où notre antique droit de protection n'est plus qu'une fiction. Si un tel état de chose devait se prolonger, il serait mieux de renoncer volontairement à ce droit de protection que nous n'exerçons et ne pouvons plus exercer. »

Pour Botta, cette affaire de l'étoile ne doit pas être traitée de façon anecdotique. Les conflits entre Grecs et Latins dépassent largement la sphère religieuse. Et il serait indigne de la France de s'abaisser à des démarches mesquines. Préparée par Eugène Boré, l'opinion du Quai d'Orsay va dès lors être largement influencée par le consul de Jérusalem. Dans un long rapport intitulé « Mémoire sur les

1. Toute cette partie a été rédigée d'après les Archives diplomatiques, consulat de Jérusalem, vol. 31 et 32 (2 mi 2067).

moyens de faire restituer aux Religieux latins les sanctuaires de Palestine qui leur ont été enlevés », daté du 2 mars 1849, Paul-Émile Botta durcit en effet les conclusions d'Eugène Boré. Il explique d'abord que « le mépris de la religion en France depuis soixante ans » est responsable du « peu d'attention porté à ce qui s'est passé à Jérusalem ». Botta critique ensuite les franciscains, mal organisés, qui ne connaissent pas « leurs droits, les usages et les lois du pays ». Puis il analyse la grave erreur qui a consisté depuis longtemps à prendre la Porte pour juge de ces affaires. Si les textes acceptés à Constantinople sont très clairs, le fonctionnement du tribunal de Jérusalem rend impossible leur application. « Le témoignage des Européens n'est pas admis » et les religieux latins perdent toujours contre « deux musulmans subornés ». Par ailleurs, « il n'est pas défendu, dans les contestations entre Latins et Grecs, de faire un faux témoignage », car ce sont les uns et les autres des infidèles. Dans le droit musulman, poursuit Botta, « il n'y a pas d'autorité de la chose jugée. On peut remettre constamment en question une décision, un firman... ». Et, pour conclure, le brillant Consul général de France explique qu'« il faut ramener la question sur le terrain diplomatique » et exiger de la Porte l'exécution des capitulations dans le cadre d'une négociation publique. Botta est parfaitement conscient que cette exécution va se heurter frontalement à la Russie qui revendique le protectorat des orthodoxes, « mais les traités ne lui donnent pas le droit de protéger les Grecs, tandis qu'ils reconnaissent à la France celui de protéger les Religieux francs ». Botta évoque même la menace d'une guerre avec la Russie, mais pour la rejeter aussitôt, car il « ne faut pas avoir peur, pour garder notre rang de puissance ». Il estime en effet que la situation qui prévaut n'entraîne que déconsidération et nuit à l'honneur de la France.

Toujours est-il que c'est la première fois que le risque d'un conflit avec la Russie est évoqué pour une histoire découlant d'un vol commis à l'intérieur de la grotte de la Nativité...

Le 28 mai 1850, le gouvernement fait remettre une note verbale par son ministre à Constantinople, le général Aupick, ainsi qu'une liste des biens possédés par les Latins avant 1740. La note réclame « une transaction qui mette un terme aux déplorables querelles nées trop souvent de la possession des Lieux saints », comme l'expliquera Louis-Napoléon, alors président de la République, devant le Parlement. À partir de septembre 1850, le général Aupick demande et obtient d'avoir à ses côtés le consul Botta pour mener à bien ces discussions fort délicates. Les Turcs sont bien embarrassés, car ils ne veulent pas s'aliéner l'amitié de la France, mais ils ne souhaitent pas non plus mécontenter la Russie. Après de nombreuses tergiversations, la Porte nomme une commission mixte islamo-chrétienne qui entame ses travaux le 15 juillet 1851. Sur les conseils de Botta, le marquis de Lavalette offre une transaction honorable pour les deux parties, consistant à ne pas exclure les Grecs des sanctuaires qu'ils ont usurpés depuis 1740, mais à en rendre la participation aux Latins. De cette manière, il ne subsiste plus de difficultés que pour deux sanctuaires : le tombeau de la Vierge et l'autel de la Nativité. L'arrangement est immédiatement accepté par la Porte. La Russie, persuadée qu'un accord est proche, fait savoir par Titov, son ministre à Constantinople, que « toute infraction au *Statu quo* serait considérée par l'Empereur mon maître comme blessante pour sa dignité ». Le 28 octobre, le tsar fait remettre par l'intermédiaire du prince

Gagarine une lettre au sultan, exigeant l'arrêt immédiat des négociations avec la France. Le sultan, effrayé, estimant que la France n'est pas décidée à le soutenir dans son différend avec la Russie, lui retire son consentement. La crise des Lieux saints est dès lors ouverte.

De plus en plus embarrassée, la Porte nomme une deuxième commission, cette fois entièrement musulmane, s'arrogeant ainsi le droit de juger seule d'une question relative à l'exécution d'une convention bilatérale passée avec la France. Paris n'estime pas bon d'élever une ferme protestation. Le 8 février 1852, le sultan édicte un firman qui ne revient pas à la situation en vigueur en 1740, mais, au contraire, prend acte des faits accomplis par les Grecs, tout en concédant quelques menus avantages aux Latins, bien inférieurs à ceux qui ont été obtenus dans le cadre de la commission mixte. C'est ce firman qu'on appelle aujourd'hui le *Statu quo* et qui, en une quinzaine de pages, décrit en détail les droits des trois rites sur les Lieux saints, notamment sur la basilique et la grotte de la Nativité :

> « Les communautés chrétiennes exerceront leur culte, de la manière que cela s'est fait jusqu'à présent, dans la grotte de la Nativité de Jésus-Christ qui est dans l'intérieur de la grande église de Bethléem, et chacun gardera son rang. Comme il a été établi, de tout temps, que les Latins auraient aussi la clef des portes du nord et du sud de cette grotte et de la porte de l'église, cet usage sera encore suivi. Mais on ne permettra à aucune communauté de faire le moindre changement ou une innovation quelconque dans les coutumes et règles établies et suivies depuis les temps passés et jusqu'à présent dans l'église, c'est-à-dire dans sa forme et son état intérieur et extérieur et dans l'état actuel de ses portes. Et il faudra établir un accord entre les Grecs et les Latins afin que personne ne puisse gêner et molester les Latins lorsqu'ils passeront, comme anciennement, de

l'église ou par l'église pour aller à la grotte ; et que ceux-ci évitent de même d'empêcher les Grecs, en passant avec un grand nombre de personnes, pendant qu'ils officieront dans l'église, d'exercer leur culte ; et regardent de faire naître des disputes et des rixes... »

Ce firman – qui tient lieu aujourd'hui encore de loi régissant les rapports entre les différentes communautés religieuses installées à Bethléem – ne donne aux Latins que des satisfactions de pure forme, comme celle de conserver les clefs des deux portes latérales de la grotte de la Nativité. Engagement est pris de remettre également la clef de la porte principale, de retrouver l'étoile de la Nativité et de la remettre à sa place. « En fait, explique le chargé d'affaires anglais, la cession de la clef n'est rien ; elle ne donne pas aux Latins le droit de célébrer le service divin à l'intérieur de l'église ; elle ne leur accorde que le passage pour accéder à la grotte de la Nativité, voûte située sous l'église, où les Latins disposent de deux sanctuaires, la crèche et la grotte des Mages. »

La France ne tient plus à se battre pour cette question et accepte d'autant plus facilement la maigre satisfaction de principe accordée par la Porte que l'accord est approuvé par le Souverain Pontife après recommandation du patriarche de Jérusalem. Mais, à Paris, le journal *Les Débats* crie victoire et jette ainsi de l'huile sur le feu. Le tsar et les orthodoxes, furieux, arrachent à la Porte un firman en contradiction avec celui du 8 février. Les menus avantages accordés aux Latins sont annulés. Pour apaiser les Russes, Paris, toujours aussi conciliant, rappelle son ambassadeur, responsable des articles parus dans *Les Débats*. Louis Napoléon, devenu empereur, écrit au tsar pour lui proposer une « explication amicale et confiante » à propos des Lieux saints. Enhardi par les reculades de la

France et de la Turquie, le tsar entend bien poursuivre son œuvre et, dans le courant de janvier 1853, les chancelleries occidentales apprennent que des troupes russes font mouvement vers les principautés danubiennes. Elles apprennent également que Moscou envoie à Constantinople un ambassadeur extraordinaire, le prince Menchikov, ministre de la Marine, réputé pour ses manières brutales, « en terminer » une bonne fois pour toutes avec l'affaire des Lieux saints.

L'ambassadeur de France à Constantinople, probablement effrayé par ces mauvaises nouvelles, se plaint de l'ardeur du patriarche latin et de son compère, le consul de France de Jérusalem : « Vous avez, en dernier lieu, découragé Paris qui a renoncé à l'espoir de satisfaire les représentants du catholicisme sur les Lieux, écrit-il à Botta [...]. On écrit de Saint-Pétersbourg que l'empereur est personnellement blessé de la manière dont les choses se sont passées, et qu'on *arme* pour se préparer à chercher une querelle quelconque à la Turquie [...]. Politiquement surtout, nous aurions obtenu un véritable succès si vous n'aviez tout fait pour le diminuer [...]. La presse retentit du langage que vous et Mgr Valerga tenez à Jérusalem [Botta a déclaré que le firman imposant le *Statu quo* constituait une défaite pour la France] alors qu'en Turquie, les populations chrétiennes disent que le catholicisme a gagné contre le Schisme, la France contre la Russie [...] Valerga veut élever une protestation auprès du consul d'Autriche, alors que la Russie s'arme... »

Le Quai d'Orsay s'alarme de la tension provoquée par Valerga. Les troupes russes foncent en effet sur Odessa. Sur le chemin de Constantinople, le prince Menchikov les passe en revue et inspecte la flotte en rade à Sébastopol. Le 28 février, il débarque à Constantinople, ovationné par des milliers de Grecs en délire. Tous les ambassadeurs occidentaux en poste envoient à leurs chancelleries des messages inquiets sur les pourparlers qu'il mène avec les Turcs. Le 23 mars, la flotte française de Méditerranée quitte Toulon afin d'aller mouiller en baie de Salamine et d'être ainsi « à portée des événements », montrant par là aux Russes que Paris ne souhaite pas qu'ils s'en prennent à un Empire ottoman en pleine crise. La France considère en effet que l'existence de la Sublime Porte est nécessaire à l'équilibre de l'Europe. Le nouvel empereur, Napoléon III, n'est pas pour autant dans des dispositions guerrières. Il n'entend pas engager son armée pour Bethléem et les Lieux saints. Sa priorité est alors d'affermir les nouvelles institutions, mais il ne peut pour autant laisser la Russie mettre la main sur les détroits.

Le 28 mars 1853, l'ambassadeur de France à Constantinople continue à déverser son fiel contre le jusqu'au-boutiste Botta : « Dans toute cette affaire, vous avez plutôt pris l'attitude d'un catholique que celle d'un agent, et Valerga se montre plus romain que Rome ! » Une position qui reflète alors bien celle du Quai d'Orsay, où l'on estime que la France ne peut remettre en cause le *Statu quo*. La crise semble se calmer lorsque, le 22 avril, le prince Menchikov et l'ambassadeur de France trouvent un accord prévoyant notamment que les Latins pourront conserver la clef de la grande porte de l'église de Bethléem, mais où il est toutefois précisé que cette clef doit seulement leur permettre d'entrer, et non de fermer le sanctuaire au nez des Grecs ! Quant à l'huissier de l'église, de confession grecque, il ne pourra s'opposer à l'entrée des Latins. Le 4 mai, le sultan entérine cet accord. L'affaire des Lieux saints, qui a failli dégénérer en guerre ouverte, paraît terminée. C'est du moins ce que les chancelleries occidentales et les Turcs croient alors.

Or, c'est le lendemain que tout va commencer. Le 5 mai, un ultimatum du prince Menchikov parvient à la Sublime Porte. Il exige qu'elle signe dans les cinq jours un projet de traité russo-turc qui transformerait la Turquie en province de la Russie. La réponse arrive le 10 mai. C'est non. Autant la Porte est prête à prendre des mesures en faveur de ses sujets de confession grecque, autant elle se refuse à « compromettre les principes fondamentaux de son indépendance et de sa souveraineté ». Elle s'en remet « à l'opinion publique du monde entier ». Le prince Menchikov a manqué sa mission : la Turquie n'a pas cédé aux menaces ; le tsar n'est pas parvenu à devenir le protecteur des Grecs, à l'instar des Français vis-à-vis des Latins. Chacun sait désormais que Moscou, humilié, ne va pas pouvoir en rester là.

Londres qui, pendant la crise a gardé de bons contacts avec le tsar et manifesté une grande méfiance envers l'attitude française, change radicalement de politique. Le 27 mai, à Londres, les deux chambres sont informées que le cabinet anglais appuie la Turquie et soutient la France. Le 31 mai, le chancelier russe adresse une sommation à la Sublime Porte : « Dans quelques semaines, les troupes russes recevront l'ordre de passer les frontières de l'Empire... » Le 2 juin, la flotte anglaise de Malte reçoit la directive de se joindre aux navires français. Le 17, Constantinople fait parvenir sa réponse à la sommation russe : la Turquie n'entend pas céder. Moscou accélère la mobilisation de ses troupes.

Le 20 juin, la direction politique du Quai, moins engagée que l'empereur, fait part à Botta de la « gravité croissante des événements de Constantinople ». Elle lui recommande de prendre garde, car « l'Angleterre, les Puissances catholiques, la Toscane et les Deux-Siciles ont fait savoir qu'elles ne donneraient pas leur assentiment dans le cas où la question des Lieux saints deviendrait, à raison d'une attitude trop tranchée de notre part, l'occasion d'un conflit entre la Porte et la Russie ». L'instruction de Paris à Botta est claire : la paix avant tout. Une position partagée par le Saint-Siège qui considère la Russie comme un ennemi bien plus dangereux que la Porte. Pourtant, la mécanique du conflit est enclenchée. Et, quoi que Botta fasse, ce n'est plus à Bethléem ou à Jérusalem qu'elle pourra être enrayée. Quand Botta demande à Paris d'intervenir auprès du Saint-Siège pour calmer le Patriarche de Jérusalem, le Quai lui ordonne expressément de « régler son langage et son attitude sur les instructions » qu'il a reçues.

Le 26 juin 1853, le Tsar lance un vibrant appel au peuple russe, en même temps qu'il annonce sa décision d'occuper les principautés danubiennes de la Turquie pour venir à bout de « l'obstination des Turcs. Et, si cela ne suffit pas, alors, appelant Dieu à notre aide, nous nous en remettrons à Lui du soin de régler notre différend et, pleins d'espoir en Sa main toute-puissante, nous marcherons à la défense de la foi orthodoxe ». Le 3 juillet, 70 000 soldats russes entrent en Moldavie. L'empereur Louis Napoléon lance une nouvelle initiative de paix en introduisant dans le jeu le jeune empereur autrichien, François-Joseph, mais, si le compromis approuvé à Vienne est accepté par le tsar, le gouvernement ottoman, lui, rejette cette « note de Vienne » tant que ne lui auront pas été apportées des modifications substantielles...

Le 8 octobre 1853, le généralissime turc somme les Russes d'évacuer les principautés dans les quinze jours, sous peine d'ouverture des hostilités. Quinze jours plus tard, il appelle les flottes française et anglaise à franchir la mer de Marmara. Les premiers coups de feu sont tirés le

25 octobre. Les Turcs enregistrent leurs premiers succès. Les navires français et anglais s'installent dans le Bosphore, près de Constantinople, le 13 novembre.

« Est-ce pour une étoile d'argent décrochée du plafond d'une église que les plus grandes nations de la Terre vont s'entr'égorger ? » écrit Victor Hugo. La guerre d'Orient a commencé, même si, à Paris comme à Londres, on espère toujours en la diplomatie pour résoudre le conflit entre Moscou et Constantinople. Fin novembre, sur ordre du tsar, la flotte turque est anéantie dans la rade de Sinope, et la ville détruite : on parle de quelque cinq mille morts. Le *Te Deum* est chanté à Saint-Pétersbourg. La nouvelle du désastre subi par les Turcs soulève la colère des opinions occidentales. Même les plus fervents défenseurs de la paix, comme Drouyn de Lhuys, ministre français des Affaires étrangères, sont bien obligés d'admettre que la « modération » affichée par les Russes n'était qu'un leurre.

Le 13 décembre, deux jours après réception de la nouvelle du désastre de Sinope, les gouvernements français et britannique décident l'occupation maritime de la mer Noire : « Afin d'empêcher la répétition du carnage de Sinope, la mer Noire est prise en gage jusqu'à l'évacuation des principautés ou au rétablissement de la paix. » Les flottes combineront leurs mouvements de façon à « empêcher le territoire ou le pavillon ottoman d'être en butte à une nouvelle attaque de la part des forces navales de la Russie »[1].

Le 3 janvier 1854, les flottes française et britannique pénètrent en mer Noire et s'en vont jeter l'ancre à Sinope.

1. *In* « lettre circulaire de la direction politique du ministère des Affaires étrangères » du 30 décembre 1853.

Les Russes ne devront plus quitter leurs ports. Le 4 février, Moscou rompt ses relations diplomatiques avec Paris et Londres. Le 21, le tsar Nicolas publie un manifeste dans lequel il en appelle à la guerre nationale et religieuse : « Ne sommes-nous pas aujourd'hui ce même peuple russe dont la vaillance est attestée par les fastes mémorables de 1812 ? Que le Très-Haut nous donne l'occasion de nous montrer à l'œuvre ! [...] Dans cet espoir, combattant pour nos frères opprimés qui confessent la foi du Christ, la Russie n'aura qu'un cœur et qu'une voix pour s'écrier : Dieu, notre Sauveur ! Qu'avons-nous à craindre ? Que le Christ ressuscite et que ses ennemis se dispersent ! »

Le 27 février, Paris et Londres somment le tsar de retirer ses troupes des principautés danubiennes avant le 30 avril, faute de quoi ils considéreront que Moscou leur a déclaré la guerre. Le 5 mars, le ministre français des Affaires étrangères répond froidement au manifeste du tsar : « La France et l'Angleterre n'ont pas à se défendre de l'imputation qu'on leur adresse ; elles vont protéger le territoire ottoman contre les convoitises de la Russie [...]. Pour nous, nous croyons sincèrement être plus utiles à la foi chrétienne que le gouvernement qui en fait l'instrument de son ambition temporelle. La Russie oublie trop, dans les reproches qu'elle fait aux autres, qu'elle est loin d'exercer dans son empire, à l'égard des sujets qui ne professent point le culte dominant, une tolérance égale à celle dont la Sublime Porte peut à bon droit s'honorer. »

Le 22 avril, huit frégates à vapeur réduisent Odessa en cendres. La guerre va se prolonger jusqu'au début de 1856, et la mémoire des Français en retiendra le long et pénible siège de Sébastopol.

Alors que la France est engagée dans un long et mortel combat contre la Russie, le consul de France à Jérusalem rédige le 6 mai 1854, à la demande du ministre des Affaires étrangères, deux mémoires : « L'état actuel de la question des Lieux saints » et « La possibilité ou la convenance d'accepter le concours des autres puissances catholiques pour la protection des intérêts du catholicisme en Orient »[1]. Botta y livre tout ce qu'il a sur le cœur. Il est d'autant plus à l'aise pour refaire tout l'historique de la crise qu'il a été le premier à souligner qu'au-delà de la question de Bethléem ou de Jérusalem, défendre les Latins revenait à défendre la France. Un récit qui, écrit-il, montre que « la marche et les résultats de cette négociation[2] ont été humiliants pour le gouvernement français et désastreux pour les intérêts du Catholicisme. Non seulement nos protégés n'y ont gagné que des avantages illusoires, mais encore leurs droits ont été compromis de la manière la plus grave, et nos antiques privilèges ont été réduits à néant [...]. Pourquoi ? Parce que le gouvernement a considéré que la question des Lieux saints était purement *locale*, n'ayant aucune liaison avec nos intérêts positifs en Orient [...]. Pour sauver la paix du monde, on a cru devoir sacrifier les intérêts du Catholicisme, peut-être même un peu la dignité du pays [...]. Le but était louable, mais on n'a obtenu ni la paix générale ni la tranquillité à Jérusalem [...]. La question des sanctuaires n'est pas une affaire locale ; elle est intimement liée à la prépondérance du Schisme et, par conséquent, à celle de la Russie, et je ne crains pas de trop m'avancer en disant que l'existence même de l'Empire ottoman tient à la solution qu'elle a reçue ou qu'elle

1. Archives diplomatiques, consulat de Jérusalem, vol. 31 et 32, série A, 2 mi 2067.

2. Le consul évoque là l'ensemble des pourparlers qui ont abouti au firman de 1852.

recevra. Elle méritait donc et elle mérite encore toute l'attention du gouvernement français [...]. La défaite de la France dans l'affaire des Lieux saints n'est pas un fait isolé, sans importance générale et politique, et les effets qu'elle aura ne se borneront pas, pour les Latins, à la perte de quelques sanctuaires, ni, pour nous, à un peu de déconsidération momentanée à Jérusalem ; c'est un désastre pour le Catholicisme dans tout l'Orient, une cause permanente d'affaires embarrassantes, et un coup mortel porté à notre influence et à l'Empire ottoman lui-même qu'on voulait sauver [...]. Ce n'est qu'en attaquant la Russie sur le terrain religieux qu'on la vaincra définitivement, et il est urgent de le faire si l'on veut sauver la Turquie des dangers dont la menacent les populations schismatiques... ».

Botta ne sera pas entendu, puisque, malgré des dizaines de milliers de morts et la victoire, la France n'exigera pas de la Turquie la remise en cause du *Statu quo*, si défavorable aux franciscains et donc aux intérêts français, mais laissera la Russie étendre son rayonnement en Terre sainte. Le firman de 1852 prendra même force de loi internationale, puisqu'il sera intégré en 1878 dans le traité de Berlin fixant les rapports entre puissances européennes. Dans son article 62, il y est en effet rappelé qu'« aucune atteinte ne saurait être portée au *Statu quo* dans les Lieux saints ».

Botta a également raison quand il affirme que « le service rendu par la Russie à la religion des populations grecques leur restera acquis : le Schisme continuera donc à regarder cette puissance comme sa protectrice efficace, à tourner ses espérances vers elle... »

Toujours est-il que la guerre de Crimée ne va pas ralentir les entreprises de la Russie en Terre sainte. Les batailles entre Latins et Grecs vont reprendre de plus belle jusqu'à la Première Guerre mondiale. Pendant cette période, en revanche, la France va assumer pleinement son rôle traditionnel de protectrice des Lieux saints et des communautés religieuses. Les consuls de France successifs vont continuer à soutenir le patriarche de Jérusalem, à défendre avec opiniâtreté les franciscains, avec qui ils vont renouer des rapports étroits. Il est également important de souligner que ceux-ci se sont réconciliés avec Paris dès qu'ils ont pu revenir en territoire français. Ce nouveau respect des Frères de la corde envers la France est devenu reconnaissance à partir de 1859, après que le ministre de l'Instruction publique a demandé et obtenu le rétablissement de la quête du Vendredi saint dans toutes les églises françaises. Dès 1860, cette quête rapportait 25 000 francs à la custodie, pour atteindre 70 000 francs en 1870, permettant aux franciscains de mieux exercer leur ministère de bienfaisance et de charité. En guise de remerciement, la custodie a fait chanter le *Domine, Salvam fac republicam nostram* à la grand-messe du dimanche, et fait célébrer chaque semaine à Bethléem une messe spéciale pour le gouvernement français. Paris a d'autre part exercé des pressions auprès du Saint-Siège pour obtenir deux postes dans l'administration de la custodie – dirigée par un Italien[1], depuis la bulle *In Supremo*, édictée par le pape Benoît XIV (1740-1758) – et a obtenu que son numéro 2, le vicaire custodial, et un « discret[2] » soient français. Le 18 juin 1880, le Quai d'Orsay pouvait écrire[3] : « Aujourd'hui, grâce à l'appui politique et financier de la France, la custodie prospère et

1. Jusqu'à cette bulle, la custodie était dirigée par un Français.

2. Le « discret » est un membre du « discrétoire », le conseil qui dirige collectivement la custodie.

3. *In* Archives diplomatiques de Nantes, ambassade de Rome, carton 595.

dispose d'un personnel de 350 religieux [...]. Le concours ininterrompu que la France a donné à la Custodie de Terre sainte est dans nos mains une arme puissante. Aussi convient-il le plus possible de se conserver cette arme en continuant à seconder la Custodie, et, dans ce but, il paraît en premier lieu nécessaire de respecter les couvents franciscains de France qui doivent fournir des religieux à la famille de Terre sainte... »

Le diplomate, auteur de cette note, se demande en effet comment concilier les impératifs de la politique levantine de la France, dans laquelle les gardiens de Bethléem constituent des pions importants, et les nouveaux rapports qui sont en train de s'instaurer entre l'Église et l'État sous l'impulsion de Jules Ferry. Le ministre de l'Instruction entend en effet écarter de l'enseignement les congrégations religieuses non autorisées. Le 29 mars 1880, le gouvernement donne ainsi trois mois aux jésuites pour se disperser, et les autres congrégations ont six mois pour le faire. Les franciscains demandent à se soustraire à l'exécution de ces décrets. Le Quai d'Orsay recommande : « Du point de vue de nos intérêts politiques en Orient, nous devons souhaiter que la requête des franciscains soit favorablement accueillie » car, ainsi, « la Custodie deviendrait un puissant élément de propagande, et la Custodie de Terre sainte constituerait désormais un utile et sérieux instrument pour notre protectorat en Syrie et en Palestine[1] ». Le Quai d'Orsay sera largement entendu : les décrets de mars 1880 ne seront pas applicables à l'étranger, et les franciscains bénéficieront d'un statut à part. Les moines français pourront rester discrètement en France et entretiendront des

1. *Ibid.*

relations étroites avec le gouvernement français, même aux moments les plus délicats des relations entre l'Église et l'État, à l'époque du « Petit Père Combes ».

Ces bonnes relations, quasi clandestines, n'empêcheront pas les manœuvres des Italiens et des Espagnols contre la France au sein de la custodie, qui, prétextant la politique antireligieuse de Paris, se battra pour se soustraire à son protectorat. La campagne antifrançaise montera d'un cran avec la loi sur les associations, en 1903, et l'interruption des relations entre la France et le Saint-Siège qui en résultera.

9

# Des rixes dans et autour de la grotte

La guerre de Crimée avait encore davantage échauffé les esprits à Bethléem. Inquiète, la Sublime Porte y avait pris d'importantes mesures de sécurité pour prévenir les batailles entre Grecs et Latins. Des soldats turcs montaient désormais la garde jour et nuit dans la basilique. Une sentinelle demeurait dans le chœur, tandis qu'une autre se tenait à l'intérieur de la grotte avec pour consigne de veiller sur l'étoile d'argent dont, à son arrivée, elle vérifiait les clous de fixation et constatait l'intégrité. Malgré cette présence militaire, les incidents ne cessèrent pas. Les soldats turcs n'empêchèrent pas, on l'a vu, un meurtre d'y être perpétré en octobre 1893. Jusqu'à la Première Guerre mondiale, Grecs, Arméniens et Latins continuent à s'épier, à se chamailler, à se taper dessus, à se blesser autour et dans la grotte de la Nativité. Des milliers de pages provenant du consulat de France à Jérusalem et conservées dans les Archives diplomatiques entreposées à Nantes témoignent de ces affrontements qui ne peuvent être compris qu'en ayant constamment en tête l'histoire des lieux.

Depuis des temps immémoriaux, les Latins avaient le droit de passer en ligne droite à travers la chapelle arménienne pour se rendre de la porte de leur couvent – dite porte de Joinville – à l'escalier nord de la grotte. Ce droit s'accompagnait de celui de balayer et nettoyer cet espace. En 1861, après la mort de leur patriarche, les membres du clergé arménien commencèrent à entraver le passage des Latins en disposant leurs ouailles sur la trajectoire de la procession latine et en recouvrant cet espace de nattes. Un jour, ce manège dégénéra en rixe violente. Des incidents découlant des mêmes causes se reproduisirent à plusieurs reprises, notamment en 1887. Cette fois, les Latins, excédés, se firent justice eux-mêmes en découpant les nattes disposées sur leur passage. Les autorités turques donnèrent tort aux Latins et envoyèrent la troupe occuper la basilique et replacer les nattes.

Le 11 janvier 1864, le remplacement des quatorze clous de l'étoile de la Nativité se fait en présence du gouverneur de la Palestine et de deux officiers du consulat de France. Un déploiement de forces qui s'explique par la peur d'une contestation brutale des Grecs. Cinq ans plus tard, les Grecs enlèveront effectivement quelques clous et tenteront à diverses reprises d'abîmer ladite étoile[1].

Dans la nuit du 7 au 8 mai 1869, un incendie embrase la grotte. La tapisserie qui recouvre le plafond est détruite. Partis en fumée, les armes de Terre sainte et les insignes de l'ordre des franciscains. L'incendie a été allumé par un évêque russe arménien (à l'époque, les Russes cherchent aussi à étendre leur protection aux Arméniens). Dans les jours qui suivent, les Grecs s'agitent et tentent une nouvelle fois de dérober l'étoile de la Nativité.

1. Cette évocation des incidents qui suivent la guerre de Crimée a été faite à partir des archives du consulat de Jérusalem, série A, registres 13, 14, 16(1) et 16(2), 18(1) et 21(1).

Les balayage, nettoyage et époussetage de la basilique ont toujours été sources de conflits. En 1877, la troupe est obligée d'occuper la basilique pour faire plier les Arméniens. Le 27 septembre 1888, les sacristains arménien et latin en viennent aux mains quand le second se mêle d'épousseter la porte nord de la grotte. Les Grecs s'opposent au nettoyage par les Latins des quatre fers de suspension des lampes latines disposées autour de l'Étoile d'argent (il y a en tout seize lampes : six appartiennent aux Grecs, six aux Arméniens, quatre aux Latins), sous prétexte qu'ils risquent de salir les icônes toutes proches ! Il faut en 1904 un accord entre le custode et le patriarche grec pour régler provisoirement ce problème.

Les processions des uns et des autres sont aussi des occasions récurrentes de conflits. Le mois d'avril 1873 fut à cet égard particulièrement « chaud ». Le 6 avril, jour des Rameaux, lors de la procession précédant la messe, une rixe éclata entre Latins, Grecs et Arméniens. Le frère franciscain Hélias reçut un brutal coup de poing sur la tête au seuil de la basilique. Grecs et Arméniens s'acharnèrent ensuite sur les franciscains qui entraient en procession dans la basilique. Les soldats turcs durent intervenir pour protéger la porte de Joinville de la fureur des agresseurs.

À la veille de la procession de saint Marc – censée se dérouler le vendredi 25 avril –, le père gardien (franciscain) de la grotte reçut l'ordre de ne procéder à aucune innovation dans le déroulement de cette procession, car les esprits étaient tellement surchauffés que le pire était à craindre. Le lendemain, et comme l'année précédente, une douzaine de franciscains quittèrent leur couvent par la porte de Joinville, passèrent dans le chœur arménien de la basilique, descendirent la nef latérale du côté arménien, empruntèrent la nef centrale pour sortir par la porte principale sur la place de la Nativité, tournèrent sur la place, puis revinrent dans la basilique pour rejoindre la porte de Joinville par le même itinéraire qu'à l'aller. Alors qu'ils parvenaient à l'extrémité de la grande nef, l'évêque grec surgit par la porte grecque, un barreau de chaise à la main, escorté de douze moines grecs, et interpella le frère gardien en arabe :

– Qu'est-ce ?

– Nous effectuons notre procession habituelle. Nous ne voulons pas empiéter sur vos droits. Nous respectons le *Statu quo*...

Le prélat grec héla alors ses acolytes, leva son bâton sur les Latins et engagea sa suite à faire de même. Un franciscain le désarma, mais le dignitaire grec s'empara d'un autre bâton, et une véritable mêlée s'engagea. Le père Jean fut gravement amoché à la main gauche, le frère Bonaventure blessé au pied.

– Puisqu'il en est ainsi, nous allons faire un second tour dans la basilique, lança d'un ton provocateur le père gardien.

La mêlée continua entre les membres du clergé grec et les franciscains qui, alertés par les cloches que les Grecs avaient fait sonner à toute volée pour rameuter la population de confession grecque orthodoxe, étaient sortis de leur couvent afin de prêter main-forte à leurs frères en difficulté. Des quatre coins de Bethléem, Latins et Grecs, convergeant également vers la basilique, firent cercle autour des combattants, mais sans prendre part au combat. L'échauffourée dura une bonne demi-heure. Une cinquantaine de lampes appartenant aux Grecs étaient cassées. Comme d'habitude en pareille circonstance, le gouverneur de Palestine (le pacha) et le consulat de France avaient été immédiatement alertés. Quand, quelques heures plus tard, le délégué du gouvernement de Palestine arriva dans la basilique pour y remplacer les lampes, quinze à vingt Latins foncèrent sur lui et les Grecs, armés de gros bâtons, brisèrent les quatre nouvelles lampes déjà posées... Des troupes furent alors appelées pour rétablir le calme à Bethléem, ce qui n'empêcha nullement une nouvelle rixe d'éclater le soir même à l'intérieur de la basilique et dans la grotte.

Au cours de l'après-midi, le frère gardien franciscain avait pourtant imploré le consul de France d'intervenir, les franciscains étant selon lui en grave danger : « Les Grecs ont appelé en renfort une trentaine de moines du monastère de Mar-Sabas, tous armés... » Le gardien latin de la grotte avait de bonnes raisons de se montrer inquiet : quelques heures plus tard, dans la nuit du 25 au 26, trois heures et demie durant, en présence de leur clergé et avec la connivence de soldats turcs, des Grecs se livrèrent à un pillage en règle des objets latins. Tout avait été savamment organisé. Les témoins musulmans avaient pu voir le *kawas* du couvent grec rameuter les Grecs de Bethléem pour se rendre en armes à la basilique. Des bandes armées étaient aussi arrivées de Jérusalem au vu et au su de tout un chacun. Bilan : l'autel de marbre, dit autel des Rois mages, détruit, de même qu'une armoire située dans l'escalier latin, une bande d'étoffe suspendue à la voûte entre la crèche et l'autel, cinq bois de fenêtres cassés, trente-quatre vitres brisées, la porte de Joinville percée d'une balle, des tableaux lacérés, des lampes volées ; bien entendu, les pillards avaient même essayé d'arracher l'étoile d'argent... Le seul franciscain français de Bethléem avait été atteint d'un coup de poignard ; cinq autres franciscains avaient été plus ou moins grièvement blessés. Un Italien avait eu la main droite entaillée et le pouce gauche sectionné ; un vieillard espagnol, le crâne fendu d'un coup de sabre...

Prévenu dans la nuit de ces graves incidents, Ernest Crampon, consul de France, prend ses responsabilités. Il envoie un télégramme « très confidentiel » invitant le commandant d'un bâtiment en rade de Smyrne à venir à toute vapeur mouiller dans le port de Jaffa. « Jérusalem, écrit-il, est en ce moment le théâtre des événements les plus graves et qui intéressent au plus haut degré notre honneur et notre influence... » Il demande le « secret absolu sur la destination du bâtiment ». Crampon envoie le même jour un télégramme à l'ambassadeur de France près la Sublime Porte pour exiger des « réparations éclatantes et immédiates ». Il demande par ailleurs au pacha de Jérusalem « la destitution de ses agents, complices évidents du crime, et le remplacement immédiat de tous les objets latins. Si, par impossible, il me le refuse, je devrai procéder seul. Tous les consuls catholiques sont derrière moi... ».

À Jérusalem, le consul de France fait feu de tout bois. Il réclame l'arrestation de deux moines grecs particulièrement violents (Strati et Maximo). Son collègue italien demande aussi à son gouvernement d'envoyer une frégate. Mais les démarches de Crampon se heurtent à la mauvaise volonté des autorités locales turques, de plus en plus hostiles aux Latins. Les gros bakchich qu'elles reçoivent des Grecs expliquent au moins en partie leur comportement... Le consul de France réussira néanmoins à obtenir, au mois de juin suivant, un changement de gouverneur.

Dans l'après-midi du 7 novembre 1889, le sacristain latin, conformément à l'usage, allume dans la grotte les cierges de l'autel des Mages. Derrière lui, le sacristain grec vient les éteindre, puis fonce dans la sacristie des franciscains et se met à hurler, tel un fou furieux, que les Latins n'ont pas le droit de faire leur procession le jeudi, et qu'il se fera couper la tête plutôt que de permettre le déroulement de cette cérémonie.

La procession des Latins n'en commence pas moins. Costandi – c'est le nom du sacristain grec – se place alors devant la porte de bronze de l'escalier nord, que les religieux catholiques empruntent pour descendre dans la grotte, il se cramponne aux battants et les referme à moitié pour empêcher la procession de passer. Il hurle pendant une dizaine de minutes :

– J'agis en accord avec mon patriarche...

Les Latins restent de marbre. On appelle l'évêque grec qui rapplique et, après explications, laisse les moines effectuer leur procession. Ce qui ne l'empêche pas, le lendemain, d'élever une protestation auprès du pacha de Jérusalem, sous prétexte que les Latins ont violé le *Statu quo*... Une nouvelle enquête est ouverte, le consul de France se démène. Il apparaît que les Latins avaient pris l'habitude d'aller le jeudi se détendre à la campagne ; les Grecs ont relevé cette coutume et tenté de faire en sorte qu'elle devienne une règle.

Le 23 mai 1891, contrairement à l'usage, un diacre grec passe par l'escalier nord de la grotte en portant de la main gauche un plateau chargé du pain bénit et, dans la droite, un stylet qu'il tient dissimulé sous le plateau. Frère Thomas s'approche de lui et le prie de rebrousser chemin. Le Grec lui inflige alors plusieurs coups de stylet, lacérant son habit de moine, son capuchon et sa tunique. Témoin de la scène, un frère assène un coup sur la tête du Grec qui tombe dans le coma et est immédiatement transporté dans le couvent franciscain...

À partir de 1890, on dénombre ainsi une trentaine d'incidents dont le plus grave fut le meurtre commis en 1893, déjà relaté. Un autre jour, un moine grec tira un coup de revolver sur un franciscain, mais, trop maladroit, blessa en fait un moine... grec !

La réconciliation entre la France et la Russie n'empêche pas cette dernière de se vouloir toujours la protectrice des orthodoxes, et le consul de Russie d'être en concurrence avec son collègue français. Celui-ci reçoit néanmoins pour instructions fermes d'entretenir des relations courtoises avec lui. Il arrive d'ailleurs au Français de demander au Russe d'user de son influence sur les Grecs de Bethléem quand les frictions entre ces derniers et les Latins prennent des proportions excessives, notamment à propos de l'utilisation par les Grecs de l'escalier nord de la grotte en certaines circonstances.

En mai 1899, le patriarche grec entreprend une démarche qui ne laisse pas de surprendre les diplomates français, tant le personnage est considéré comme un ennemi des Latins, donc de la France... Mais les Grecs, en cette fin de siècle, sont inquiets des menées russes. De plus en plus présente à Jérusalem, la Russie a nommé un patriarche autochtone – non grec – à Antioche, elle vient de créer une école russe, impose le clergé russe à certains offices célébrés à Bethléem, et se démène pour acheter... la basilique ! Le patriarche fait alors savoir au consul de France qu'il est prêt à céder sur l'escalier nord, prêt à régler une vieille contestation à propos du cimetière, en échange d'un soutien de la France visant à contrer l'attitude des Russes ! Embarrassé, le consul réclame des instructions. Un blanc-seing prudent lui est accordé. Le consul rédige alors un projet d'entente entre le custode et le patriarche grec, dont le texte est rejeté par le « discrétoire » de la custodie. Un nouveau projet est mis au point entre le patriarche grec et le diplomate français. Le consul presse le Quai d'Orsay de convaincre le Vatican d'imposer cet accord à la custodie qui traverse une phase de vive contestation dans ses relations avec la France... Le pape intervient effectivement auprès du custode qui signe le 4 janvier 1900 un accord avec le patriarche grec, en présence du gouverneur de Jérusalem et d'Auzépy, consul de France. Delcassé, ministre des Affaires étrangères, est si heureux de la conclusion de cette paix entre Latins et Grecs qu'il aurait aimé décorer sur-le-champ le consul de France de la rosette d'officier de la Légion d'honneur, et il lui écrit pour s'excuser de ne pouvoir le faire qu'à l'occasion de la prochaine promotion.

Le calme rétabli ne durera pas longtemps. Les habitudes passées sont trop prégnantes, et le *Statu quo* un nid à ennuis. Début novembre 1901, on assiste encore à des agissements criminels, cette fois sur le parvis du Saint-Sépulcre.

Au début du siècle, la presse internationale se saisit – généralement pour s'en indigner – de ces querelles entre chrétiens, arbitrées par des musulmans. Les grands journaux européens relatent ainsi la dernière bataille intervenue à Bethléem dans la nuit du 7 janvier 1905. À l'origine, là encore, le problème du passage des Grecs par l'escalier nord qui, manifestement, n'a pas été réglé par l'accord conclu entre le custode et le patriarche grec. Conformément à l'usage, les Grecs, au cours de leur procession à l'intérieur de la grotte, ont procédé à deux encensements puis sont remontés par l'escalier nord, généralement réservé aux Latins, quand, contrairement à la tradition, les deux diacres grecs décident de redescendre par le même escalier pour procéder à un troisième encensement. Ayant effectué ce troisième encensement, ils entreprennent de remonter les marches de l'escalier nord. Forts de leur bon droit, deux sacristains latins les en empêchent. Bousculade. Les Grecs frappent les Latins sur la tête. L'un des diacres grecs, profitant de la confusion, réussit à se faufiler pour sortir de la grotte, mais le second y reste bloqué. Grecs et Russes présents s'agitent. Les soldats turcs interviennent et condamnent la porte nord. Les autorités turques arrivent sur les lieux ; elles reconnaissent que les Grecs ont tort, mais demandent au custode, qui loge dans le couvent voisin, de laisser sortir le diacre grec de la grotte par l'escalier nord. Le custode refuse. Des pourparlers se prolongent toute la nuit. À 6 heures du matin, le pacha de Jérusalem arrive à Bethléem, ainsi que le suppléant du consul de France (absent) à Jérusalem. Tout ce beau monde se penche sur les registres des franciscains et constate qu'effectivement les Grecs n'ont pas le droit de passer trois fois en procession par l'escalier nord. En fin de compte, le diacre est autorisé à remonter par cet escalier... L'incident n'aura fait que deux blessés !

# 10

# C'est à Bâle, à la fin du siècle dernier, que le destin de Bethléem a basculé

Qui sont ces gentlemen en habit noir, cravate blanche et haut-de-forme, qui, en ce matin du 29 août 1897, traversent d'un pas solennel la Barfüsserplatz pour se diriger vers le Casino de Bâle où se tient le premier Congrès sioniste ? Droit comme un « i », plus grand que les autres, un journaliste de renom, personnalité bien connue de l'intelligentsia viennoise, ouvre la marche. Théodore Herzl a 37 ans. Même s'il n'a pas inventé le sionisme – néologisme désignant l'idéologie visant à constituer un État juif sur un territoire qui ne peut être que la terre des ancêtres, autour du mont Sion qui, dominant Jérusalem, nomme la Ville sainte et l'ensemble du pays depuis l'Ancien Testament –, il se l'est approprié, l'a conceptualisé et imposé. Théodore Herzl a exigé de ses compagnons et des autres participants au Congrès une tenue à la hauteur des circonstances. Il veut que les quelque deux cents délégués attendus incarnent dignement le sionisme, c'est-à-dire « le peuple juif en marche vers sa patrie », lance-t-il d'un air de défi. Ces hommes venus d'horizons géographiques et idéologiques très différents se retrouvent ensemble pour la première fois dans la grande salle des congrès de Bâle décorée d'un large calicot bleu et blanc – les couleurs du châle de prière juif – frappé en son centre de l'étoile de David.

Hormis les représentants des communautés juives de New York et Paris, la plus forte délégation vient de la Russie tsariste où l'idéal sioniste s'est propagé, avant même l'initiative de Herzl, en réaction aux terribles pogroms. À la veille du Congrès, Herzl a écrit dans son Journal : « Je suis à la tête de gamins, de mendiants et d'amateurs de sensations... Certains m'exploitent. D'autres sont déjà jaloux ou déloyaux. D'autres encore me quittent dès qu'une petite situation s'offre à eux. Seuls quelques-uns sont des enthousiastes désintéressés. Néanmoins, même cette armée ferait l'affaire si le succès était en vue. » Si la majorité des participants sont plutôt médecins, avocats ou journalistes, nul ne sait ce qui va se passer concrètement, sinon qu'il s'agit de « poser la première pierre de la maison qui devra abriter la nation juive ».

Dès son ouverture, le Congrès risque de mal tourner. Le premier orateur, un vieil Amant de Sion[1], le Dr Lippe, récite la prière *Shehekheyanou* : « Béni sois-tu, Seigneur notre Dieu, Roi de l'Univers, qui nous as gardés en vie et nous as mis au monde pour être témoins de ce jour... » Au lieu de la brève introduction qu'il devait faire, Lippe s'embarque dans un interminable chapelet de platitudes, commettant, de l'avis de Herzl, gaffe sur gaffe, à tel point que ce dernier finit par lui couper la parole. Herzl a révisé le texte de sa propre allocution durant une bonne partie de la nuit, car il sait qu'il ne doit heurter ni les rabbins, ni les laïcs, tout en s'employant à se concilier les patriotes autri-

1. Les Amants de Sion ont été fondés après les pogroms de 1881 en Russie et poussent à l'émigration en Palestine.

chiens sans provoquer les susceptibilités impériales des Turcs !

Maître dans l'art du feuilleton littéraire, auteur dramatique reconnu à Vienne, il est devenu un collaborateur du prestigieux journal *Neue Freie Presse* dont il a été l'envoyé spécial à Paris. Il y a couvert l'affaire Dreyfus et a découvert la force de l'antisémitisme français. C'est à Paris que la « question juive » est devenue sa préoccupation majeure. Il a eu tôt fait d'estimer que l'assimilation était une impasse, qu'elle risquait même d'être la source de l'antisémitisme. En 1895, une évidence s'impose à lui : la solution passe par la constitution d'un État juif où viendraient s'installer les Juifs du monde entier. Face aux menaces, il entend faire bénéficier les Juifs de la grande découverte de l'Europe chrétienne : l'État-nation.

« Désormais, nous sommes rentrés chez nous ! lance-t-il aux deux cents délégués du premier Congrès sioniste. Le sionisme est le retour au judaïsme avant même le retour à la terre juive. » Devant se concilier le soutien des rabbins, Herzl prend soin de conférer explicitement un fondement religieux à son programme, lequel s'organise autour d'une revendication centrale : la création d'une patrie *offentlich-rechtlich* (« légale et reconnue »). Sans oser prononcer le mot « État », pour ne pas heurter les Turcs, il réclame expressément « la création, pour le peuple juif, d'un foyer national juridiquement garanti en Palestine ». Herzl songe au futur État juif en termes modernes et laïques, mais ce sont ses coreligionnaires d'Europe centrale, inséparables de leurs rabbins, qui peuplent en fait le mouvement. Dès les premières heures de sa fondation, le sionisme est marqué par cette contradiction entre l'idée moderne de nationalité et la nécessité religieuse, sinon théocratique, du retour à Sion.

L'intervention de Herzl déclenche un tonnerre d'applaudissements qui se prolonge pendant une quinzaine de minutes. « Je restai tout à fait calme et m'abstins délibérément de saluer, de façon à empêcher dès le début l'affaire de se transformer en spectacle à bon marché », note-t-il dans son Journal.

Nordau lui succède à la tribune. Il procède à un brillant examen de la situation des Juifs dans les différentes parties du monde, sous ses aspects tant matériels que moraux, avec ses conséquences[1].

La situation des Juifs de la diaspora alimente le premier axe de réflexion ; la résurgence de l'antisémitisme, le deuxième ; enfin, c'est sur les perspectives de la colonisation en Palestine que porte l'essentiel des discussions de Bâle et des décisions qui y sont prises.

Boudé par les notables de la diaspora, le premier Congrès sioniste s'achève le 3 septembre 1897 sur un bilan mitigé. Tout en ne satisfaisant pas pleinement ses organisateurs, il fixe néanmoins les cadres institutionnels du sionisme, anticipation de l'État juif. Herzl peut écrire dans son Journal : « À Bâle, j'ai fondé l'État juif. Si je disais cela aujourd'hui, je serais accueilli par un éclat de rire universel. Dans cinq jours, peut-être, certainement dans cinquante ans, la chose sera devenue claire aux yeux de tout le monde. »

Le mouvement s'organise en se dotant d'un parlement, le Congrès sioniste, qui se réunit chaque année (dès 1903 tous les deux ans, aujourd'hui tous les cinq ans). Tout individu âgé de plus de 18 ans, adhérant au Congrès et versant un *shekel* – nom d'une monnaie hébraïque de l'Antiquité –, devient membre de plein droit du mouvement sioniste et

---

1. Walter Laqueur, *Histoire du sionisme*, Calmann-Lévy, 1973.

peut prendre part à la désignation des délégués. L'exécutif est formé par le Comité d'action sioniste de vingt-trois membres chargés du travail politique quotidien. Ultérieurement, deux autres organes viendront parachever l'institutionnalisation du mouvement : la Banque coloniale juive dont le capital est ouvert aux souscripteurs dès 1899, et le Fonds national juif, créé en 1901 et chargé d'acquérir des terres en Palestine.

Au nom de la continuité historique, le lieu de rassemblement des différentes diasporas ne peut être que la « terre ancestrale » des Juifs : la Palestine, explique le « programme de Bâle », lequel aura ultérieurement tant de conséquences sur ce qui n'est encore à l'époque qu'une province de l'Empire ottoman, et donc sur le destin de Bethléem. L'année précédant le congrès de Bâle, Herzl écrivait dans *L'État juif, essai d'une solution du problème juif* : « La Palestine demeure notre patrie historique inoubliable. Son nom seul constituerait un cri de ralliement d'une irrésistible puissance d'attraction pour notre peuple. Si Sa Majesté le Sultan nous accordait la Palestine, nous nous ferions fort de mettre de l'ordre dans les finances turques. Pour l'Europe, nous constituerions là-bas un avant-poste contre l'Asie, nous serions l'avant-garde de la civilisation contre la barbarie. » Tout est dit.

Tout au long des débats du Congrès, il a de même été question des justifications historiques et économiques de la « colonisation » en Palestine, sans qu'à aucun moment ait été soulevée la question du sort des populations autochtones vivant sur place.

Un an après la réunion de Bâle, le leader sioniste effectue son premier voyage en Palestine et traverse au moins une douzaine de villes arabes. Il visite Jaffa où les Juifs – environ trois mille – ne représentent que 10 % de la population. À aucun moment, lui, le journaliste scrupuleux, soucieux des détails, ne mentionne la présence d'une population palestinienne... Cette cécité lui sera reprochée par Ahad Ha'am (1856-1927), une des hautes figures du mouvement sioniste. Estimant depuis le début que le mouvement doit tenir compte de la présence des Palestiniens de Palestine, Ha'am a en effet critiqué l'attitude des « colons » juifs, habitués à ne voir dans les indigènes que « des sauvages vivant comme des animaux et ne comprenant rien à ce qui se passe autour d'eux[1] ».

« Il s'agit de donner une terre sans peuple à un peuple sans terre... » : cette formule, devenue le slogan-phare du sionisme, n'a pas été prononcée par Herzl, mais écrite quatre ans après le premier Congrès de Bâle par Israël Zangwill dans un article intitulé « The return to Palestine », publié par *The New Liberal Review*. Quelques années plus tard, Zangwill lui-même finira par admettre l'inadéquation du slogan, et deviendra le chef de file des « territorialistes », partisans d'accepter la proposition britannique de constituer une colonie juive en Ouganda en vue d'esquiver le « péril arabe ». Dans son essai *The Voice of Jerusalem*, paru à Londres en 1920, il écrit en effet : « Cependant, il existe une difficulté sur laquelle le sionisme n'ose pas ouvrir les yeux, car il n'aime point l'affronter. La Palestine a déjà ses habitants. Le Pachalik de Jérusalem possède déjà une population deux fois plus dense que celle des États-Unis : 52 âmes au mille carré. Et la proportion des Juifs n'y est même pas de 25 %. Ainsi, nous devons être préparés soit à chasser les tribus établies, par l'épée, comme le firent

1. Cité par Ernst Pawel dans *Theodor Herzl ou le labyrinthe de l'exil*, Seuil, 1982.

nos ancêtres, soit à nous trouver aux prises avec le problème que constitue une large population étrangère. »

Au début du siècle, malgré une première émigration, les Juifs sont moins nombreux en Palestine que les chrétiens et ne représentent qu'entre 5 et 10 % de l'ensemble de la population. À la veille de la Première Guerre mondiale, ils sont quelque 60 000 sur une population globale d'environ 750 000 habitants[1]. Avec les vagues d'émigration de l'entre-deux-guerres, la population juive va passer à environ 12 % en 1922, 17 % en 1931 et 31 % en 1948. Au moment de la première guerre israélo-arabe, on compte, selon l'ONU[2], 650 000 Juifs sur une population globale de 2 065 000 habitants. À la veille de la proclamation de la naissance de l'État d'Israël, la population juive ne possède que 15 % des terres cultivables, en dépit des achats de terrains opérés par des associations sionistes et d'une législation mandataire destinée à faciliter le transfert de la terre aux Juifs.

Malgré ces réalités, les pionniers sionistes ont réussi à se convaincre et à convaincre le reste du monde que la Palestine est une terre désertée depuis la destruction du Temple de Jérusalem par Titus (70 après J.-C.) ou depuis la seconde révolte juive (132-135), lorsque Simon Bar-Kokhba s'empara de la Ville sainte... Le sionisme se caractérise par cette faculté de reconstruction historique continuellement alimentée par le mythe religieux de la Terre promise et par l'attachement à la terre d'Israël – *Eretz Israël* – magnifiée depuis les temps bibliques. L'idée d'une installation des Juifs sur une « terre sans peuple » demeure

1. Henry Laurens, *La Question de Palestine*, t. 1, *1799-1922*, « L'invention de la Terre sainte », Fayard, 1999.
2. Unescop-UN, document A/364, vol. 1, chap. IV.

largement dominante. Et tous les Palestiniens rencontrés aujourd'hui à Bethléem citent ce slogan pour s'en indigner.

Fort de ses certitudes, s'appuyant sur la « légitimité » que lui confère son nouvel outil politique, Herzl tient à ce que la « question juive » soit traitée par les grands de ce monde. Il s'engage dans une vaste tournée diplomatique des capitales européennes. S'ajoutent à la stratégie d'infiltration en Palestine des *Hovevei Tsion* – consistant à acheter progressivement ses terres à la bourgeoisie palestinienne –, Herzl rêve à un « coup » médiatique sous la forme d'une grande conférence internationale. Après de vaines démarches auprès du Kaiser, du roi d'Italie, du pape Pie X, il échoue aussi auprès des représentants de l'*establishment* financier juif représenté notamment par le baron von Hirsch et les Rothschild. Dans un deuxième temps, il déploie alors tous ses efforts pour convaincre la Sublime Porte – dont dépend la Palestine – d'établir une charte légalisant la colonisation juive. En contrepartie, comme il l'avait annoncé dans *L'État Juif*, il fait miroiter au pouvoir turc un remboursement de sa dette extérieure. Mais la négociation tourne court et Herzl, faisant preuve d'un réel sens politique, se dit alors que la puissance impériale concurrente se montrera certainement plus ouverte...

En juillet 1902, il est auditionné à Londres par la Commission royale sur l'immigration étrangère. Son intervention, qui insiste sur la nécessité de créer un « État-tampon ami » avec l'Empire ottoman dans cette région stratégique de la route des Indes, ne passe pas inaperçue. Fort de sa brillante prestation, il commence à entretenir une relation suivie avec les autorités britanniques, particulièrement avec Joseph Chamberlain, ministre des Colonies, qui lui offre de fonder une colonie juive au nord du Sinaï, à al-Arish, en territoire égyptien, puis en Ouganda. Mais ces propositions, qui ne verront jamais le jour, risquent de faire éclater le mouvement. Épuisé et dépité, Herzl se tourne alors vers l'autre ennemie héréditaire des Turcs : la Russie. Il s'établit à Saint-Pétersbourg où il fait valoir que « l'installation d'une colonie juive en Palestine accélérera la désagrégation de l'Empire ottoman » – avant de mourir subitement en 1904.

Successeur de Herzl à la tête du mouvement sioniste, l'écrivain allemand Max Nordau a une autre approche géopolitique et choisit l'Allemagne comme protectrice. À Guillaume II il précise que, « grâce à l'immigration juive, la Palestine pourrait devenir une importante base politique et commerciale, un Gibraltar germano-turc sur les frontières de l'océan anglo-arabe[1] ». À la veille de la confrontation des grandes puissances européennes, le souverain allemand se montre vivement intéressé et laisse entendre qu'il se fait fort de convaincre l'allié turc. Nordau croit la partie gagnée. De nombreuses sections du mouvement s'installent en Allemagne lorsque éclate la Première Guerre mondiale.

La victoire des empires centraux ne semblant nullement assurée, les organisations sionistes, qui avaient transféré pour la plupart leur siège à Berlin, ne tardent pas à se replier en pays neutres, notamment aux Pays-Bas, en Suède et en Suisse. Face à l'évolution du conflit, et réactualisant les amitiés britanniques de Herzl, Nahoum Sokolov et Chaim Weizmann – nouveaux responsables du mouvement – regardent à nouveau vers Londres et Washington. Ils y fondent le British Committee for Palestine, en même temps que la section américaine inaugure à Philadelphie un

---

1. Cité par le groupe d'études et de recherches *La Palestine en question*, t. 1, SNED, Constantine, 1968.

comité chargé de « préparer les revendications qui devront être présentées, au nom du judaïsme, au Congrès de la paix ». Chaim Weizmann écrit alors : « Une Palestine juive, instaurée par l'Angleterre et soutenue par l'Amérique, portera un coup mortel à la domination combinée de l'islam, des Prussiens et des Turcs en Orient. » Ainsi se met en place la logique politique et organisationnelle qui débouchera sur le texte historique décisif : la désormais célèbre « Déclaration Balfour » qui, en quelques années, va entraîner une véritable révolution à l'intérieur de la province de Palestine.

Occupant depuis 1903 une chaire de chimie à l'université de Manchester – ville natale de l'homme politique conservateur David Lloyd George –, Chaim Weizmann a réussi à mettre au point, pour le compte de l'Amirauté britannique, une formule de fabrication synthétique de l'acétone, nécessaire à la fabrication des explosifs militaires. En septembre 1916, Lloyd George, ministre de l'Armement, rencontre le Dr Weizmann et lui dit[1] :

« – Vous avez rendu de grands services à l'État et je voudrais demander au Premier ministre de vous recommander à Sa Majesté afin de vous faire décerner quelque distinction honorifique.

« – Il n'y a rien que je désire pour moi-même, répond Weizmann.

« – Mais n'y a-t-il rien que nous puissions faire en témoignage de reconnaissance pour votre apport au pays ?

« – Si, je voudrais que vous fassiez quelque chose pour mon peuple.

---

1. David Lloyd George, *Souvenirs de guerre*, cité par *Les Cahiers de l'Histoire*, n° 57.

« Alors il exposa ses aspirations, tendant à la restauration des Juifs dans la Terre sacrée où ils avaient laissé d'inoubliables souvenirs. Telles furent la source et l'origine de la fameuse déclaration au sujet du Foyer national des Juifs en Palestine. En sorte que le Dr Weizmann, par sa découverte, nous aida à gagner la guerre, mais laissa aussi une marque indélébile sur la carte du monde. »

Fin 1916, le conservateur Lloyd George devient Premier ministre du gouvernement de Sa Majesté. Arthur James Balfour, son secrétaire d'État aux Affaires étrangères, adresse le 2 novembre 1917 la lettre suivante à Lord Lionel Rothschild :

> « J'ai le grand plaisir de vous adresser, de la part du gouvernement de Sa Majesté, la déclaration suivante de sympathie pour les aspirations sionistes des Juifs, qui a été soumise au Cabinet et approuvée par lui :
>
>> "Le gouvernement de Sa Majesté envisage favorablement l'établissement en Palestine d'un Foyer national pour le peuple juif, et emploiera tous ses efforts pour faciliter la réalisation de cet objectif, étant clairement entendu que *rien ne sera fait qui puisse porter préjudice aux droits civils et religieux des communautés non juives en Palestine*[1], ainsi qu'aux droits et au statut politique dont les Juifs pourraient jouir dans tout autre pays."
>
> Je vous serais reconnaissant de porter cette déclaration à la connaissance de la Fédération sioniste. »

Lettre ambiguë à plus d'un titre, puisqu'elle décide de l'avenir d'un territoire qui n'est pas placé sous administra-

1. Souligné par nous.

tion britannique, et confère au mouvement sioniste une légitimité internationale. Cette nouvelle victoire posthume de la stratégie diplomatique amorcée par Herzl ne doit rien à la philanthropie britannique. Le calcul du Foreign Office est simple : dans la perspective du démantèlement annoncé de l'Empire ottoman, la Grande-Bretagne avance un nouveau pion au Proche-Orient, région hautement stratégique, tout en se ménageant le ralliement des communautés juives de deux alliés importants, la Russie et les États-Unis, face aux puissances continentales.

La Déclaration Balfour est une première grande victoire du mouvement sioniste. Avec les conférences de Paris (1919, qui entérine le principe du système mandataire pour l'ensemble des pays nés du partage du Proche-Orient) et de San Remo (1920, qui confie la Palestine à la Grande-Bretagne), l'idéologie sioniste enregistre des progrès considérables. La Déclaration Balfour est reproduite mot pour mot dans le texte de la résolution adoptée le 24 juillet 1922, qui concède à la Grande-Bretagne le mandat sur la Palestine. Cette résolution fonde les premières visées étatiques concrètes du sionisme en Palestine. Présidant désormais aux destinées des Palestiniens, la Grande-Bretagne se comporte en puissance coloniale classique, utilisant la communauté juive comme un instrument de division et de domination. Désormais, la puissance mandataire ne va cesser de souffler le chaud et le froid, favorisant successivement Juifs et Palestiniens, ces derniers se trouvant ainsi confrontés à la fois à l'immigration juive et à la tutelle britannique.

Cette période est notamment marquée par l'achat massif de terres palestiniennes. Créé en 1901, le Fonds national se charge d'acquérir les meilleures terres cultivables, qui seront travaillées par des colons juifs. « Sous le mandat, près de 18,7 % de la propriété totale juive sont achetés à des propriétaires juifs, 10 % prélevés sur le domaine public sont cédés pour quatre-vingt-dix-neuf ans par les Anglais, 40 % sont acquis auprès de propriétaires arabes non palestiniens (libanais et syriens). Le reste, soit 32 %, est acheté à de grands propriétaires palestiniens absentéistes ou à de petits paysans en difficulté. En 1948, le total des terres en propriété juive s'élève à 1 734 000 dunums (173 400 ha), mais ne représente que 6,58 % d'une surface totale de 26 323 023 dunums (26 322 km$^2$)[1]. »

Parallèlement à ce mouvement d'acquisition de terres, l'immigration s'amplifie au gré des encouragements ou des restrictions de la puissance mandataire. À la fin du mandat, en 1948, on pourra dénombrer 650 000 Juifs pour quelque 1 400 000 Palestiniens. Le flux aura atteint son point culminant entre le début des années trente, avec la montée du nazisme, et le début de la Seconde Guerre mondiale.

Au quotidien, la période du mandat se caractérise par une gestion désordonnée et changeante, émaillée de crises permanentes entre les deux communautés. Manifestations, grèves et affrontements se multiplient un peu partout en Palestine. Périodiquement, des stocks d'armes à destination des colonies juives sont saisis par la police britannique. La constitution de groupes armés palestiniens, formés de paysans expulsés, annonce l'éclatement d'une crise ouverte : ce sera le grand soulèvement de 1936-39.

Après plusieurs rixes opposant des civils juifs et palestiniens, les autorités palestiniennes de Jaffa lancent, le 21 avril 1936, un appel à la grève nationale. Aussitôt, le mouvement prend une grande ampleur, des comités de

1. Elias Sanbar, *Les Palestiniens dans le siècle*, Gallimard, 1994.

grève se constituent dans chaque ville et groupe de villages. Présidée par le Grand Mufti de Jérusalem, Amin Husseini, une Commission supérieure arabe appelle à l'arrêt de l'immigration et à l'interdiction de la vente de terres. Les autorités britanniques répondent par des arrestations massives qui attisent un puissant mouvement social appelant à la grève des impôts et au boycott de l'administration mandataire. Les incidents armés se multiplient et la répression se durcit, tandis que Londres dépêche sur place une commission d'enquête. Ces cent soixante-quatorze jours de boycott constituent l'événement fondateur du mouvement national palestinien. Pour leur part, face à ce boycott, les Juifs organisent la Haganah (branche militaire du mouvement sioniste) en véritable armée. Le 7 juillet 1937, la commission d'enquête britannique – la commission Peel – préconise le partage de la Palestine en un État juif (33 % du territoire avec Haïfa, la Galilée et la plaine côtière d'Ashdoud) et un État palestinien rattaché à la Transjordanie, avec les enclaves mandataires incluant Bethléem. Accueillie favorablement par les sionistes qui contestent néanmoins le pourcentage de territoire qui leur est alloué, cette solution est violemment rejetée par les Palestiniens qui déclenchent – à partir de septembre 1937 – une véritable guerre contre la présence britannique. Des maquis se forment dans la totalité du pays. Une guérilla très mobile finit par contrôler une bonne partie des campagnes et plusieurs villes importantes jusqu'en août 1938.

Mais, en octobre, « des milliers de soldats britanniques "réoccupent" 758 villages, précise l'historien Elias Sanbar ; l'autorité est rétablie, mais l'alerte a été rude. Les Anglais annoncent l'ouverture, à Londres, d'une conférence regroupant Arabes et Juifs pour discuter de l'avenir de la Palestine ». Les travaux de cette conférence s'enlisent, tandis que le pouvoir mandataire recourt aux lois d'exception (couvre-feu, arrestations massives, déportations) à l'encontre de la population palestinienne, tout en commençant à contingenter sensiblement l'immigration juive.

La conférence de Londres se soldant par un échec, les autorités britanniques décident de présenter unilatéralement leurs propositions dans un texte que l'histoire retiendra sous l'appellation de *Livre blanc* de Ramsay MacDonald. Celui-ci reconnaît principalement la nécessité de la création d'un État palestinien dans les dix ans, et autorise l'immigration de 15 000 Juifs par an sous réserve de l'acceptation palestinienne. Pour marquer sa désapprobation, Chaim Weizmann démissionne de la présidence de l'Agence juive en déclarant : « J'estime que le *Livre blanc* remet en cause les droits du peuple juif et réduit à néant tous ses espoirs. Il cherche à paralyser le développement du Foyer national juif en le maintenant sciemment à son niveau actuel. »

Chaim Weizmann et David Ben Gourion, qui restent les principaux animateurs du mouvement sioniste, réunissent à New York quelque six cents représentants de la communauté juive américaine du 9 au 11 mai 1942. Ils réitèrent leur dénonciation du *Livre blanc* et réclament le soutien politique et financier de leurs coreligionnaires d'Amérique en faveur de la création d'un État juif. Les responsables sionistes ont parfaitement saisi la nouvelle donne qui résultera au Proche-Orient de la victoire des Alliés et de l'importance prise par les États-Unis au détriment des anciennes puissances européennes.

Après la guerre, l'immigration illégale reprend de plus belle, cependant que la Haganah et les organisations sionistes dissidentes – Irgoun et Stern – déclenchent des vagues d'attentats et des occupations de terres au moment même où la représentation palestinienne se trouve passablement affaiblie par les options pro-allemandes du Grand Mufti. L'hégémonie américaine qui s'esquisse sur fond de guerre froide, conjuguée aux intérêts pétroliers, achève de bouleverser le paysage géopolitique de la région.

Afin de ne pas perdre l'initiative, Londres décide l'envoi d'une nouvelle commission d'enquête anglo-américaine. Le président Truman oblige celle-ci à se consacrer exclusivement à l'avenir de la Palestine. À son retour, le 30 avril 1946, la commission remet son rapport. Elle constate notamment combien la situation s'est détériorée au cours des derniers mois, et l'énormité des sommes englouties par la Grande-Bretagne dans le seul maintien de l'ordre. Par ailleurs, elle note que « la Palestine est devenue un véritable camp retranché. Les premiers symptômes de cet état de chose nous sont apparus dès que nous avons franchi la frontière. De jour en jour, nous nous sommes rendu compte plus nettement combien l'atmosphère était explosive. Un grand nombre d'immeubles sont entourés de barbelés et protégés par d'autres moyens de défense. Nous-mêmes, nous avons fait l'objet de mesures de protection spéciales de la part de la police militaire, et, très souvent, nous avons été accompagnés par des autos blindées. Le pays tout entier est hérissé de postes de police[1] ».

L'immigration clandestine et les occupations de terres se poursuivent, de même que les coups de main des groupes armés juifs. Le siège de l'administration mandataire est plastiqué le 22 juillet 1946, et 91 personnes trouvent la mort dans l'explosion de l'hôtel King David, à Jérusalem. Le gouvernement britannique annonce qu'il va porter la question palestinienne devant l'Assemblée générale de

---

1. *Anglo-American Committee of Enquiry, Report*, chap. IX, section 1.

l'Organisation des Nations unies. Cette session spéciale sur la Palestine s'ouvre à New York le 28 avril 1947. Le 9 mai, la Grande-Bretagne renonce officiellement à son mandat, mettant ainsi fin à un chapitre de son histoire inauguré trente ans plus tôt par l'entrée du général Allenby dans Jérusalem.

Malgré ses avancées diplomatiques considérables et son influence ascendante, l'idéologie sioniste est restée minoritaire au sein du judaïsme jusqu'en 1945. Le génocide qui a frappé les Juifs d'Europe lui confère une tragique légitimité qui va modifier totalement la donne. Jusque-là réticentes, la majorité des communautés de la Diaspora se rallient de fait à l'idée d'un État juif, laquelle pourra difficilement être contestée par les puissances alliées. Le sentiment de culpabilité collective qui prévaut en Occident relance ainsi les perspectives d'un « peuple sans terre » à qui, historiquement, on ne peut plus refuser une « terre sans peuple ».

Le 13 mai 1947, lors de la session extraordinaire de l'Assemblée générale des Nations unies, l'Australie demande la création d'une « commission spéciale pour la Palestine ». L'Assemblée générale décide que cette commission « se composera de onze membres, à l'exception des membres permanents du Conseil de sécurité ». Deux jours plus tard, l'ambassadeur d'Australie propose les pays suivants : Australie, Canada, Guatemala, Inde, Iran, Pays-Bas, Pérou, Suède, Tchécoslovaquie, Uruguay et Yougoslavie. Aucun pays arabe n'a été retenu.

Trois mois plus tard, l'UNSCOP conclut à la nécessité de mettre fin au mandat britannique. Par le biais d'un projet de résolution, la Commission spéciale envisage de partager la Palestine en deux États indépendants, l'un pour les Juifs, l'autre pour les Palestiniens, la ville de Jérusalem devant être placée sous mandat international. Le 29 novembre 1947, le projet est accepté par l'Assemblée générale, par 33 voix contre 13 et 10 abstentions. En conséquence, la résolution[1] relative au « gouvernement futur de la Palestine » est adoptée. Le 14 mai 1948, les derniers soldats britanniques rembarquent définitivement à Haïfa. Le même jour, au musée de Tel-Aviv, du haut d'une estrade que domine un grand portrait de Théodore Herzl, David Ben Gourion donne lecture de la charte d'indépendance du nouvel État juif :

> « Le 29 novembre 1947, l'Assemblée générale des Nations unies a adopté une résolution demandant la création d'un État juif en Palestine et a invité les habitants de la Palestine à prendre les mesures nécessaires pour l'exécution de cette résolution. Cette reconnaissance, par les Nations unies, du droit du peuple juif à créer son État, est irrévocable.
>
> C'est là le droit naturel du peuple juif d'être, comme toutes les autres nations, maître de son destin sur le sol de son propre État souverain.
>
> En conséquence, nous, membres du Conseil national, représentant la communauté juive de Palestine et le Mouvement sioniste, nous nous sommes rassemblés ici, en ce jour où prend fin le mandat britannique ; en vertu du droit naturel et historique du peuple juif, et conformément à la résolution de l'Assemblée générale des Nations unies, nous proclamons la création d'un État juif en terre d'Israël, qui portera le nom d'État d'Israël.
>
> [...] L'État d'Israël sera ouvert à l'immigration juive et aux Juifs venant de tous les pays de leur dispersion ; il veillera au développement du pays pour le bénéfice de tous ses habitants ; il sera fondé sur la liberté, la justice et la paix, selon l'idéal des prophètes d'Israël ; il assurera la plus

1. Dite « résolution 181 ».

complète égalité sociale et politique à tous ses habitants, sans distinction de religion, de race ou de sexe ; il garantira la liberté de culte, de conscience, de langue, d'éducation et de culture ; il assurera la protection des Lieux saints de toutes les religions, fidèle en cela aux principes de la Charte des Nations unies.

Nous appelons les Juifs du monde entier à se rallier à nous dans la tâche de l'immigration et du développement, et à nous soutenir dans la lutte pour la réalisation de notre rêve séculaire : la rédemption d'Israël. »

Au même moment, le drapeau sioniste est hissé sur un hôtel de New York où séjourne le Dr Weizmann, qui devient président de l'État juif. Lorsqu'il repose les feuillets de la proclamation qu'il n'a pas eu le temps de faire dactylographier, Ben Gourion est persuadé qu'il a pleinement accompli la mission que Herzl s'était assignée cinquante et un ans plus tôt.

11

# La France contestée en Terre sainte par les franciscains et les Britanniques

Dans les archives du Commissariat de Terre sainte à Paris, un gros dossier intitulé « Gallophobie » fournit des détails parfois croustillants sur les luttes, manœuvres et complots fomentés par les Italiens contre les Français au sein de la custodie. Le custode est devenu ouvertement gallophobe en 1907 en se rapprochant de l'Italie par l'intermédiaire du représentant de Rome à Jérusalem, le comte Senni. Deux notes rédigées à la fin de la Première Guerre mondiale par le « service anglais de contre-espionnage à Jérusalem » contiennent à cet égard des passages particulièrement intéressants : « Il est bien connu que l'arrivée du custode Carcaterra n'a fait qu'accroître le fanatisme et augmenter l'orgueil des Italiens [...], lit-on dans la première. Le père Théophile Caprio, que le custode avait pris pour ordonnance, le chargeant de presque toutes les commissions du couvent, aurait eu à cœur, après le départ de son supérieur, de parachever ses projets [...]. Depuis le commencement des hostilités, le consulat de France a chargé le consulat d'Espagne de la garde des Lieux saints et, naturellement, de la protection du couvent franciscain... »

Le consulat de France à Jérusalem a été obligé de fermer ses portes du fait que la Turquie et la France sont entrées en guerre. Une succession de maladresses commises par les Alliés ont en effet transporté la guerre au Proche-Orient. Dès le mois de septembre 1914, les Turcs ont massé des troupes en Palestine, tandis que les Britanniques ont constitué une ligne de défense sur le canal de Suez. Le mois suivant, la Turquie entre dans le conflit. Dès lors, l'activité économique de la région est paralysée, une énorme inflation frappe les produits de première nécessité et la vie quotidienne devient très difficile : on meurt de faim en Palestine. La conscription touche de surcroît toutes les familles, et Constantinople se livre à une chasse impitoyable aux déserteurs. Les zones côtières subissent des destructions.

La Porte expulse de Jérusalem les représentants des puissances engagées contre elle. Profitant de la guerre, se créent des sociétés secrètes arabes dont l'objectif est l'indépendance, en tout cas l'émancipation de la tutelle de Constantinople.

Les Anglais débarquent à Bassora afin de garantir la libre circulation dans le golfe Persique et la sécurité des puits de pétrole. Les Turcs contre-attaquent en lançant une offensive contre le canal de Suez et en direction du Sinaï. En 1915, les troupes alliées ripostent en attaquant les Dardanelles en vue d'encercler la capitale de l'Empire ottoman, jugé moribond. Avec l'appui allemand, l'armée ottomane résiste et attise la *Jihad* au sein des communautés musulmanes de l'Empire britannique. Les Anglais ne tardent pas à prendre la mesure de cette « bombe religieuse » allumée notamment par l'Allemagne. À son tour, Londres lance une opération de séduction à l'égard de Hussein, le chérif de La Mecque, pour l'attirer dans le camp des Alliés. De son côté, le gouvernement turc réprime durement les intellectuels syriens, palestiniens et libanais soupçonnés d'activisme indépendantiste.

C'est alors que le Foreign Office sort de ses cartons les plans de la future « révolte arabe » contre l'Empire turc. Entre le 14 juillet 1915 et le 30 janvier 1916, le haut-commissaire britannique au Caire, Sir Henry McMahon, échange huit lettres avec Hussein. Contre le soutien des tribus du Hedjaz (à l'ouest de l'Arabie Saoudite actuelle) dans la guerre contre la Turquie, le chérif de La Mecque réclame l'« indépendance des Arabes » d'Adana (la région encadrée par la côte sud de l'actuelle Turquie, le golfe Persique, l'océan Indien, la mer Rouge et la Méditerranée). Parallèlement, la Grande-Bretagne négocie un plan secret de partage d'influence dans la région pour l'après-guerre.

Entamées en janvier 1916, les discussions menées par le diplomate français Charles-Georges Picot et l'orientaliste du Foreign Office Mark Sykes aboutissent à un accord signé la même année. « La Palestine devient la zone brune où sera établie une administration internationale dont la forme devra être décidée après consultation avec la Russie et, ensuite, d'accord avec les autres Alliés et les représentants du chérif de La Mecque. La France obtient le reste des régions littorales syriennes et une zone arabe privilégiée entre la Palestine et la Mésopotamie[1]. » Cet accord secret réduit notablement la portée des engagements souscrits entre Londres et le chérif Hussein, alors que le soulèvement arabe éclate en juin 1916.

C'est à ce moment qu'intervient le légendaire Lawrence d'Arabie, l'âme de la révolte contre les Turcs. Cet officier

---

1. In *La Question de Palestine*, t. 1, *1799-1922*, *op. cit.*

britannique, ancien archéologue, va faire de cette guerre de libération son aventure personnelle. En février 1917, il vend la mèche de l'accord Sykes-Picot aux Arabes qui comprennent que les promesses alliées sur l'indépendance arabe ne seront pas tenues. Aux côtés de Fayçal, fils du chérif de La Mecque, il pousse ainsi les tribus arabes à devancer les troupes anglaises du général Allenby à Damas et à s'assurer un débouché sur la mer à partir du Liban. Cet épisode préfigure l'éphémère « royaume arabe » qui sera réclamé par Fayçal à Damas.

Aucune carte précise n'accompagnait les engagements britanniques passés avec Hussein. La Palestine faisait-elle partie du marchandage ? Essayant de mettre un terme aux polémiques, Sir Henry McMahon confirmera dans le *Times* du 23 juillet 1937 : « Il est de mon devoir de déclarer une fois pour toutes de la façon la plus formelle et la plus solennelle que je n'ai jamais eu l'intention d'inclure la Palestine dans la zone d'indépendance arabe quand j'ai donné des assurances au roi Hussein. » Mais pourquoi alors ne pas l'avoir précisé noir sur blanc, vingt ans auparavant, dans sa correspondance avec ce dernier ?

Bien que secrètement négocié entre Londres et Paris, l'accord Sykes-Picot ne constitue pourtant pas la base d'une coopération franco-britannique durable au Proche-Orient, mais stabilise provisoirement les ambitions antagoniques des deux puissances dans la région. En décembre 1916, une nouvelle coalition, emmenée par Lloyd George, prend le pouvoir à Londres et ramène aux affaires les « impérialistes » ; elle veut tirer un profit maximal du démantèlement de l'Empire ottoman en occupant le plus de territoire possible en Palestine, en Mésopotamie et en Syrie, dans l'intention de garantir la sécurité de la route des Indes.

En avril 1917, la commission gouvernementale britannique présidée par Lord Curzon préconise la révision de l'accord Sykes-Picot : « Il est souhaitable que le gouvernement de Sa Majesté s'assure d'une modification de l'arrangement de mai 1916 avec la France, en sorte que soit reconnu à la Grande-Bretagne un contrôle précis et exclusif sur la Palestine et que la zone d'influence britannique soit étendue jusqu'à la rivière Léontès et au nord de l'Hauran. » À Paris, l'Assemblée nationale réagit aussitôt : la commission des Affaires étrangères se prononce pour un contrôle français sur la Palestine et envisage de confier la protection des Lieux saints à la Belgique, cependant qu'à Londres la commission Curzon campe sur ses positions.

Quelques semaines plus tard, l'entrée en guerre des États-Unis et la Déclaration Balfour font pencher la balance en faveur de la stratégie impériale britannique. Londres saisit l'opportunité de la cause sioniste pour légitimer sa présence en Palestine, devenue un maillon décisif dans le réseau de communications avec les Indes et l'Extrême-Orient. Épousant les thèses sionistes, l'administration britannique considère sa présence en Palestine comme une tête de pont occidentale dans le monde arabo-musulman, une protection supplémentaire du canal de Suez, enfin, à terme, une solution de repli possible face à un sanctuaire égyptien de plus en plus difficile à contrôler.

L'année 1917 a donc marqué une véritable rupture dans les destinées de Bethléem et de la Palestine : la Grande-Bretagne s'est clairement prononcée pour une colonisation de la Palestine par les Juifs, sans pour autant renoncer à jouer simultanément sur le registre du nationalisme arabe. C'est peu dire que les nationalistes arabes ont alors été floués et que la France a perdu l'essentiel de son rôle historique en Terre sainte.

En novembre 1917, les troupes britanniques s'emparent de Bir al-Sab ; elles prennent le port de Jaffa en novembre. Elles entrent dans Jérusalem le 11 décembre 1917. La Palestine est entièrement occupée en 1918 et placée sous administration militaire britannique. L'Empire ottoman signe un armistice avec les Alliés à Moudros. Vaincue, la Turquie dépose les armes le 30 octobre 1918. La grande et séculaire aventure de la Sublime Porte s'achève brutalement.

Reprenons la lecture de la note des services secrets britanniques sur les complots fomentés à l'intérieur de la custodie contre la France, déjà mise à mal par la « perfide Albion » :

> « Le père Théophile milite pour qu'après la guerre, la charge de la protection soit accordée aux Italiens. Avant l'entrée en guerre de l'Italie, il était en relations très étroites avec le comte Senni pour tout ce qui concernait les affaires de la Custodie et des Lieux saints. Après l'occupation de Jérusalem par les Anglais [11 décembre 1917], le père Théophile reprend sa campagne contre la France et veut enlever à M. Picot, le Haut-Commissaire, les honneurs liturgiques rendus traditionnellement au Consul de France et à la France. Il n'hésite pas, pour parvenir à ses fins, à truquer les votes du "discrétoire" [...]. Il met ses menaces à exécution et ne fait pas dire, comme il était d'usage après la messe chantée, la prière pour la République française... [Il affirme aussi qu']on était plus satisfait sous la domination turque, au temps de laquelle on pouvait obtenir facilement tout ce qu'on demandait, alors que maintenant on ne peut plus broncher avec le nouveau gouvernement et surtout avec le *Statu quo* qu'entendent maintenir les Anglais. »

Les services britanniques ne se bornent pas à décrire les agissements politiques du père Théophile – ils oublient, au passage, l'essentiel : la custodie a annoncé, le 19 janvier 1918, que le protectorat français avait cessé d'exister avec la fin de la domination turque –, mais ils évoquent aussi ses magouilles financières et ses goûts pour les jeunes filles en fleur :

> « Le couvent payait toujours ses pauvres employés et ouvriers en billets de banque turcs, au pair et à raison de 100 piastres, malgré l'énorme dépréciation de cette monnaie. De cette façon, le père Théophile a gaspillé l'or du couvent en le convertissant en simple papier-monnaie. Ces opérations étaient traitées avec divers spéculateurs, entre autres M. Alonzo, fondé de pouvoir du Crédit Lyonnais. La grande différence de change servait à entretenir les familles et les petites amies que le père procureur et le père Théophile entretiennent [...]. Le père Théophile s'occupe surtout de la famille Sarah qu'il entretient sous tous les rapports : nourriture, équipement, toilette, argent de poche, promenades en voiture, etc., etc. Il ne se passe pas une journée sans qu'il se rende à deux ou trois reprises dans cette famille. Avant l'arrivée des Anglais à Jérusalem, il accompagnait presque tous les jours la fille aînée de cette famille, prénommée Joulia, et ils allaient se promener la plupart du temps du côté des Américains, derrière les constructions juives, et, là, s'asseyaient en tête à tête sous les arbres. On les a vus souvent rentrer par la porte Zahach, au milieu des quartiers musulmans [...]. Combien de fois aussi ne les a-t-on pas vus en rendez-vous de très bon matin au Saint-Sépulcre, et, au cas où le père Théophile manquait une visite, cette demoiselle le rencontrait au salon inférieur chez le custode.
>
> « Cela fait quelques mois que le père Théophile a amené cette demoiselle avec ses deux sœurs cadettes à Bethléem. Par ordre du Procureur, il les a fait loger au couvent des Sœurs de Saint-Joseph. Tous les jours, prétendant aller

chercher du blé pour le couvent, il est allé de bon matin à Bethléem pour n'en revenir que le soir. Il s'y promenait bras dessus, bras dessous, avec ces demoiselles, et leur effronterie a causé un grand scandale parmi les habitants qui les montraient du doigt... »

La note des services anglais fournit de nombreux autres détails et évoque en particulier d'autres maîtresses que Joulia Sarah :

« On a aussi remarqué que le père Théophile ne manque pas une occasion d'acheter de la bijouterie qu'il offre à ses maîtresses, sans compter que lui-même va en personne leur chercher des objets de toilette [...]. Il a fait pire puisque, le jour des funérailles de M. Sarah, il est allé chez Mgr Camassei, le Patriarche, pour l'inviter, de la part du Discrétoire de Terre sainte, à venir assister à ses obsèques. Il lui a fait comprendre qu'aujourd'hui, le Couvent franciscain avait perdu un de ses meilleurs soutiens et l'un des membres les plus nobles de la communauté latine de Jérusalem. Il lui a aussi déclaré que la mort de M. Sarah, qui a fait tant de bien, constitue une perte irréparable pour la Terre sainte, et que ce décès a fait perdre au Couvent son bras droit [...].

« Grâce à ses amies, aux invitations qu'il dispensait auprès d'elles, il a pu, sous la domination turque, lier de nombreuses amitiés avec des agents de police, des fonctionnaires du gouvernement et un grand nombre d'officiers. Il menaçait n'importe qui le fâchait tant soit peu de le faire déférer en cour martiale ou embarquer au poste de police. Il aurait mieux fait de préserver, grâce à ses relations, les droits de son Couvent, que ce soit au Saint-Sépulcre ou ailleurs, plutôt que de jouer les maquereaux. Il y a beaucoup de choses analogues à raconter sur le compte du père Théophile. Le père président custodial et plusieurs autres prêtres sont au courant de l'existence qu'il mène, mais ils craignent, disent-ils, de le réprimander, de peur qu'il ne fasse encore pire. »

Ce ne sont évidemment pas les agissements du père Théophile qui ont fait perdre son rôle traditionnel à la France après la Première Guerre mondiale, mais les Britanniques qui, prenant la place des Turcs, n'auraient pas accepté de partager leurs responsabilités à l'égard des chrétiens locaux ni d'être contestés par le consul de France dans l'application du *Statu quo*. D'autant moins que, pour la première fois depuis les croisades, les Lieux saints se retrouvaient placés sous le contrôle d'une puissance chrétienne pratiquement dans le même temps que la Russie, pour cause de bolchevisme, y avait abandonné toute influence.

Dès son arrivée à Jérusalem, le général anglais Allenby fait savoir qu'il est favorable au maintien du *Statu quo*, mais refusait de donner suite à toute réclamation transmise par le représentant français. La conférence de Paris proposera alors le système mandataire qui sera officialisé en avril 1920 à la conférence de San Remo. La France y renonce à sa mission de protection des catholiques, sans pour autant « se désintéresser du sort des Lieux saints ni abandonner les droits que lui confèrent sur eux les traités internationaux[1] ». La Grande-Bretagne se substitue ainsi à la France dans l'exercice de son protectorat et à la Turquie pour ce qui est de l'administration des Lieux saints.

Dans un premier temps, les Alliés ont estimé que l'occasion leur était enfin donnée de régler les problèmes restés en suspens depuis le firman de 1852, et d'en faire état dans le mandat confié à la Grande-Bretagne. Ils se donnent pour tâche de créer une commission spéciale afin d'« étudier,

1. Réponse du ministre des Affaires étrangères à M. de Monzie, sénateur, le 19 mars 1922.

définir et régler tous droits et réclamations concernant les Lieux saints ainsi que les différentes communautés religieuses en Palestine » ; mais les clivages entre protestants et catholiques empêchent la constitution de cette commission spéciale. Et c'est le haut-commissaire qui va prendre toutes les décisions concernant ces questions, en s'en tenant strictement au *Statu quo*. De même, les Anglais accepteront de respecter les exemptions fiscales et douanières dont bénéficiaient les communautés religieuses sous l'Empire ottoman en vertu des accords de Mitylène (12 novembre 1901) et de Constantinople (18 décembre 1913).

Dès leur installation à Jérusalem, les Britanniques doivent ainsi régler les problèmes de nettoyage de la basilique et de la grotte, et arbitrer les querelles entre les différentes communautés. Ils rejettent en 1928 la demande des Latins d'installer l'électricité dans la grotte. Pour mieux se retrouver dans le labyrinthe de règlements du *Statu quo*, comprenant le firman et la jurisprudence qui s'est imposée au fil du temps, les Anglais décident de rédiger un texte et confient cette tâche à un officier britannique, L.G.A. Cust, qui, pour la partie concernant la basilique de la Nativité et la grotte, s'adjoint les services d'un spécialiste, Abdullah Effendi Kardus, lequel a déjà eu, sous l'Empire ottoman, à régler maints problèmes d'application du *Statu quo*. Ce texte confidentiel est daté du 1er juillet 1929.

Devenus par ailleurs les protecteurs privilégiés des colons juifs, les Anglais étaient parfaitement conscients que leur nouveau rôle de gardiens de fait des Lieux saints chrétiens et musulmans ne serait pas pour eux une tâche facile. Dès 1919, ils avaient en effet sondé la population locale, chrétienne et musulmane, sur l'installation d'un foyer juif et l'arrivée massive de Juifs en Palestine. La commission King-Crane avait conclu : « Des millions de chrétiens et de musulmans dans le monde entier sont tout aussi concernés que les Juifs par la situation en Palestine [...]. Avec les meilleures intentions du monde, on peut se demander comment les Juifs pourraient être considérés, soit par les chrétiens, soit par les musulmans, comme les gardiens les mieux indiqués des Lieux saints ou comme ceux de l'ensemble de la Terre sainte. La raison en est la suivante : les Lieux qui sont le plus sacrés aux yeux des chrétiens – ceux relatifs à Jésus – et qui le sont aussi aux yeux des musulmans non seulement ne sont pas sacrés aux yeux des Juifs, mais ces derniers les ont en exécration [...]. Il faut croire qu'à cet égard, la signification précise de l'occupation complète de la Palestine par les Juifs ne fut pas pleinement mesurée par ceux qui prônèrent le programme sioniste. »

# 12

# Du côté de chez Dabdoub

Six familles chrétiennes – on dit aussi « tribus » –, les Faraya (comprenant notamment le maire de Bethléem et son directeur de cabinet), les Najajrha, les Tarajmeh (avec les Dabdoub), les Hreizat, les Kawawseh, les Anatreh (Freij), et une tribu musulmane, les Fawaghra, plongent leurs racines depuis des siècles dans la colline qui a vu naître Jésus et forment le noyau de la ville de la Nativité. Elles se sont beaucoup battues les unes contre les autres, leurs pasteurs, on l'a vu, s'étant séparés et affrontés depuis bientôt un millénaire. Pourtant, elles ont aujourd'hui la même façon de parler de l'occupant, de ceux qui ont complètement et brutalement transformé leur vie. Cette égalité face à l'adversité et à la souffrance les a rapprochées. Elles ont *grosso modo* vécu la même histoire. Ensemble elles ont changé de maîtres. Ensemble elles ont passé les bons et les mauvais moments. Les bouleversements intervenus au cours de ce siècle ont éclairci leurs rangs. Ceux qui restent se murent dans la même nostalgie. Ils n'aiment guère parler d'un passé qui les fait encore souffrir et les renvoie à leur impuissance. Et quand, finalement, ils acceptent de dérouler avec vous la bobine du temps, des images sépia, celles d'une Bethléem ancienne et idéalisée, apparaissent, qui mettent l'étranger mal à l'aise, car leur beauté et leur douceur doivent s'effacer derrière les tragédies des destins individuels.

Une belle maison de pierres grises, à l'angle de la route d'Hébron et de la rue qui monte au camp de réfugiés de Beit Jibrin, abrite le Dr Antoine Dabdoub. Grand homme sec aux cheveux blancs, âgé de 75 ans, arborant de grosses lunettes, c'est lui qui nous ouvre la porte et nous invite à entrer dans le salon flanqué d'une haute bibliothèque débordant de gros traités de médecine. Il parle un français raffiné et a les gestes calmes et mesurés du chirurgien qu'il a été. Dans son blazer beige, il a plutôt l'air d'un colonel de l'armée des Indes. Il a été un des fondateurs de l'hôpital des Enfants de Bethléem et a consacré sa vie à soulager les petites victimes d'un conflit qui dure depuis une cinquantaine d'années. Il vit aujourd'hui reclus dans ses souvenirs. Et, comme le maire de Bethléem, le Dr Dabdoub commence par raconter le lien très fort qui unit sa famille à la Jérusalem si proche et si lointaine :

« Avant, Bethléem dépendait complètement de Jérusalem. Ma famille y avait la majorité de ses biens. Des terrains et des belles maisons de pierre en quatre endroits différents. Je ne possède aujourd'hui que les titres de propriété. En 1948, mon père a tout perdu, et j'ai dû commencer à travailler. »

Il narre le véritable chambardement politique, économique, social, religieux et culturel qu'a connu Bethléem en 1948 avec l'afflux des réfugiés et le passage de la ville sous contrôle jordanien. À la suite de la première guerre israélo-arabe, l'arrivée des réfugiés fait passer le nombre d'habitants de 9 000 à 35 000, posant des problèmes non seulement d'accueil et de logement, mais aussi de circulation et d'approvisionnement en eau et en vivres. La surpopulation provoque une saturation du centre-ville et un reflux des vieilles familles vers la périphérie. Bethléem la chrétienne est devenue en majorité musulmane.

« Finissant mes études à l'université américaine de Beyrouth, j'ai dû rentrer en catastrophe. En novembre 1949, j'ai été engagé par le Comité international de la Croix-Rouge (CICR) pour soigner les réfugiés dans les camps de Arhu, à Hébron, et de Deheiché, à Bethléem. Il n'y avait pas d'eau, pas d'électricité, pas de téléphone. Les gens tombaient comme des mouches. Avec mon assistante, Miss Kalt, on a essayé de soigner prioritairement les bébés. C'est à ce moment-là que j'ai rencontré une jeune Suissesse envoyée par Mgr Grivelli, de Caritas, pour monter une antenne de première urgence. Edwige Fetter était à Bethléem depuis six mois et tournait en rond avec ses 22 ans et sa bonne volonté. Partageant nos difficultés quotidiennes, elle nous a fait rencontrer le père Ernst Schnydrig, un Haut-Valaisan de Caritas-Allemagne, bouleversé lui aussi par la vision de ces gosses qu'on enterrait quotidiennement aux abords des camps. Un jour, en sa présence, j'ai reçu une femme avec son nouveau-né totalement déshydraté. Je n'ai pu lui faire qu'une injection de vitamine C avant de la renvoyer, sachant parfaitement que le gosse serait mort avant son retour au camp. Nous aurions pu le sauver si j'avais disposé d'une seule chambre pour le réhydrater. »

Les souvenirs du Dr Dabdoub peuvent être complétés par le contenu des archives du CICR. Lors de la première guerre israélo-arabe, de violents combats se déroulent au sud de la ville. Une des premières interventions du Comité international de la Croix-Rouge s'effectue, fin mars 1948, près des citernes de Salomon, non loin du Gush Etzion, bloc de quatre colonies juives situé à proximité de la route reliant Bethléem à Hébron :

« Le Gush a déjà subi plusieurs assauts depuis le début de l'année 1948, mais il a résisté, la tactique des Juifs étant de ne pas abandonner leurs bourgades en raison de leur importance pour la délimitation ultérieure des frontières, souligne Dominique-Deborah Junod. Il est fort difficile d'atteindre les lieux depuis l'ouest de Jérusalem, mais, de temps à autre, un convoi chargé de vivres et autres fournitures, voire transportant des armes – bien qu'à cette date, les Juifs en aient peu –, tente de forcer la route[1]. »

Soucieux de réaffirmer son rôle d'intermédiaire neutre, et de répondre aux critiques dénonçant sa passivité durant la Seconde Guerre mondiale, le CICR fait du conflit de Palestine une de ses priorités.

« La veille de Pâques, le représentant à Jérusalem du CICR est alerté par l'Agence juive : un convoi vient d'être attaqué par les forces arabes près de Bethléem ; réfugiés dans une maison, des blessés demeurent encerclés [...]. Les Anglais parviennent à négocier une trêve : avec les Arabes, d'abord, qui s'engagent à ne plus faire feu sur les Britanniques ; puis, seul, dans un silence extraordinaire, un officier va traiter avec les occupants de la maison. L'évacuation des assiégés ne peut être assurée que moyennant reddition de leurs armes. Après discussion, on finit par s'entendre. Le délégué du Comité international de la Croix-Rouge offre de prendre les blessés sous sa protection ; il y en a près de cinquante et il ne dispose que d'une ambulance. Fort heureusement, les Anglais en ont sur place en nombre suffisant. Camions et ambulances, cheminant à la file sous la garde de chars blindés, se portent jusqu'à la

1. *La Croix-Rouge en péril, 1945-1952. La stratégie du CICR de la Seconde Guerre mondiale au conflit de Palestine-Eretz Israël*, Payot, Lausanne, 1997.

maison. Entre les deux haies de véhicules, les combattants juifs s'avancent, hâves, éreintés. Les hommes valides sont désarmés, les blessés placés dans les ambulances, tandis que le médecin arabe qui accompagne le délégué leur prodigue les premiers soins. Mais il faut agir vite : aux alentours, des milliers de soldats arabes, quittant leurs abris, s'approchent, impatients, tenus cependant à distance par les canons anglais. Les coups de fusil redoublent, il faut partir[1]. »

Le CICR, qui a entamé sa mission d'aide médicale dans le district de Bethléem en mars 1949, décrit ainsi la situation qui prévaut alors :

« Isolement relatif. Les Israéliens occupant la route principale Bethléem-Jérusalem, longue de 6 kilomètres, ce secteur n'était plus, de ce fait, relié au reste de la Palestine que par une route-piste de montagne aboutissant à Bethanie, et longue de 17 kilomètres, praticable seulement par beau temps et, en général, uniquement au moyen de voitures Jeep. Cette route-piste ne fut améliorée qu'au mois de décembre 1949 ; il fut alors possible de communiquer plus facilement avec le reste du pays. En même temps, et par suite de l'occupation de cette même route, pas de relations télégraphiques ni téléphoniques avec le reste du pays ; les premières ne furent rétablies qu'au mois de septembre 1949, et les secondes au mois de février 1950. Le district de Bethléem a toutefois pu communiquer avec Beyrouth jusqu'à la fin juin 1949 grâce au poste émetteur des observateurs de l'ONU. Occupation du district par l'armée égyptienne jusqu'à la fin du mois d'avril 1949. Les réfugiés

1. *Le Comité international de la Croix-Rouge en Palestine*, Genève, juillet 1948.

vivaient groupés dans les villes de Bethléem, Beit Jala et Beit Sahour, et dans les quelques villages avoisinants, d'où facilité relative pour les atteindre. Arrivée aux mois de mars et avril 1949 de 1 800 réfugiés évacués de Falouja, considérée comme zone dangereuse, sur le conseil des observateurs de l'ONU. Au mois de mai 1949, arrivée de 10 000 autres réfugiés qui fuyaient les grandes chaleurs de Jéricho. Il fallut les loger tant bien que mal, souvent au prix de grandes difficultés, dans des camps construits à la hâte. À l'arrivée du Service médical, quelques cas de typhus exanthématique ont exigé des mesures spéciales. La population des réfugiés – 39 475 personnes – se répartit comme suit : Bethléem : 15 210 ; Beit Jala : 5 531 ; Beit Sahour : 6 739 ; Institutions : 364. Pour les camps – Arroub : 7 097 ; Deheiché : 2 892 ; Azzi Beit Jibrin : 898 ; et Aïda : 744[1]. »

Le 14 juillet 1949, le maire de Bethléem, Élias Bandak, envoie à Genève un appel désespéré au CICR :

« Une grande pénurie des affaires et un arrêt complet dans le secteur industriel ont causé un chômage quasi total dans les rangs des ouvriers, créant une situation sans précédent dans l'Histoire. Les chômeurs dans la Ville sainte sont au nombre de cinq mille ; en conséquence, les nécessiteux ont atteint un nombre fabuleux. Ces indigents, ainsi que leurs familles, sont complètement privés de ressources, et par conséquent leur bien-être, voire leur vie tout court sont sérieusement menacés de conséquences désastreuses. Il serait vraiment regrettable que le monde chrétien reste indifférent au triste sort dont est menacée la population de

1. Archives CICR, *Rapport général d'activité du Service médical du Comité international de la Croix-Rouge pour l'aide aux réfugiés en Palestine*, Genève, juin 1950.

la Ville sainte. C'est pourquoi nous nous empressons de vous envoyer cet appel désespéré pour mettre votre Comité au courant de la détresse dans laquelle se débattent les habitants de Bethléem, afin que vous puissiez leur apporter le plus promptement possible une aide efficace. »

D'autres appels suivent, comme ce télégramme reçu au siège du CICR :

« Beit Jala, 28 novembre 1949 – S.E. Monsieur Paul Ruegger, Genève. Berceau Enfant Jésus implore Votre Excellence hâter aide nombreux pauvres Bethléem – Beit Jala – Beit Sahour privés tout secours exposés mort certaine sans votre intervention. Espérons crèche Bethléem vous émouvra secourir ces pauvres protégés par elle jusqu'à présent contre faim, pauvreté, dénuement extrêmes. Quinze mille pauvres dans attente votre secours immédiat efficace. Gratitude respectueuse. René Saliba Canawati, président ; père Khader Bateh, secrétaire Comité secours aux pauvres Bethléem – Beit Jala – Beit Sahour – patriarcat latin Beit Jala. »

Avec l'aide de l'UNICEF, le CICR distribuera ainsi quotidiennement jusqu'à soixante mille rations individuelles durant l'année 1949 et le début de l'année 1950.

Laissons le Dr Dabdoub égrener ses souvenirs :

« Dès 1952, le père Schnydrig a commencé à envoyer de l'argent pour louer une chambre à l'hôpital arabe. Avec l'aide de deux assistantes, j'ai pu ainsi y installer huit petits lits. Ensuite, on a obtenu une deuxième chambre avec sept lits ; enfin, on a loué le pavillon du médecin-chef de l'hôpital français : 25 lits. En 1961, on a profité du déménagement de la Société charitable de Saint-Antoine pour porter notre capacité à 55 lits. Le nouvel hôpital a été ouvert le 27 avril 1978 dans une bâtisse proche du tombeau de Rachel, louée aux franciscains... »

Plongé dans son passé, il en arrive petit à petit à la date qui fait si mal à tous les Bethléemites – 1967 et l'Occupation :

« On sentait la guerre venir. Une nouvelle catastrophe allait se produire. On a été coupés de tout : la route de Jérusalem fermée, à l'ouest le territoire israélien, au sud la colonie d'Etzion, et à l'est le désert, jusqu'à la mer Morte. Le samedi 4 juin 1967 et le lendemain 5, j'ai été réquisitionné pour faire des pansements dans les centres de premiers soins. Le lundi 6 juin, ma clinique était pleine de patients jordaniens lorsque ma nouvelle Chevrolet a été pulvérisée par un obus de mortier. La cousine de ma femme venait de téléphoner de Beyrouth pour nous prévenir que c'était la guerre, et nous inviter à gagner le Liban... La famille s'est retrouvée brusquement sans revenus, avec seulement 14 dinars en poche. Nous avons passé des semaines incroyables. Les bombardements ont continué. Les Israéliens pilonnaient méthodiquement le centre de Bethléem. Un obus est même tombé sur l'église de la Nativité, un autre sur l'hôpital français. Il y a eu une quinzaine de victimes. Hors la volonté d'affoler la population, il n'y avait aucun motif militaire de bombarder ce centre historique. Les occupants donnèrent l'ordre aux gens de quitter la ville en diffusant des messages menaçants par haut-parleurs. Beaucoup sont partis vers Jéricho et Hébron. En refusant de déserter Bethléem et en décidant de rester quoi qu'il arrive, j'ai convaincu des dizaines de gens de ne pas partir, au nom de la dignité. Plus dure que l'occupation physique est l'humiliation quotidienne par des gens qui se prennent pour des êtres supérieurs. Je n'ai pas accepté cette réalité-là...

« En tant que médecin, je n'ai jamais rien demandé aux occupants. Après 1967, ils n'ont cessé de manipuler les

Très vieille icône de la naissance de Jésus qui est gardée au monastère grec orthodoxe de Mar Saba,
situé à une quinzaine de kilomètres de Bethléem et fondé au Ve siècle.
Un véritable art s'est développé autour de la représentation de la crèche de Bethléem.
Icône du monastère Mar Saba, photo Garo Nalbandian

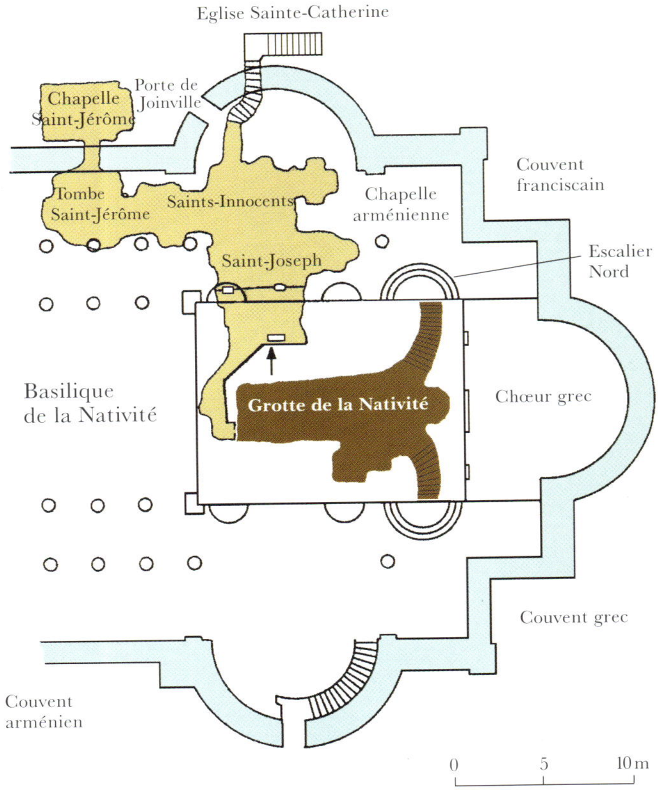


La grotte de la Nativité, elle-même reliée à tout un réseau de grottes, est située au dessous du chœur de la basilique. Des moines de trois rites — grec, orthodoxe, arménien et catholique latin — se partagent, selon des habitudes ancestrales, l'accès et l'utilisation du lieu de la naissance de Jésus. Ces gardiens vivent dans des couvents qui jouxtent la basilique.

Sabbara Amjad, vicaire franciscain de la paroisse Sainte-Catherine, avec la clé de la porte nord par laquelle les gardiens latins peuvent accéder à la grotte. Sur la porte, la croix de Godefroy de Bouillon, roi de Jérusalem, devenue l'emblème des franciscains, gardiens des Lieux saints.

DR

Magnum - Fred Mayer

La grotte de la Nativité. Ci-dessus, au milieu, l'autel de la Nativité que seuls les Grecs et les Arméniens peuvent utiliser ; à droite, la crèche et l'autel des Rois mages (ou de la Mangeoire) où les Latins peuvent célébrer la messe ; à gauche, début de l'escalier nord. En dessous, l'étoile de la Nativité qui indique le lieu précis où est né Jésus et qui se trouve en dessous de l'autel de la Nativité. C'est pour cette étoile que la France fit la guerre aux Russes...

Magnum - Eric Lessing

Image Bank - Andréa Pistolesi

Les colonnes de marbre de la basilique de la Nativité. Au début du VIIe siècle, le patriarche grec Sophrone s'enthousiasmait à leur vue : «Entré dans le magnifique édifice à quatre colonnades (...), j'exulterai de joie. A la vue des colonnes aux reflets d'or et des mosaïques habilement exécutées, les nuages de mes douleurs se dissiperont. Je regarderai au plafond les décorations brillantes comme des astres...»

DR

Moine grec sortant pàr la (petite) porte de la basilique de la Nativité.

Image Bank - Fotoworld

Pèlerins et touristes arrivent d'abord sur la place de la Nativité et découvrent la basilique aux allures de forteresse médiévale. Ils peuvent reconstruire quelques pans d'une histoire mouvementée de vingt siècles et imaginer qu'une partie de ces pierres ont été scellées par des croisés au temps où Godefroy de Bouillon, ou Baudouin II étaient rois de Jérusalem.

DR

Sygma - Mahar Ahar

Bethléem, la chrétienne, est en majorité musulmane. En face de la basilique de la Nativité, s'élève la mosquée d'Omar qui rappelle la mémoire d'un Calife très tolérant avec les chrétiens.

Corbis Sygma - George de Keerle

Yasser Arafat attache beaucoup d'importance à la place des chrétiens en Palestine. Il assiste à la première messe de Noël célébrée dans l'église Sainte-Catherine après le départ des occupants israéliens, en 1995. Face à l'autel où trône le patriarche latin de Jérusalem, le président de l'Autorité palestinienne a sur sa gauche le maire, chrétien orthodoxe, Elias Freij et Mme Arafat, également orthodoxe. Derrière lui et sur sa gauche, le frère Ibrahim Faltas, chargé de veiller au respect du *Statu quo*.

Sygma - P. Perrin

Sa Béatitude, Monseigneur Michel Sabbah, patriarche latin de Jérusalem. Il est le chef spirituel des Latins de Terre sainte et donc des gardiens franciscains des Lieux saints de Bethléem. Il est palestinien et entretient des liens étroits avec Yasser Arafat.

Sygma - Jacques Langevin

Jacques Chirac, président de la République française, à Jérusalem, le 22 octobre 1996, aux côtés notamment de Michel Sabbah, le patriarche latin : «Indépendamment de ses régimes, Monarchie, République, Empire, République encore, la France a joué un rôle primordial dans les Lieux saints. Elle a exercé sa protection efficace sur les sites sacrés et les a défendus. Mais c'est aussi sur des hommes et des femmes établis sur cette terre que la France entend faire porter sa protection.»

Corbis Sygma - Micheline Pelletier

Hubert Védrine, ministre des Affaires étrangères, à Ramallah, aux côtés de Yasser Arafat, le 8 octobre 1999 : «La France sera disponible pour exercer son influence.»

DR

La «mère» Aziz, 90 ans, avec les clés du garde-manger et de la maison d'Eslin — aujourd'hui en Israël — qu'elle a dû quitter en 1948. Elle vit depuis dans le camp de réfugiés de Deheiché, à Bethléem. Elle a beau savoir que sa maison a été détruite, elle garde toujours près d'elle ces clés qui symbolisent toujours son espoir de retourner un jour sur sa terre perdue.

DR

La tombe de Rachel, située à l'entrée nord de Bethléem,
sur la route qui relie Jérusalem à Hébron. Ce Lieu saint situé
en territoire palestinien a été occupé par les seuls Israéliens
et transformé en un véritable blockhaus sur lequel flotte l'étoile de David.

© Ciric

DR

DR

Le check-point israélien à l'entrée nord de Bethléem. Les Israéliens maîtrisent complètement le flux des touristes vers Bethléem et ils sont en train d'en construire un plus «opérationnel» qui séparera les touristes et les Israéliens des Palestiniens.

DR

L'injustice est inscrite dans le paysage des Bethléemites. Tous les jours, ils voient la («leur») colline d'Abu Ghuneim, toute chargée de leur histoire, occupée par les Israéliens, en 1996. Tout est déjà prêt — routes et infrastructures — pour accueillir une nouvelle colonie...

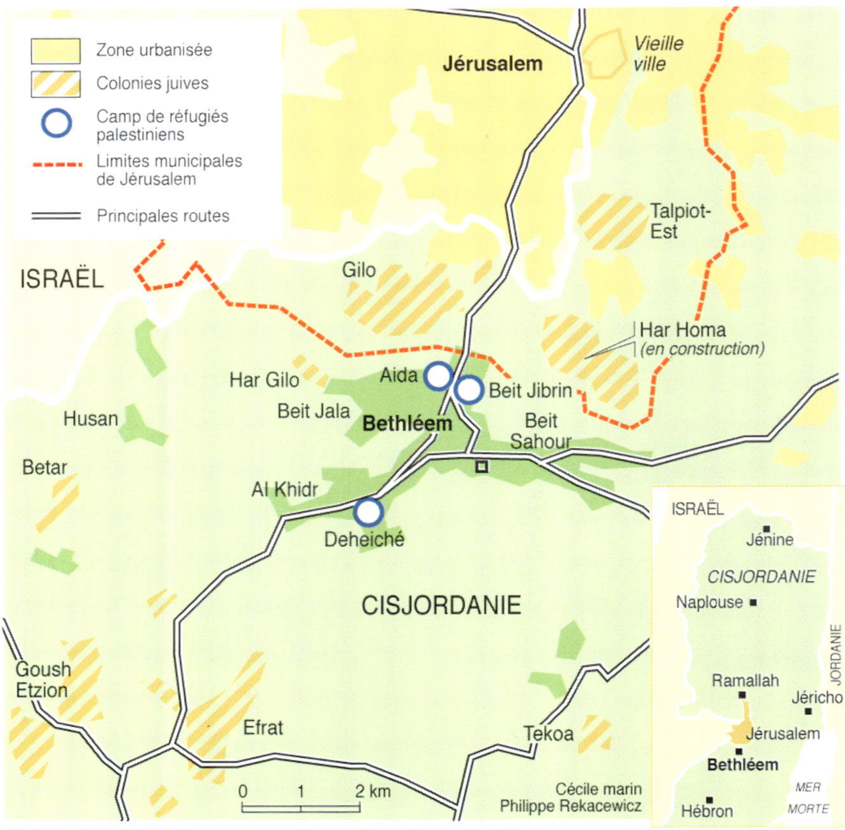



Cécile marin et Philippe Rekacewicz, *Le Monde diplomatique*, août 1999.

Bethléem encerclée.

données statistiques. L'état sanitaire de la population est devenu lamentable, bien plus préoccupant qu'avant 1948. Le fonctionnement de l'hôpital des Enfants a été très perturbé par des bouclages successifs, toujours pour "raisons de sécurité". Il n'est pas rare, les jours de fêtes juives, que les routes qui desservent l'hôpital soient fermées pour permettre aux occupants de se rendre sur le tombeau de Rachel... La circulation des ambulances immatriculées dans les territoires autonomes devient alors impossible. Devant éviter les grands axes routiers qui relient les colonies à Israël, nos ambulances sont immobilisées aux postes de contrôle de l'armée. Et lorsqu'un transfert dans un établissement de Jérusalem s'impose, les parents palestiniens ne peuvent pas aller visiter leurs enfants.

« Maintenant que je suis à la retraite, je ne sors plus de ma maison. Je repense à notre vie ici dans les années trente[1]. J'adorais cette vie simple, harmonieuse, au milieu des vergers. On vivait dans un paysage campagnard, en pleine nature. Les gens étaient doux, la vie paisible. On ne vivait pas sous tension, comme maintenant. Un des pires changements actuels se traduit par l'état de nervosité des gens qui se réfugient dans la consommation. Ils accumulent des objets souvent inutiles. Je ne leur jette pas la pierre, parce que, dans notre enfermement quotidien, c'est tout ce qu'ils peuvent faire : consommer pour se donner l'impression d'être libres ! En voyant, à la télévision, des plages toutes proches auxquelles ils n'ont pas accès, les Palestiniens n'aspirent souvent qu'à une chose : vivre comme l'occupant. Ils prennent des maîtresses, achètent à crédit, veulent imiter en tout leurs occupants. Mais, comme ils ne

1. Bethléem était alors sous mandat britannique.

sont pas préparés à cette nouvelle vie, comme ils n'en maîtrisent pas les codes et les clefs, ils finissent par se rendre malades et viennent me voir pour que je leur prescrive des calmants... »

Le Dr Dabdoub semble soulagé, comme si ce témoignage lui pesait depuis de trop longues années :

« Maintenant, je vis avec mes souvenirs. J'ai peut-être tort, mais c'est tout ce que je peux faire. Je n'ai plus la force de me battre, conclut-il. Je suis rentré ici en 1948 pour aider les réfugiés. Aujourd'hui, je partage avec eux la nostalgie des champs, des collines, des figuiers. Ceux qui ont le mieux résisté sont ceux qui ont emporté leurs souvenirs avec eux. Julia, la femme de mon cousin germain, vous expliquera... »

Direction le Musée folklorique de Bethléem, situé en pleine Casbah, près de la place de la Nativité. On y arrive en empruntant la rue Paul-VI, qui traverse toute la vieille ville, mais aujourd'hui[1] d'accès très difficile, car complètement défoncée par les bulldozers. Alliée à une grande famille de Bethléem, Julia Dabdoub, présidente du Musée foklorique de Bethléem fondé en 1972, appartient elle-même à la famille Kattan – « ceux qui travaillent le coton » –, arrivée à Bethléem en 1735. Venant de Lydda, près de Tel-Aviv, les Kattan tissaient la soie dans les villages de Zouk, Michael et Maghdousha. Julia vient juste de passer un Kleenex sur ses escarpins en pestant contre la poussière envahissante des travaux qui chamboulent tout le centre-

1. En juillet 1999.

ville dans la perspective des fêtes du Jubilé. Impeccable dans son tailleur de lin, on dirait qu'elle sort du Bon Marché, rue de Sèvres, à Paris. Sans âge, elle a indéniablement un air à la Paloma Picasso. Le boudoir du Musée ressemble à ceux que Proust décrit dans *La Recherche*. Installés dans de confortables et gros canapés autour d'une table basse, nous nous laissons servir de la citronnelle et des biscuits. Un portrait de Yasser Arafat et la rumeur des rues marchandes toutes proches nous rappellent que nous sommes bien à Bethléem, Palestine.

Le Musée folklorique est l'enfant de Julia. La plupart des photos et des objets viennent de sa famille. Fondé en 1972 par l'Union des femmes arabes, l'endroit s'est donné pour objectif de reconstituer le décor et l'ambiance d'une maison traditionnelle, avec sa pièce principale et sa cuisine. Par la suite, le projet est devenu plus ambitieux. Des costumes et des bijoux ont été exposés dans les sous-sols afin de compléter l'aperçu des richesses des arts et traditions populaires de Bethléem, dont les broderies sont réputées. Dès leur plus jeune âge, les petites Bethléemites apprenaient naguère à broder afin de préparer leur trousseau – le *jhaz* ou *kisweh* – dont la pièce maîtresse était la *tob malak*, la robe royale richement brodée et dotée de longues manches. Elle était faite d'un mélange de coton et de soie rayé d'orange, vert, pourpre et noir. Le *quabbeh*, ou panneau de poitrine, précise la note explicative, était brodé de fils de soie, d'or et d'argent enroulés en motifs géométriques et maintenus couchés par de petits points. Sur les manches et les pans de la robe *(heremsy)*, des panneaux de forme triangulaire étaient insérés. Ils étaient de couleurs vives, verts ou rouges, et brodés. Ce vêtement servait de robe de mariée. Elle était si célèbre pour sa beauté qu'on venait de loin l'acheter aux fameuses brodeuses. Lorsque le fiancé revenait sous son toit avec elle, c'était l'occasion d'une fête. La robe royale était ensuite portée pour toutes les autres cérémonies. Elle servait aussi – mais seulement pour les chrétiennes – de robe d'enterrement.

L'autre élément important du costume féminin à Bethléem était le *chatweh*, haute coiffe portée par les femmes mariées. Elle se compose d'un assemblage de tissus dont l'extérieur est brodé. Sur le galon du serre-tête viennent s'ajouter des morceaux de corail, ainsi que des pièces de monnaie en or ou argent. Sous l'impulsion de Julia Dabdoub, le Musée entretient aujourd'hui un réseau de brodeuses dans les villages de la région de Bethléem. L'Union des femmes arabes finance leurs œuvres, notamment grâce à la vente de cette production locale. Un nouveau musée est actuellement en construction au sud de la ville, près d'un aqueduc romain.

« On a toujours été palestiniens et chrétiens ! » s'exclame-t-elle juste après nous avoir salués dans la fraîcheur de la pièce principale du Musée. Et, joignant le geste à la parole, elle nous montre une brochure de l'Union des femmes arabes, datant de 1947, où on la voit en couverture, toute jeune dans un costume traditionnel bethléemite, en compagnie de Léonie Rock et Victoria Carnawati, toutes trois issues de vieilles familles chrétiennes. Survivante d'une de ces grandes lignées de la bourgeoisie terrienne, Julia est aussi présidente de l'Union des femmes arabes de Bethléem. Elle se met à dévider généreusement ses souvenirs. Et Dieu sait si cette femme en a ! Elle a vécu la guerre de 1948, l'afflux des réfugiés, l'occupation de 1967, la guerre du Kippour, et toutes les tentatives de paix, sans oublier qu'elle porte, inscrite dans ses gènes, toute l'histoire chrétienne de Bethléem depuis les croisades...

« Si les franciscains ont toujours été là, le grand mouvement d'implantation des institutions religieuses a commencé sous l'Empire ottoman. Les Européens ont débarqué à Bethléem pour y construire des écoles, des couvents et des hôpitaux. » Le sultan, explique-t-elle, fut très sensible au soutien de la France et de la Grande-Bretagne dans la guerre de Crimée et donna, en guise de remerciement, l'autorisation aux missionnaires européens de s'installer durablement en Terre sainte. La plupart des institutions religieuses de Bethléem – églises, couvents, orphelinats, hôpitaux et autres structures sanitaires – s'y sont installées à la fin du siècle dernier. Bethléem s'est alors transformée radicalement. « D'une certaine manière, on a copié. On s'est européanisés, poursuit Julia Dabdoub, pleine de vague à l'âme. On a bénéficié de la bonne éducation des ordres religieux installés dans le centre et la périphérie de la ville. »

Julia a écrit de nombreux articles sur cette période – les dernières décennies de l'Empire ottoman – qu'elle considère comme l'âge d'or de Bethléem et de la Palestine. « Au début de ce siècle, les mœurs subissent l'influence du mode de vie européen, écrit-elle dans « Les usages de la maison ». Les fonctionnaires trouvent des espaces spécifiques, avec leurs mobiliers respectifs. Salon, salle à manger, chambre à coucher dessinent ainsi un appartement complet. Dans la plupart des grandes demeures, on trouvait deux salons de réception. Le premier, le "salon arabe", meublé de banquettes filantes recouvertes de tapis et de coussins le long des murs de la pièce, servait de lieu de réunion pour la famille. Les membres sont assis en tailleur pour discuter et boire le café servi sur une table basse. Le second, le "salon franji" [salon français], était une pièce meublée à l'européenne avec un canapé, des fauteuils et des chaises, guéridons, piano, etc., le plus souvent éclectique. Ces meubles étaient importés d'Europe à partir des ports de Marseille et de Gênes et arrivaient en Palestine par le port de Haïfa. Plus tard, les pères salésiens créèrent à Bethléem une école technique dans laquelle les élèves apprenaient la menuiserie, la couture et la cordonnerie selon des techniques européennes, ce qui tendit à renforcer l'influence étrangère dans la vie quotidienne. Les hommes de la bonne société parlaient ainsi l'arabe et le français, l'italien ou l'espagnol, et s'habillaient en costume-cravate, mais conservaient le *tarbouche* comme couvre-chef[1]. »

« Cet univers peut vous paraître aujourd'hui désuet, commente-t-elle, mais il constitue indéniablement une strate de la mémoire très sédimentée de notre petite ville. Toutes les institutions religieuses ont accompli un travail considérable pour la population. Elles ont été les précurseurs de l'action humanitaire actuelle. Bien que ne se comportant pas comme des occupants et considérant qu'il y a toujours eu des riches et des pauvres, les Turcs n'ont pas fait grand-chose pour aider les gens. Mais ils ont favorisé l'implantation des couvents, qui s'est effectuée sous la protection de la France, vieil héritage de François Ier, puis de la guerre de Crimée. Les Français, les Italiens et même les Autrichiens ont fait beaucoup de bien, à la différence des Anglais qui, eux, n'ont rien fait du tout ! Dites-le bien ! insiste Julia Dabdoub. On voit aujourd'hui encore la différence entre ce qui a été laissé au temps du mandat français – avec des universités en Syrie et au Liban, fréquentées par les Palestiniens jusqu'en 1948 – et le désert britannique...

1. Sous la direction de Philippe Revault, Serge Santelli et Catherine Weil-Rochant, *Maisons de Bethléem*, Maisonneuve & Larose, 1997.

« Avec les couvents, les hôpitaux et les écoles, les Européens reviennent en Terre sainte pour faire oublier les croisades. À l'époque, on ne disait pas “la Palestine”, mais “la Terre sainte”. Les Européens cherchaient alors à réinvestir Bethléem, la ville où est né Jésus. »

Évoquant la grotte de la Nativité, la crèche, les Évangiles, les incertitudes liées à la naissance du Christ, nous appelons une très sérieuse mise au point de Julia Dabdoub qui s'excuse de se citer encore une fois en relisant *Maisons de Bethléem* :

« Dans les maisons chrétiennes, il y avait une étagère consacrée à la prière. On y trouvait une lampe à huile allumée devant une statue religieuse ou une icône. Les parents et voisins pouvaient ainsi se retrouver le soir pour y faire leur prière [...]. C'est probablement dans une maison de ce type que naquit le Christ. Joseph était venu à Bethléem pour le recensement. Il y fut certainement accueilli chez un membre de sa famille, comme il est de coutume lorsqu'un Bethléemite revient dans sa ville natale. Au moment d'enfanter, Marie fut descendue dans le *rawije* [pièce aménagée en partie dans le rocher, qui servait de refuge aux animaux], pour mettre au monde l'Enfant Jésus afin d'être isolée des autres membres de la famille qui dormaient dans la grande pièce. Il est donc vraisemblable que le Christ soit né effectivement dans une étable où se trouvaient les animaux, et déposé dans la mangeoire. »

Cette mise au point faite, Julia Dabdoub en revient à la « Belle Époque » de Bethléem, fil rouge de sa mémoire, en empruntant cette fois au Guide-Indicateur franciscain[1] :

---

1. François-Louis de Hamme, *Guide-indicateur des sanctuaires et lieux historiques de la Terre sainte*, Imprimerie des pères franciscains, Jérusalem.

« La population ne fut jamais très nombreuse : en 1887, 5 120 chrétiens et 100 musulmans ; en 1896, 5 800 chrétiens et 130 musulmans. En 1912, l'ensemble était de 11 000 habitants, mais, en 1922, il n'était plus que de 6 650. Cette diminution s'explique par la mobilisation de la Première Guerre mondiale, les épidémies, et surtout l'émigration qui devient un phénomène important au début du XXe siècle. De nombreux Bethléemites partent pour la France et l'Amérique latine, notamment le Chili... »

Julia Dabdoub repose le guide franciscain et feuillette celui de son musée[1] :

« À la fin du siècle dernier, certains fils de familles commerçantes installées à l'étranger avaient la charge d'écouler la production de la seule industrie de Bethléem : les objets de piété. Les maisons installées à Paris avaient également une branche d'exportation d'objets de luxe et de soieries de Lyon. C'est ainsi qu'en 1895, à New York, un atelier de Bethléem obtint la médaille d'honneur de l'Exposition universelle pour son travail du nacre. De Paris vers la Palestine, on expédiait des petites croix en métal "salabot", elles étaient fixées sur des supports en bois d'olivier ou en nacre. On faisait également venir des fils d'argent pour les maillons des chaînes. »

L'émigration annonce la fin de la « Belle Époque » si chère à Julia Dabdoub. Celle-ci s'interrompt brutalement en 1948 :

« Sur l'année de la "catastrophe" – *al-Nakbah* –, je dois compléter ce que vous a raconté le Dr Dabdoub. Notre famille habitait la maison patricienne sise à côté du palais Jassir, sur la route d'Hébron, au nord de Bethléem, pas loin

1. *Guide du Musée folklorique de Bethléem*, Jérusalem, 1985.

du tombeau de Rachel. La bataille d'Etzion faisait rage. La colonie était encerclée par les habitants de Bethléem, armés de fusils de chasse et de fourches. Ils ne disposaient pas d'équipements de guerre. Et c'est bien normal : en effet, pourquoi vous armer lorsque vous vivez chez vous tranquillement ? Bref, les Palestiniens n'étaient pas préparés à cet affrontement. Le maire de Bethléem est parti en Jordanie pour chercher des renforts. En face, des avions parachutaient des armes et des vivres aux colons. Tous les soirs, les camions de la Haganah[1] passaient sous nos fenêtres. Mon mari et son collègue, le Dr Gaspard, ne sortaient pas de la salle d'opérations.

« La bataille a duré sept jours. Et l'armée jordanienne a reçu l'ordre de se rendre. Un flux de réfugiés a déferlé dans les cafés de Beit Jala[2], notamment au Panorama. Durant l'hiver, l'Union des femmes arabes, à laquelle j'appartiens, s'est beaucoup engagée au camp de réfugiés de Deheiché. Les toiles de tentes s'étaient envolées. Dans la région de Bethléem, les combats se sont interrompus à la fin 1948. En 1949 et 1950, on a vécu coupés de tout, sans électricité, au milieu de nos magasins de luxe, nos couvents et nos hôpitaux. Personne ne réalisait que cette situation allait durer. En 1951, lorsque le roi de Jordanie est venu en Israël rendre visite à Golda Meir, les gens ont pensé qu'ils allaient pouvoir rentrer chez eux dans les quinze jours... Ils ont vite déchanté ! La grande erreur est d'avoir laissé les gens dans les camps en leur faisant croire que leur problème allait se régler. Chaque être humain est de quelque part. Lorsqu'on ne cesse de vous répéter : "Je suis de Beit Jibrin[3] et je veux

1. Organisation paramilitaire sioniste.
2. Ville chrétienne qui jouxte Bethléem.
3. Ville située maintenant en Israël.

y retourner", que pouvez-vous répondre ? Comment pouvez-vous soigner ces gens ? Est-ce que le besoin de rentrer chez soi se soigne ? Beaucoup de Palestiniens sont partis en Jordanie. Nous étions même représentés au gouvernement d'Amman. L'administration jordanienne nous avait immédiatement pris en charge. Les occupants ont pensé qu'on allait oublier la Palestine...

« Juin 1967 a été la pire des choses. Les Arabes ont cru qu'ils étaient forts. Le dimanche 4 juin, mon mari et moi sommes partis pique-niquer à Beit Sahour[1] avec des amis pédiatres... Nous somme rentrés à la maison vers 17 heures et nous avons appelé ma fille à l'université américaine de Beyrouth. Sa marraine venait de lui demander de ne pas bouger de l'université. Le lendemain à 9 heures, je devais aller chez le coiffeur. Le chauffeur allume la radio : c'est la guerre. J'appelle mon mari à l'hôpital français et je file à Jérusalem chercher Pauline – ma seconde fille – à l'école Schmidt, un pensionnat allemand. En cours de route, je ramasse un prêtre salésien à la porte de Jaffa, absolument déserte, avant de rentrer par la vieille route, avec quatre autres demoiselles de Bethléem. Le passage était encombré de gros cailloux que nous avons dû rouler pour continuer notre route. À la Nativité, j'ai déposé le prêtre qui n'avait pas pipé mot de tout le trajet.

« De nouveau mon mari est resté bloqué à l'hôpital français. Arrivées à la maison les filles et moi nous sommes mises à couvert sous les escaliers. Mon mari a téléphoné pour me demander de monter à l'hôpital. J'ai tout mis dans une nappe : les papiers de famille, l'argent, les bijoux. L'hôpital français avait été réquisitionné par l'armée jorda-

1. Ville chrétienne qui jouxte Bethléem.

nienne. Les chambres étaient occupées par des blessés gravement brûlés. L'aviation israélienne venait de bombarder la route d'Hébron avec des bombes au napalm, comme au Vietnam. Le mardi 6 juin, d'autres avions ont survolé Bethléem, et comme la radio égyptienne n'arrêtait pas de dire qu'on était en train de gagner, on a cru que c'étaient les nôtres. On ne savait pas encore que tout était perdu.

« Le mercredi 7 juin, on s'est cachés dans la crypte de la chapelle de l'hôpital. Vers 16 heures, un haut-parleur a diffusé un appel ordonnant aux gens de partir pour Jéricho, en les menaçant de bombarder les maisons avec des gaz asphyxiants. On a mouillé des serviettes. Simone, la sœur supérieure, est sortie avec un drapeau blanc. La situation s'est calmée. Vers 17 heures, c'était fini : on a quitté nos cachettes. Je me suis mise à pleurer. Toute la journée du jeudi 8 juin, nous sommes restés consignés à l'hôpital. On savait que la Nativité avait été bombardée et que le père des carmélites était au camp de réfugiés de Deheiché pour calmer les gens et les empêcher de partir. Je portais un manteau avec un col de fourrure – une tenue pas vraiment de saison – et pourtant je grelottais de froid.

« Tous les jours, le couvre-feu tombait à 17 heures comme un couperet. Par conséquent, mon mari restait bloqué à l'hôpital. Le vendredi, les gouverneurs de Bethléem et de Naplouse sont passés à la maison. Je venais de rencontrer le gouverneur militaire jordanien. Nous avons décidé de constituer une délégation pour aller demander aux forces d'occupation un laissez-passer pour mon mari. Sur la place de la Nativité, les militaires israéliens fêtaient leur victoire en dansant et en tirant en l'air. L'officier responsable, un certain Ashed, était en discussion avec le maire de Bethléem, Élias Bendak, qui faisait des gestes en direction du toit de l'église de la Nativité, éventré... Une vision de cauchemar !... Cette place sur laquelle j'ai passé tant de Noëls grandioses... », s'interrompt Julia Dabdoub en brandissant un bulletin des Frères des Écoles chrétiennes de saint-Jean-Baptiste de La Salle, datant de 1922. « C'était exactement cette ambiance-là ! » s'exclame-t-elle en commençant une lecture qui la transporte dans un autre monde :

> « Noël a revêtu cette année à Bethléem une splendeur inaccoutumée. C'est Son Éminence le Cardinal Dubois, archevêque de Rouen, qui a présidé aux offices sacrés. Chef de la Mission française venue en Syrie avec la bienveillance du gouvernement de la République, Son Éminence était accompagnée de NN. SS. Grente, évêque du Mans, et Llobet, évêque de Gap, des RR. PP. Lobry, Provincial des Lazaristes, et Béré, Provincial des Dominicains, et d'autres membres distingués du clergé français. Le général Gouraud, que les circonstances retenaient à Beyrouth, était représenté auprès de Son Éminence par le brave amiral Mornet, commandant de la flotte de Méditerranée, accompagné d'un petit état-major... »

Qui d'autre que Julia Dabdoub et quelques Bethléemites peuvent encore vibrer à la lecture d'un texte aussi compassé ? Il est manifestement question ici de la « Belle Époque » de Bethléem, d'un paradis perdu...

Insensible aux bruits qui montent de la Casbah et à l'agitation qui l'entoure, Julia poursuit sa lecture :

> « La veille de Noël, le Cardinal fit son entrée solennelle dans la Ville sainte. Il fut d'abord reçu par la famille Jassir, dont la villa est sise aux portes de la Cité de David et dont l'attachement à la religion et à la France est bien connu. Là se forma le cortège qui escorta princièrement Son Éminence et sa suite. Des cavaliers indigènes ouvraient la marche ; un religieux à cheval arborant la grande croix de procession

venait ensuite, suivi de plusieurs voitures de notables précédant l'automobile de Son Éminence. Malgré un vent violent et la pluie qui commençait à cingler les visages, tout Bethléem était là, mêlé aux Hiérosolimites qui avaient affronté le mauvais temps pour assister à la grande solennité.

À une heure et demie précise, comme le programme l'indiquait, le cortège arriva sur la place du marché devant la Basilique [de la Nativité]. Il fut reçu par le clergé de la paroisse, ayant à sa tête le Révérend Père Custode de Terre sainte. La procession traversa la place sous la pluie et le vent entre une double haie de fidèles. Les chants liturgiques avaient peine à dominer la voix de la tempête. Le cortège pénétra dans l'antique basilique constantinienne par l'étroite ouverture qui seule en permet encore aujourd'hui l'entrée, contraignant toutes les grandeurs à courber profondément le front. L'église paroissiale Sainte-Catherine, adossée à la vieille basilique, fut bientôt envahie par la foule. L'office sacré commença et se poursuivit avec une majesté impressionnante. La voix du Pontife président s'égrenait par intervalles avec une suavité grégorienne qui allait à l'âme. Non, ce n'était point à un spectacle que l'on assistait, c'était bien à la grande prière liturgique dont la religieuse et pénétrante harmonie recueille et touche.

L'amiral de France, M. Mornet, et son état-major édifièrent cette chrétienne population par leur attitude pleine de dignité et de dévotion. Son Excellence M. Gladstone, gouverneur militaire, Anglais catholique, assistait aussi à la fête, très digne et très édifiant, occupant la place qui lui était ordinairement réservée. Quand l'office fut terminé, Son Éminence traversa processionnellement l'église pour se rendre au couvent des Révérends Pères Franciscains.

La foule se presse alors vers le Cardinal pour recevoir sa bénédiction. Le spectacle est vraiment touchant. Ces Bethléemites à la foi ardente et simple, au pittoresque costume traditionnel, tendent leurs mains et leurs lèvres vers le Prince de l'Église. Celui-ci, le visage souriant, se prête au désir de la foule : sa main, par-dessus les têtes, passe d'une lèvre à l'autre, semant dans toutes ces âmes d'hommes, de femmes et d'enfants un peu de sainte joie et de céleste bonheur. Tous pourront dire ce soir en famille : "J'ai baisé la main du Cardinal ! Oh, qu'il est bon, le Cardinal français !"

À 10 heures p.m., le Cardinal préside l'office de nuit. Les Matines sont solennellement chantées aux accords du grand orgue. Puis M. Rais, Consul de France, représentant la nation protectrice des chrétiens, fait son entrée à l'église, reçu avec le cérémonial traditionnel, et va prendre la place d'honneur qui lui est réservée ; un groupe important de membres de la colonie française l'accompagne. Voici minuit. La messe pontificale commence. Le vaisseau de l'église est comble. Malgré le mauvais temps, les catholiques de Bethléem sont fidèles au rendez-vous où les convie Jésus ; et, certes, si Marie et Joseph se présentaient aujourd'hui, ils trouveraient place d'honneur dans chacun des foyers de cette religieuse population.

À l'issue de la messe, et pendant le chant des Laudes, s'organise une procession aux flambeaux en l'honneur du Très-Saint-Enfant Jésus. On entonne *Jesu Redempter omnium*. Son Éminence, avec tous les insignes de sa dignité de Prince de l'Église, prend le doux et gracieux *Bambino* dans ses bras et le porte au lieu de la Nativité [dans la grotte], accompagné des deux évêques français en mitre, du clergé, de M. le Consul de France, de l'Amiral, de M. le Gouverneur, de leur suite et des fidèles. L'exiguïté du local ne permettra qu'à un petit nombre de pénétrer dans la Sainte Grotte, mais on se dédommagera dans la journée... »

– J'espère que vous êtes croyant ! lâche Julia Dabdoub en achevant sa lecture qui clôt aussi notre entretien, car, horrifiée, elle vient de se rendre compte qu'elle a laissé s'écouler tout le temps qu'elle avait décidé de me consacrer.

– En définitive, pourquoi êtes-vous restés à Bethléem ?

– Mais pour tout cela ! Pour ces souvenirs merveilleux ! Mon mari répétait : « On n'a pas mis la Vierge Marie à la porte, tout de même ! » C'est par défi, et en souvenir de la Vierge, qu'on a tenu bon face à l'occupant. Dans le passé, les chrétiens occidentaux ont certainement couvert des pogroms et des déportations. Nous, les Palestiniens, n'avons jamais maltraité les Juifs. Les Juifs du pays étaient des Palestiniens comme nous, chrétiens, musulmans ou agnostiques ! Aujourd'hui, je ne suis pas contre les Juifs parce qu'ils sont juifs, mais parce qu'ils nous occupent, nous méprisent et tuent nos enfants.

Épuisée non par ces trois heures d'entretien qu'elle vient de mener d'un ton de maîtresse femme, mais par l'intensité de ses souvenirs, qui paraissent remonter aux croisades, elle finit par lâcher, consumée par un indicible désespoir :

– Dans notre histoire si compliquée, il n'y a que l'oubli qui puisse nous sauver. Si l'on revient toujours sur le passé, il n'y aura jamais de paix. Nos temps sont trop différents...

À l'autre bout de la ville, tout près du tombeau de Rachel, le Centre Héritage est lui aussi une sorte de petit musée folklorique – privé, celui-ci – destiné à mettre en valeur la culture palestinienne. Les Palestiniens se sentent tellement niés que certains éprouvent la nécessité de montrer par tous les moyens qu'ils ont une identité, une culture propres, différentes de celles des autres pays arabes. Le Centre Héritage rappelle lui aussi les temps heureux de la ville de Bethléem, avec son décor traditionnel, ses costumes brodés aux couleurs différentes pour chaque hameau, ses tapis, ses bijoux, ses objets usuels. C'est à la fois un bureau et un lieu d'exposition. Maha Saca est elle aussi chrétienne, mais orthodoxe. La cinquantaine triomphante, c'est une personnalité locale, mais bien connue au-delà de la ville de la Nativité... Aux murs, des photos témoignent de sa grande activité : elles la montrent avec Yasser Arafat, mais aussi avec les principales personnalités de l'Autorité palestinienne. Est-ce parce que son père a été très engagé dans le combat contre les Israéliens et qu'il a toujours refusé de reconnaître l'existence de l'État d'Israël ? D'entrée de jeu, Maha Saca se lance dans une description dramatique de la situation, sur un mode volontaire qui contraste avec le ton souvent désespéré de la plupart de ses compatriotes :

« Chaque ville, chaque village est encerclé comme une prison. »

À titre d'exemple, elle commence par l'histoire vécue par une jeune femme depuis le retrait des Israéliens de Bethléem :

« Elle a perdu à la naissance ses deux jumeaux à deux ou trois kilomètres de l'hôpital de Bethléem où elle voulait se rendre. Elle venait de la zone C – contrôlée par les Israéliens – et a été arrêtée par des soldats israéliens. La parturiente et sa mère supplient, crient. Les soldats ne se laissent pas fléchir et invoquent les ordres. Un premier enfant arrive sur la banquette ; il meurt. La mère de la jeune femme supplie qu'on les laisse passer. Le deuxième bébé arrive et meurt à son tour... »

Les mots de Maha Saca fustigeant l'inhumanité des soldats israéliens sont trop durs pour être reproduits. Elle enchaîne sur la période de l'Intifada qui, paradoxalement, est racontée à Bethléem comme une des rares « belles époques » du passé. Elle rapporte deux histoires dont elle a été le témoin. La première concerne son propre fils, qui avait 9 ans et jouait quand des soldats sont venus pour l'emmener. Elle a réussi à les empêcher de pénétrer à l'intérieur de sa maison où l'enfant, effrayé, s'était réfugié.

« “Non, ai-je dit, mon fils ne lançait pas des pierres, mais il jouait. Si vous tenez absolument à embarquer quelqu’un, emmenez-moi...” Ils ont finalement fait demi-tour. Pendant cinq ans, mon fils a eu peur de sortir et a fait toutes les nuits des cauchemars... »

Maha Saca prétend également avoir vu de sa fenêtre des soldats frapper violemment la tête de très jeunes enfants avec des pierres.

« Avec mon Centre, je mène en réalité une lutte politique pour montrer que la Palestine est *un pays avec un peuple.* »

Comme tous les Bethléemites rencontrés ici, Maha Saca fait, par ces mots, référence à la propagande israélienne qui justifia l’occupation des terres palestiniennes en 1947-48 par leur vacuité, le fameux « une terre sans peuple ».

« Chaque robe raconte la longue histoire d’un village... », murmure-t-elle avant de se lancer dans une longue diatribe sur l’occupation : « On ne peut vivre sans dignité. Nous continuerons à nous battre jusqu’à ce que nous l’ayons recouvrée... Ils ont le pouvoir et les médias : c’est pour cela qu’ils peuvent raconter n’importe quel mensonge, et qu’au surplus on les croit... »

Elle évoque l’histoire d’une petite fille du camp de Deheiché qui l’aimait bien mais qui lui déclara un jour : « “Pourquoi tu ne montres pas de robes de Deheiché ? – Soit ! Reviens me voir, je te montrerai les robes que portait ta grand-mère quand elle vivait dans son village...” Les traditions doivent nous donner confiance en nous. Nos enfants doivent savoir que notre histoire est riche et que nous luttons depuis très, très longtemps. Que ce pays s’est construit génération après génération... Les cartes postales que je fabrique sont les meilleurs messages que nous puissions envoyer à travers le monde pour dire que nous sommes depuis longtemps des gens civilisés, et non pas des terroristes ! Je montre la beauté de la Palestine. »

Maha Saca organise des expositions en Palestine et à l'étranger, fait des conférences, donne des cours dans des classes de jeunes. « Je suis heureuse de faire ainsi quelque chose pour mon pays. » Elle répète à quel point elle a foi en lui et pense qu'« ils » – les Israéliens – finiront par le quitter : « *Bethléem 2000* [le programme des festivités du Jubilé] est une opération importante, car le monde entier va découvrir que Bethléem est en Palestine et vit sous l'Autorité palestinienne. Rien que cela, c'est capital ! Cela marquera le début d'un long processus qui aboutira au retour des nouvelles générations en Palestine. Car je pense vraiment qu'il n'y a pas mieux et que la Palestine est le paradis sur terre... »

13

# Ben Gourion : « L'ONU, c'est rien du tout ! »

En proclamant la naissance de l'État d'Israël, Ben Gourion s'était référé à six reprises à l'Organisation des Nations unies : « L'État d'Israël sera prêt à collaborer avec les agences spécialisées et les représentants des Nations unies. Il sera fidèle aux principes énoncés dans la Charte des Nations unies, etc. » C'est pourtant le même Ben Gourion qui lancera plus tard : *« Oum, Kloum ! »* (« L'ONU, c'est rien du tout ! »)

De 1947 à 1972, l'Assemblée générale de l'ONU a adopté 136 résolutions sur la Palestine. Durant la même période, le Conseil de Sécurité en a voté 61[1]. Aucun pays au monde n'a été plus souvent condamné par l'ONU que l'État d'Israël. La plupart de ces résolutions n'ont pas été respectées. Beaucoup n'ont pas connu un semblant de début d'application. De 1972 à aujourd'hui, des centaines d'autres résolutions ont été adoptées et ont fait l'objet, de la part d'Israël, du même mépris du droit international. Un mépris qui, jusqu'à présent, n'a guère ému les membres

1. In *United Nations Resolutions on Palestine, 1947-1972, compiled and classified by Sami Mussalam*, Institute for Palestine Studies, Beyrouth, 1973.

permanents du Conseil de sécurité, ceux-là mêmes qui ont pourtant voté le recours à la force en Somalie, en Irak et dans l'ex-Yougoslavie, au nom du respect du même droit international. Difficile de réfuter l'accusation, émise par les Palestiniens, du « deux poids, deux mesures » !

Cinq résolutions clés servent aujourd'hui de références et de jalons pour retracer l'histoire du conflit israélo-palestinien. La première concerne le droit au retour des réfugiés palestiniens. La deuxième fixe les conditions d'admission d'Israël à l'ONU. Votée après la guerre de juin 1967, la troisième – la célèbre résolution 242 – demeure la base de toutes les négociations israélo-palestiniennes. Adoptée après la guerre d'octobre 1973, la résolution 338 du Conseil de Sécurité réitère la demande d'application de la 242. Enfin, la dernière – la résolution 3236 de l'Assemblée générale, datée du 22 novembre 1974 – reconnaît le droit des Palestiniens à l'indépendance et à l'autodétermination. En dépit de nombreux accords internationaux, la question de Jérusalem n'est toujours pas réglée, non plus que le statut des Lieux saints.

### *Un droit au retour constamment bafoué*

Quarante-huit heures avant d'être assassiné sur ordre d'Yitzhak Shamir – alors dirigeant de l'organisation paramilitaire israélienne Stern –, le médiateur suédois de l'ONU, le comte Folke Bernadotte[1], envoya au secrétaire général un rapport portant sur le drame des réfugiés palestiniens et sur l'injustice qu'il y aurait à ne pas les laisser rentrer dans leurs

1. Le comte Bernadotte fut assassiné le 16 septembre 1948 à Jérusalem.

foyers. Lors de la première session qu'elle tient après l'expulsion de la majorité des Arabes de Palestine, l'Assemblée générale aborde cette question qu'elle considère comme le testament politique de Bernadotte. Le 11 décembre 1948, elle adopte la résolution 194 (III) :

« L'Assemblée générale décide qu'il y a lieu de permettre aux réfugiés qui le désirent de rentrer dans leurs foyers le plus tôt possible et de vivre en paix avec leurs voisins, et que des indemnités doivent être versées à titre de compensation pour les biens de ceux qui décident de ne pas rentrer dans leurs foyers, et pour tout bien perdu et endommagé lorsque, en vertu des principes du droit international, ou en équité, cette perte ou ce dommage doit être réparé par les gouvernements ou autorités responsables. »

Au cours des quinze sessions qu'elle a tenues de 1949 à 1963, l'Assemblée générale n'a cessé de préconiser ce retour des réfugiés palestiniens en faisant de son application une des conditions de l'admission d'Israël à l'ONU. Toutes ces résolutions sont restées lettre morte[1].

De même, la résolution 303 du 9 décembre 1949 – relative au statut de Jérusalem – est demeurée sans réponse, tout comme la Commission d'armistice créée par le Conseil de sécurité[2] a été boycottée par Israël.

---

1. Résolution 302 (8 décembre 1949) ; résolution 394 (14 décembre 1959) ; résolution 512 (26 janvier 1952) ; résolution 614 (6 novembre 1952) ; résolution 720 (17 novembre 1953) ; résolution 818 (4 décembre 1954) ; résolution 916 (3 décembre 1955) ; résolution 1018 (28 février 1957) ; résolution 1191 (12 décembre 1957) ; résolution 1315 (12 décembre 1958) ; résolution 1456 (9 décembre 1959) ; résolution 1604 (21 avril 1961) ; résolution 1725 (20 décembre 1961) ; résolution 1856 (20 décembre 1962) ; résolution 1912 (3 décembre 1963).

2. Résolution 48 du Conseil de sécurité (23 avril 1948).

« En avril 1961[1], Israël repousse une proposition du président Kennedy en faveur du rapatriement de 25 % des réfugiés, et celle d'une mission confiée par la Commission de conciliation des Nations unies au président de la Fondation Carnegie pour la paix. À cette occasion, Ben Gourion refuse de reconnaître aux réfugiés le droit d'opinion, estimant qu'"un tel projet vise à la destruction du pays". Quant à Golda Meir, elle répète qu'"Israël ne travaillera pas à sa propre destruction". En septembre 1961, la Knesset approuve à une écrasante majorité la position du gouvernement israélien affirmant que "les réfugiés arabes qui se sont enfuis ne doivent pas être rapatriés dans le territoire devenu depuis lors l'État d'Israël". Le 12 septembre 1962, le Parlement israélien confirme sa décision de l'année précédente, à savoir qu'"en aucun cas les réfugiés palestiniens ne doivent être autorisés à revenir en Israël". Enfin, le 19 octobre 1965, le gouvernement israélien répond avec désinvolture au président de la Commission spéciale pour la Palestine : "La résolution 194 (III) du 11 décembre 1948 sur le retour des réfugiés a été rendue caduque par le cours des événements"... »

### *Une admission assortie du non-respect de ses engagements*

Le 29 novembre 1948, Israël adresse sa demande d'admission à l'ONU. Le ministre israélien des Affaires étrangères, Moshé Shertok, précise notamment : « Mon

1. D'après la chronologie établie par le groupe d'études et de recherches *La Palestine en question*.

gouvernement estime que l'entrée d'Israël au sein des Nations unies constituera à l'égard du peuple juif un acte de justice internationale entièrement conforme à la politique palestinienne des Nations unies, qu'il contribuera à la stabilisation du Moyen-Orient et servira la cause de la paix internationale. » Le 17 décembre, le Conseil de sécurité se prononce sur cette demande par 5 voix pour, 1 voix contre et 5 abstentions. N'ayant pas réuni l'accord d'au moins 7 membres, exigé par le règlement, la demande d'admission est rejetée. Le 3 mars 1949, une nouvelle demande d'admission est examinée par le Conseil de sécurité, qui comprend cette fois l'Égypte. Son représentant, Fawzi bey, y fait une intervention musclée : « Je ne voudrais pas passer sans transition du sublime au ridicule, mais qu'il me soit permis de signaler le fait qu'en assurant par écrit que l'État candidat acceptait les obligations de la Charte des Nations unies, M. Shertok a ajouté : “du jour où il deviendra membre des Nations unies”. Est-ce un lapsus ? interroge le délégué égyptien, ou bien une manifestation du subconscient ? Ou encore une invite qui nous est adressée à passer l'éponge sur le passé et à renoncer définitivement à tout ce que les sionistes nous ont arraché ? J'aimerais que le Conseil précise sa pensée à ce sujet. » Prétextant des problèmes de procédure liés à l'ordre du jour, le représentant américain coupe court à la discussion.

Le 4 mars 1949, les États-Unis reprennent à leur compte la demande d'admission israélienne en déposant le projet de résolution suivant :

« Le Conseil de sécurité, ayant reçu et examiné la demande d'admission d'Israël comme membre des Nations unies, décide qu'à son avis Israël est un État pacifique, capable de remplir les obligations de la Charte et disposé à le faire, et, en conséquence, recommande à l'Assemblée générale d'admettre Israël comme membre des Nations unies. »

En dépit des protestations de Fawzi bey concernant l'expression « État pacifique », et de l'hostilité des pays arabes, la résolution est adoptée par 9 voix pour, 1 voix contre et 1 abstention.

Avant d'être définitivement entérinée par l'Assemblée générale, la résolution doit être examinée par la Commission politique spéciale. Celle-ci entame ses travaux le 3 mai 1949. Le délégué argentin propose que la demande soit ajournée tant qu'Israël n'aura pas accepté le principe de l'internationalisation de Jérusalem et celui du retour des réfugiés palestiniens dans leur patrie. « Ce dernier problème, réplique le délégué israélien, constitue une conséquence directe de la guerre déclenchée par les Arabes. Le gouvernement d'Israël a déjà fait savoir qu'il acceptait de verser une indemnité pour les terres abandonnées. » Le gouvernement israélien semble néanmoins assouplir sa position et admettre le principe d'une internationalisation des Lieux saints. Il est vrai que cette question relève de l'émir Abdallah de Transjordanie depuis le 25 mai 1948, et non pas du gouvernement de Tel-Aviv. Dans ce contexte, il est clair que l'éventualité d'un statut international pour la Ville sainte ne s'oppose pas – à l'époque – aux intérêts d'Israël.

Quoi qu'il en soit, le Conseil de sécurité enregistre cette position comme une avancée positive et formule un nouveau projet de résolution calqué sur celui présenté antérieurement par les États-Unis. Le 11 mai 1949, l'Assemblée générale décide d'admettre Israël au sein de l'Organisation des Nations unies par 37 voix pour, 12 voix contre et 9 abstentions[1].

1. Résolution 273 (III) de l'Assemblée générale.

## *Ben Gourion : « L'ONU, c'est rien du tout ! »*

Au même moment se poursuivent à Lausanne les travaux de la Commission de conciliation chargée d'élaborer les modalités pratiques du retour des réfugiés et des ajustements territoriaux. Moins de vingt-quatre heures après l'admission de son pays à l'ONU, la délégation israélienne y déclare que « les frontières d'Israël ne peuvent être que celles de la Palestine tout entière telle qu'elle existait du temps du mandat britannique [...]. Dans les circonstances actuelles, nous ne pouvons plus accepter, fût-ce comme base de discussion, une répartition territoriale remontant à 1947[1] ».

À Lausanne, c'est la consternation. Personne n'a prévu ce revirement alors qu'Israël vient tout juste d'être admis au sein de l'organisation mondiale. Ce viol supplémentaire des engagements internationaux du nouvel État membre prend tout le monde de court, d'autant plus que certaines administrations israéliennes viennent d'être transférées à Jérusalem, contrairement aux dispositions des résolutions antérieures. Le président de la Commission de conciliation déploie des efforts désespérés pour maintenir son instance en vie. En vain : le 26 octobre 1949, celle-ci suspend ses travaux *sine die* sans être parvenue au moindre résultat.

## *La « paix juste et durable » ? Introuvable*

Les résolutions adoptées durant les années soixante-dix tant par le Conseil de sécurité que par l'Assemblée générale reformulent les mêmes impératifs, mais dans le cadre régional plus large de la situation politique au Proche-

1. *La Palestine en question, op. cit.*

Orient. La totalité des textes jalonnant cette période s'appuient sur la résolution 242 du Conseil de sécurité adoptée le 22 novembre 1967. Celle-ci énonce les principes et dispositions nécessaires à l'instauration d'une « paix juste et durable » dans la région, à savoir :

> « • le retrait des forces armées israéliennes des territoires occupés lors du récent conflit ;
> • la cessation de toutes assertions de belligérance ou de tous états de belligérance, et le respect et la reconnaissance de la souveraineté, de l'intégrité territoriale et de l'indépendance politique de chaque État de la région et de son droit de vivre en paix à l'intérieur de frontières sûres et reconnues, à l'abri de menaces ou d'actes de force ;
> • la nécessité : a) de garantir la liberté de navigation sur les voies d'eau internationales de la région ; b) d'aboutir à un juste règlement du problème des réfugiés ; c) de garantir l'inviolabilité territoriale et l'indépendance politique de chaque État de la région par des mesures comprenant la création de zones démilitarisées. »

Votée au lendemain de la guerre du Kippour, la résolution 338 du Conseil de sécurité reprend l'argumentation de la 242.

Le Conseil :

> « 1) demande à toutes les parties aux présents combats de cesser le feu et de mettre fin immédiatement à toute activité [...] ;
> 2) demande aux parties en cause d'entamer immédiatement après le cessez-le-feu l'application de la résolution 242 (1967) du Conseil de sécurité. »

C'est le 15 novembre 1988, à Alger, que le dixième Conseil national palestinien (CNP) accepte la résolution 242 – impliquant tacitement la reconnaissance d'Israël – en promulguant une déclaration d'indépendance de la Palestine et la constitution d'un gouvernement.

### *Le début de la longue marche vers l'indépendance*

Avant d'accepter la résolution 242 et la formule des deux États – quarante ans après la proclamation de celui d'Israël –, encore fallait-il que l'OLP soit reconnue comme l'instance légitime de représentation du peuple palestinien. Cette étape historique a été différée jusqu'au 10 décembre 1969, date à laquelle l'Assemblée générale officialise pour la première fois l'existence du « peuple palestinien ». Le 4 novembre 1970, elle reconnaît que « le respect des droits du peuple palestinien est un élément indispensable dans l'établissement d'une paix juste et durable au Proche-Orient ». La même année, l'Assemblée générale franchit une étape supplémentaire en admettant – le 30 novembre, puis le 8 décembre – le « droit à l'autodétermination du peuple palestinien ».

Le 14 octobre 1974, l'Organisation de libération de la Palestine (OLP) est reconnue par 105 États membres des Nations unies qui invitent « l'OLP, le représentant du peuple palestinien, à participer aux délibérations de l'Assemblée générale sur la question de la Palestine ».

Le 13 novembre 1974, Yasser Arafat s'adresse en ces termes à l'Assemblée générale de l'ONU : « Fils de Jérusalem [...], je suis venu ici tenant d'une main le rameau d'olivier et de l'autre mon fusil de révolutionnaire. Ne laissez pas le rameau d'olivier tomber de ma main !... »

Le 22, la résolution 3236 reconnaît le droit des Palestiniens à l'autodétermination, à la souveraineté et à l'indépendance nationale. L'OLP est admise aux Nations unies en qualité d'observateur.

Début 1975, l'OLP est invitée à participer aux travaux du Conseil de sécurité. La réunion ouverte le 12 janvier est boycottée par Israël et s'achève le 26 janvier par un veto américain sur un projet de résolution prévoyant notamment que le peuple palestinien doit pouvoir « établir un État indépendant en Palestine ».

Par ailleurs, un Comité spécial chargé d'enquêter sur les pratiques israéliennes affectant les droits de l'homme parmi la population des territoires occupés a été créé par l'Assemblée générale le 19 décembre 1968[1]. Aux termes de cette résolution, l'ONU décidait de mettre en place un Comité spécial « composé de trois États membres ; priait le président de l'Assemblée générale de nommer les membres de ce Comité spécial ; priait le gouvernement israélien de recevoir ce Comité, de coopérer avec lui et de faciliter sa tâche... » Israël n'a jamais accepté que cet organe officiel effectue son travail en menant des enquêtes sur le terrain. C'est donc grâce à la presse, dans les dépositions d'avocats, les rapports d'organisations non gouvernementales telles qu'Amnesty International ou le Comité international de la Croix-Rouge (CICR) que sont relatés les faits qui constituent de graves violations de la Déclaration universelle des droits de l'homme et de la Convention de Genève protégeant les populations civiles en temps de guerre.

Chaque année, depuis 1968 et jusqu'au début des pourparlers d'Oslo, le Comité spécial a remis son rapport au secrétaire général de l'ONU sur les pratiques israéliennes affectant les droits de l'homme parmi la population des

1. Résolution 2443 (XXIII).

territoires occupés. Dans le rapport de 1978, le Comité précise ainsi que « le gouvernement israélien continue à prendre des mesures qui témoignent de sa politique d'annexion et de colonisation des territoires occupés. On fait état – entre autres – de cas d'expropriations pour lesquels diverses méthodes sont utilisées ; par exemple, on invoque arbitrairement des motifs de sécurité militaire pour établir des colonies, comme cela a été le cas dans la région d'El-Bireh et dans plusieurs points septentrionaux de la rive occidentale. Le gouvernement israélien a également pris d'autres mesures pour la mise en valeur des ressources naturelles des territoires occupés, notamment des ressources pétrolières du Sinaï et des ressources de la nappe phréatique de la partie septentrionale de la rive occidentale, d'où la puissance occupante puise actuellement plus de la moitié de ses besoins en eau ». Expropriations de terres, destructions de maisons palestiniennes, détentions arbitraires et tortures ponctuent invariablement ces rapports qui se suivent et se ressemblent sans qu'aucune modification substantielle soit apportée à la situation sur le terrain.

Aujourd'hui, après l'adoption d'un accord intérimaire de reconnaissance signé en grande pompe le 13 septembre 1993 à la Maison-Blanche, la longue marche des Palestiniens n'est pas terminée. Les différentes étapes du processus n'ont pas été respectées par la partie israélienne, y compris le dernier accord de Wye Plantation, conclu par Benyanim Netanyahou, qui prévoyait un retrait israélien de 13 % du territoire de Cisjordanie.

En juillet 1999, le nouveau Premier ministre israélien, Ehud Barak, et le Président américain, Bill Clinton, ont reconnu ensemble la nécessité de parvenir à un accord de paix global avec les Palestiniens, les Syriens et les Libanais avant novembre 2000.

« Il était nécessaire de se donner une échéance pour montrer que le nouveau gouvernement israélien est sérieusement impliqué dans la recherche de la paix et ne veut plus faire traîner les choses », a déclaré le vice-ministre de la Défense, Ephraïm Sneh, le 19 juillet 1999.

Mais, lors de la même réunion, Ehud Barak a déclaré devant la presse internationale : « Jérusalem restera sous contrôle israélien et sera notre capitale pour l'éternité. »

Toujours le même non-respect de la loi internationale...

A-t-on oublié Bethléem ? Nenni ! Depuis 1948, la ville de la Nativité subit de plein fouet toutes les décisions politiques et militaires prises à Jérusalem, à quelques kilomètres de ses murs. Et son destin dépendra à l'évidence des négociations sur le « statut final », dont le point le plus épineux est le statut de Jérusalem.

L'énoncé du problème est simple : Israël et la Palestine veulent que la Ville sainte devienne leur capitale. Problème d'autant plus compliqué que la ville est sainte pour les deux peuples ! La formule prononcée par les Juifs pour le Nouvel An et leur Pâque – « l'an prochain à Jérusalem » – signifie que les exilés reviendront, que le Temple sera rebâti et que la restauration d'un pouvoir juif permettra l'avènement du Messie. Pour les musulmans, Jérusalem – al-Quds – est leur troisième Ville sainte après La Mecque et Médine ; elle a appartenu à des souverains musulmans durant treize siècles. Enfin, la ville est également sainte pour les chrétiens, qui sont donc eux aussi très concernés par son statut final.

On a vu comment le sort des Lieux saints a été par le passé une question d'une extrême sensibilité. Le *Statu quo* édicté par les Turcs a été reproduit et confirmé par l'article 62 du traité de Berlin de 1878 qui stipule notamment qu'« aucune atteinte ne saurait être portée au *Statu quo* des

Lieux saints ». Par ailleurs, ce même traité a confirmé les droits et responsabilités historiques de la France en tant que « protecteur des Lieux saints chrétiens » en Orient. Plusieurs résolutions de la Société des Nations (SDN) ont repris ces dispositions. En 1896, Théodore Herzl écrivit dans son manifeste, *L'État juif* : « Quant aux Lieux saints de la chrétienté, on pourrait convenir d'une forme d'extra-territorialité en accord avec le droit international. » Ne parvenant pas à contenir les nombreux affrontements ethnico-religieux axés sur ces pôles de référence convoités par les trois religions monothéistes, le mandat britannique s'est toutefois efforcé de garantir l'application du *Statu quo* jusqu'à la veille de la première guerre israélo-arabe de 1948-49.

La résolution 181 (III) sur le plan de partage de 1947 a entériné le principe d'une garantie internationale d'accès des différentes communautés à leurs Lieux saints. Il est alors convenu que Jérusalem « sera constituée en *corpus separatum* sous un régime international spécial ». Le Conseil de tutelle *ad hoc* qui doit être créé dans le cadre de cette résolution est censé protéger et préserver les intérêts spirituels et religieux des trois religions monothéistes « afin que l'ordre et la paix règnent sur l'ensemble des Lieux saints ». L'article 13 de la résolution réaffirme le maintien des droits existants concernant les Lieux saints, notamment la liberté de culte, leur libre accès et leur caractère sacré, ainsi que les exemptions de taxes dont ils bénéficient. Ce qui n'a pas empêché Israël de faire de Jérusalem sa capitale « éternelle » en 1980...

Ce viol permanent de décisions et d'engagements internationaux a des traductions dans la vie quotidienne d'une population palestinienne qu'on cherche à repousser le plus loin possible de Jérusalem – en Cisjordanie... « Sous le gouvernement Rabin, il est devenu plus difficile de garantir l'accès aux Lieux saints, note Albert Aghazarian, professeur à l'université de Bir Zeit. Récemment, nous avons eu la fête de la Sainte-Flamme, et les habitants de Ramallah ou de Bethléem n'ont pas pu se rendre jusqu'au Saint-Sépulcre pour participer à cette fête avec les pèlerins venus de Grèce à cette occasion. Ils se sont dit : "Les gens venus de Grèce ont le droit de prier, mais nous qui vivons ici, nous n'avons pas le droit de prier." Je crois que ces questions ne doivent pas être prises à la légère, car elles font partie des traditions populaires, de l'histoire collective et des pratiques de l'endroit[1]. »

Préoccupé par cette situation, le Conseil œcuménique des Églises (COE) a publié en septembre 1995 une importante déclaration réaffirmant le principe du *Statu quo*. « Ce texte indique également que toute espèce de règlement devra s'effectuer sous l'égide et avec la garantie d'une autorité internationale, nous explique Tarek Mitri, un expert du COE. Il développe l'idée que le statut futur de Jérusalem doit être défini dans le contexte général du règlement du conflit au Moyen-Orient, en tenant compte tant de la destinée du peuple juif que de celle du peuple palestinien. Sont également réaffirmés : le plein respect du droit des croyants à la liberté d'accès aux Lieux saints, à la liberté de circulation dans la Ville sainte, à l'accomplissement des pèlerinages ; le droit des communautés chrétiennes locales à la liberté de culte et de conscience, à la liberté de mener à bien leurs activités religieuses, éducatives, médicales, et

1. In *Jérusalem. Imaginer la réconciliation*, actes de la table ronde sur la question de la Palestine organisée par le département de l'Information de l'ONU à l'intention des journalistes grecs, les 27 et 28 avril 1993 à Athènes.

de disposer de leurs propres institutions, de leur propre personnel pour les gérer ; la reconnaissance de droits semblables et parallèles pour les croyants juifs et musulmans et pour leurs communautés ; l'adoption pour Jérusalem d'un statut juridique et politique qui reflète la signification universelle de la ville ; enfin, l'association des représentants des trois religions monothéistes, aux côtés des autorités politiques locales, à l'élaboration et à l'application de ce statut spécial, le tout étant assorti de garanties internationales[1]. »

En novembre 1998, l'université catholique de Lyon a organisé un colloque qui a réuni 350 participants autour de la question : « Jérusalem : qu'en disent les chrétiens ? » Plusieurs experts internationaux sont intervenus, de même que Mgr Delaporte, président de Justice et Paix (France) ; Mgr Sabbah, patriarche latin de Jérusalem ; Tarek Mitri, du Conseil œcuménique des Églises ; et Michel Warschawsky, responsable du Centre d'information alternatif (AIC). Cette réunion a été l'occasion de commenter les positions du Saint-Siège, réaffirmées lors du symposium des présidents et des délégués des Conférences des évêques catholiques, qui s'est tenu à Jérusalem le 27 octobre 1998.

*Première position* : Jérusalem hérite d'une triple identité – nationale, religieuse et internationale – qui lui confère un caractère unique. « L'identité prédominante de Jérusalem est sa qualité particulière de Ville sainte qui doit conditionner toute solution politique négociée. Elle est le bien de l'humanité tout entière. »

1. Entretien à Genève, le 29 juin 1999.

*Deuxième position* : la résolution 181, proposant un *corpus separatum*, reste la référence, même si elle n'est pas respectée.

*Troisième position* : le Saint-Siège a approuvé les résolutions 242 et 478. Par conséquent, « il laisse ouvertes toutes solutions aux problèmes politiques de la souveraineté territoriale, ce qui ne veut pas dire qu'il nie ce problème de souveraineté territoriale, mais qu'il se refuse à prendre une position sur la manière de traiter ce problème. En revanche, il soutient les aspirations légitimes des Palestiniens et il demande le respect de leurs droits fondamentaux. Il n'accepte pas de séparer la question des Lieux saints de celle de la Ville. Il souhaite que soit préservé le caractère vivant de Jérusalem[1] ».

1. Cité par l'ambassadeur Bertrand Dufourcq dans les actes du colloque « Jérusalem : qu'en disent les chrétiens ? », organisé par l'Université catholique de Lyon.

## 14

# La tombe de Rachel interdite

Le *check-point* qui contrôle l'accès à Bethléem, sur la route d'Hébron, est passé. Il y a toujours un embouteillage provoqué par les taxis collectifs qui font demi-tour à une cinquantaine de mètres du poste militaire. C'est alors l'entrée dans Bethléem, avec un marché sauvage où les produits s'étalent à même la chaussée : pastèques, vêtements, lecteurs de CD, téléphones portables et matériels vidéo dernier cri, dont on dit qu'ils proviennent le plus souvent de stocks volés... L'Autorité palestinienne ne peut intervenir dans cette zone dite « C », où la sécurité relève toujours de l'occupant. Elle soupçonne les Israéliens de laisser volontairement se déployer ce « marché aux voleurs » qui donne d'emblée une mauvaise impression de la ville de la Nativité.

Une fois passé ce *no man's land*, la route se rétrécit à nouveau. Sur la chaussée, des cubes rouges et blancs attirent encore une fois l'attention du pèlerin. Sur la droite, des militaires israéliens sont postés, l'arme à la main, sous une toile kaki accrochée à un véhicule militaire garé à quelques mètres d'un imposant mirador au haut duquel d'autres militaires, entourés de projecteurs et de mitrailleuses, surveillent les alentours. Quelle caserne, quel dépôt de munitions, quel centre d'écoutes téléphoniques sont aussi bien gardés ? Qu'abrite donc ce très laid et très long bâtiment aux airs de blockhaus, d'une bonne centaine de mètres de long et d'environ six mètres de hauteur, qui empiète sur la route à quatre voies ? Un autre mur, moins élevé, relie l'extrémité du bâtiment à un autre mirador gardé par d'autres militaires en armes, au pied duquel d'autres jeunes soldats, également en armes, sont assis sous une toile de tente accrochée à un autre véhicule militaire, protégés par des sacs de sable... Pour qu'il n'y ait aucune ambiguïté sur l'identité des gardiens de ces lieux situés en terre bethléemite, des drapeaux israéliens flottent au-dessus du hideux bâtiment. De nombreux blocs de béton disposés en travers de la route complètent le dispositif.

Le chauffeur israélien ou palestinien indique au pèlerin que, derrière ce béton, ces mitrailleuses, ces soldats, se trouve... le tombeau de Rachel ! Le visiteur comprend mieux la présence, à l'entrée, de hassidim barbus en redingote, chapeau noir sur la tête. Il n'arrive pas à superposer cette image avec la gravure ancienne[1] qu'il a gardée en mémoire. Que montre celle-ci ? Une maison de pierre percée d'une large voûte, surmontée par un dôme qui capte le soleil, à proximité d'un bouquet d'oliviers à l'ombre desquels devisent deux paysans ; un troisième personnage traverse la scène à dos de chameau. Orientaliste en diable, cette représentation bucolique datant de la fin du XIX^e siècle restitue avec précision l'exacte configuration du tombeau de Rachel, l'épouse bien-aimée de Jacob et la mère des trois tribus (Éphraïm, Manassé, Benjamin), vénérée tant par

1. Gravure de Sir Charles Wilson dans *Picturesque Palestine, Sinai and Egypt*, 1880.

les Juifs et les Chrétiens que par les Musulmans qui pratiquent le culte de nombreuses figures de l'Ancien et du Nouveau Testament. Le site est déjà mentionné en 333 par *Le Pèlerin de Bordeaux*, anonyme qui constitue le plus ancien compte rendu d'un pèlerinage accompli par un chrétien en Palestine.

D'après la Genèse, c'est au bord de ce chemin que Rachel est morte en mettant au monde son second fils, Benjamin, frère de Joseph :

> « Ils partirent de Béthel. Il y avait encore une certaine distance pour arriver à Éphratah, quand Rachel enfanta. Elle eut un enfantement laborieux et il advint, tandis qu'elle avait cet enfantement laborieux, que l'accoucheuse lui dit : "Ne crains pas, car c'est encore un fils pour toi !" Or il advint, comme son âme s'exhalait, car elle se mourait, qu'elle l'appela du nom de Bén-oni. Mais son père l'appela Benjamin. Rachel mourut et elle fut mise au tombeau sur la route d'Éphratah [Bethléem][1]. »

Intrigué, le visiteur s'arrête et se dirige vers l'entrée du bâtiment. Les inscriptions indiquant les heures d'ouverture et les consignes de sécurité sont affichées en hébreu et en anglais. À l'entrée, un garde armé nous tend une kippa en carton[2]. Les femmes doivent également se couvrir. Une fois ce contrôle vestimentaire effectué, la voie d'accès la plus directe – réservée aux hommes – mène directement à la tombe recouverte d'un linceul noir semé d'inscriptions en hébreu. Un groupe de hassidim est en prière autour de la tombe. Les ondulations régulières des corps sont entrecoupées de mouvements d'avant en arrière, plus saccadés et rapides. Un homme se détache du groupe et nous demande

1. Genèse, XXXV, 16-20.
2. Le 11 juillet 1999.

si nous sommes juifs. Visiblement, il ne comprend pas la réponse et reprend sa prière. Un autre garde armé nous indique une chaise libre. De l'autre côté du linceul noir, des murmures proviennent du quartier des femmes. Il fait frais. Une cohorte de jeunes gens en short, casquette de base-ball vissée sur la tête, investit l'endroit dans le sillage d'un guide, avant de s'ébrouer au milieu des hassidim qui poursuivent leur prière. Un autre groupe, composé de touristes américains, s'installe dans l'espace restant. Des flashes d'appareils photo crépitent. Une femme, sosie d'Elizabeth Taylor, ne décolle pas son visage de l'œilleton d'une caméra dont elle balaie l'espace autour d'elle dans une espèce de danse qui finit par s'harmoniser avec celle des hassidim. La visite est terminée.

C'est en brandissant l'Ancien Testament qu'au printemps de 1977, une troupe de barbus coiffés de kippas s'est nuitamment installée, sous la protection de l'armée israélienne, à proximité de la tombe de Rachel, quelque temps avant la victoire du Likoud aux élections législatives de mai 1977. À l'époque ministre de la Défense, Shimon Pérès nourrit une certaine sympathie pour ces religieux qu'il considère comme l'avant-garde du sionisme. En retour, ces derniers sont de fervents alliés du Parti travailliste qui compte d'ailleurs en son sein de nombreux adeptes du Gush Emunim (le Bloc de la foi). Ces fous de Dieu ne viennent pas seulement faire du camping autour du tombeau de Rachel, mais tout simplement prendre possession des lieux... Ils considèrent en effet que cette sépulture – comme celle du Patriarche à Hébron ou celle de Joseph à Naplouse – leur revient, à eux et à eux seuls, donc à l'exclusion des musulmans et des chrétiens, alors que ce Lieu saint était englobé dans le *Statu quo*. Ils mettent en avant un firman de 1615 et leur prise en charge de réparations intervenues... en 1845. Comme d'autres, cette « occupation » participe de la grande vague messianique qui a suivi la guerre de juin 1967.

Les premières transformations du monument remontent à 1977, juste après l'arrivée du Likoud au pouvoir. Dans un premier temps, des portiques métalliques de sécurité ont été installés. Un chandelier à neuf branches supportant autant de projecteurs a été planté sur le toit en terrasse du premier bâtiment, mitoyen du dôme qui abrite le tombeau. Quelque temps avant l'évacuation de Bethléem par l'armée israélienne, fin 1995, de nouveaux aménagements sont intervenus. La militarisation du site s'est poursuivie. De l'autre côté de la route d'Hébron, en face du tombeau, les occupants israéliens ont installé un campement militaire présenté comme provisoire afin, dirent-ils, de protéger les travaux de restauration et d'aménagement. Aujourd'hui, ce camp militaire est toujours là et la belle gravure du tombeau s'est totalement brouillée. En 1998, le dôme et la maison d'accès ont été démolis. Seule la tombe proprement dite a été conservée. Une nouvelle enveloppe est peu à peu sortie de terre sous le regard abasourdi des riverains.

De temps à autre, probablement pour rompre la monotonie de leur journée, les occupants arrêtent une voiture, contrôlent les papiers, les pneus, le chargement, avant tout ceux des véhicules palestiniens qui passent devant la tombe de Rachel. En ce début de matinée de juillet 1999, c'est un paysan d'Hébron qui doit décharger, au bord de la route, le contenu de sa camionnette. Il se rend à Jérusalem pour vendre ses fruits et légumes destinés au marché de la porte de Jaffa. Incapable d'exhiber l'extincteur du véhicule, il devra payer sur-le-champ une amende de 70 shekels –

certainement plus que ne lui rapportera sa journée, commente un témoin désabusé. L'humiliation quotidienne... Au passage, un des soldats a prélevé une tomate qu'il croque à pleines dents devant l'automobiliste qui, visiblement, a du mal à rassembler la somme exigée afin de pouvoir poursuivre sa route.

Désormais, l'ordre règne sur la tombe de Rachel. « Les Bethléemites n'ont plus accès au site, réservé aux touristes et aux occupants. Et pourtant, se souvient le Dr Antoine Dabdoub[1], c'était un de nos lieux de rendez-vous préférés avec les copains et nos amoureuses potentielles. Il y avait des oliviers qui délivraient une ombre odorante que je n'ai retrouvée nulle part ailleurs. J'y allais presque tous les jours, en fin d'après-midi, avec un ami qui est devenu un grand écrivain – Ibrahim Jabra. On s'asseyait sur les escaliers menant à la première chambre et on discutait jusqu'à la nuit en attendant quelque rendez-vous incertain... Tout a été massacré. Les Israéliens ont enlaidi notre ville et notre vie comme pour mieux nous les rendre insupportables. Un jour, au poste de contrôle du tombeau de Rachel, les soldats ont failli tirer sur mon fils ; ils l'ont mis en joue. J'ai failli m'évanouir. Durant les travaux, ils ont tué un Palestinien. Pendant l'Intifada, des enfants sont morts dans des ambulances tandis que les chauffeurs parlementaient avec les soldats du poste de contrôle. Les maîtres font ce qu'ils veulent. »

Verrue architecturale qui rend la circulation et le passage des piétons encore plus dangereux à l'entrée nord de Bethléem, le bunker de Rachel est emblématique à triple titre. La judaïsation du lieu s'est effectuée arbitrairement,

1. Entretien du 8 juillet 1999.

au mépris des deux autres religions monothéistes qui vénèrent également Rachel. Malgré l'apparente libération de Bethléem depuis décembre 1995, cette enclave militaire rappelle aux habitants qui sont les véritables maîtres. Enfin, avec ces deux miradors d'un autre temps et l'imposante façade de béton, l'esthétique sécuritaire a de surcroît rendu l'endroit sinistre.

Mais les habitants de Bethléem ne sont pas au bout de leur surprise : d'autres constructions du même type ont commencé à voir le jour[1]. Israël prévoit ainsi de construire une liaison (tunnel ou pont) entre la tombe de Rachel et un parking gardé militairement et exclusivement destiné aux Juifs orthodoxes, ainsi qu'un renforcement du mur d'enceinte de la tombe dessinant une zone permanente de sécurité et une nouvelle frontière de Jérusalem aux dépens de Bethléem[2]...

Une fois dépassé la tombe de Rachel, le pèlerin abandonne la route principale qui file vers Hébron pour s'engager, à gauche, dans la longue rue de la Nativité qui contourne, sur le flanc nord, la vieille ville de Bethléem, bâtie sur une colline qui culmine à 830 mètres. C'est cette route qu'empruntent tous les cars et les taxis collectifs remplis de touristes en provenance de Jérusalem. Le tissu urbain devient ici plus dense. À gauche, l'hôtel Paradise fait face à la boutique des Abou Aïta, une des grandes

---

1. En août 1999.
2. Ces informations ont été obtenues par la municipalité de Bethléem auprès de l'administration civile israélienne, selon un communiqué du Badil Resource Center du 30 septembre 1999.

familles chrétiennes de Bethléem. Leur magasin jouxte l'entrée du camp de Beit Jibrin où quelque deux mille réfugiés vivent dans de petits cubes de béton, posés à la hâte à la fin des années cinquante. Des villas traditionnelles en pierre blanche alternent ensuite avec des immeubles récents de cinq ou six étages. Quelques fabriques artisanales d'objets religieux en nacre et en bois d'olivier donnent sur la rue entre restaurants, cafés aux terrasses encombrées, magasins, banques et bureaux... Le regard est attiré, à droite, par la colossale université et son clocher terminé par une statue de l'Enfant Jésus qui domine la ville, puis, si l'on garde les yeux rivés sur la colline, défilent la Mission chrétienne de Terre sainte, l'école secondaire Saint-Joseph, l'église catholique syriaque, le mur de David, le couvent des sœurs de Saint-Joseph, le couvent salésien, le couvent grec catholique. Bethléem et ses environs sont ainsi saupoudrés d'écoles (près d'une vingtaine), d'institutions académiques (une douzaine), d'hôpitaux et cliniques (une dizaine), d'instituts pour handicapés (huit), de congrégations religieuses et d'églises. Embouteillage : tout le monde s'arrête au même endroit. La place de la Nativité n'est plus qu'à quelques dizaines de mètres...

Le pèlerin est arrivé au but de son voyage. À sa droite, le grand minaret de la mosquée d'Omar ; à sa gauche, les imposantes constructions de la basilique et des couvents qui l'entourent ont des allures de citadelle. Le voyageur tourne le dos à la mosquée et emprunte la place pavée qui mène à la basilique. C'est là qu'était situé l'atrium primitif, entouré de portiques dont il reste quelques vestiges le long des murs ; de grands réservoirs aménagés dans le sol recueillaient l'eau nécessaire aux ablutions liturgiques. Difficile de déchiffrer l'histoire de la façade où l'on devine l'encadrement de portes de diverses époques.

La petite porte, haute d'un mètre vingt-cinq, qui délimite un trou noir, attire le pèlerin comme un aimant. On dit qu'elle a été conçue pour empêcher les Sarrasins de pénétrer à cheval à l'intérieur de l'église, mais d'autres affirment qu'elle l'a été pour donner au pèlerin l'impression qu'il entrait dans une grotte... Effectivement, après s'être baissé, on s'engouffre dans l'obscurité du narthex, puis, après avoir laissé à main gauche le poste de garde, occupé maintenant par des policiers palestiniens, on franchit une porte à vantaux, délabrée, et on débouche dans la fameuse basilique aux cinq nefs dessinées par quatre rangées de colonnes corinthiennes monolithes en calcaire rouge, et coupées par un transept terminé aux deux extrémités par une abside. Des poutres sculptées joignent les chapiteaux. Dans la nef centrale, des ouvertures permettent de discerner des vestiges du sol en mosaïques de la basilique constantinienne. Sur les colonnes, des peintures fatiguées représentent des saints. Çà et là, des reliefs de mosaïques à fond d'or, de peintures figurant les sept premiers Conciles œcuméniques, d'autres représentations difficiles à déchiffrer. Et partout des lampes à huile suspendues.

Au fond de la nef centrale, une importante iconostase avec des pièces datant du XVII^e siècle et, devant, le maître autel desservi par les orthodoxes. Dans toutes cette partie et dans la zone droite du transept, des moines grecs, tout de noir vêtus, passent, s'activent, vendent des cierges, quittent l'église pour rejoindre leur couvent adossé à l'abside droite de la basilique.

À droite du chœur, un escalier, dit « escalier sud », donne accès à la grotte de la Nativité. Il faut beaucoup de chance pour bénéficier seul de l'endroit, ou venir tôt dans la matinée ou tard dans l'après-midi, échappant ainsi aux flots de touristes déversés par les organisateurs de voyages... Ils touchent l'étoile de la Nativité, l'embrassent, se signent, prient, puis vont légèrement en contrebas, dans la « crèche » proprement dite où est installé l'autel des Mages, là où les flammes vacillantes des lampes et des bougies jettent une faible lueur... Les visiteurs remontent enfin tous par l'escalier nord et débouchent sur la chapelle arménienne.

Le pèlerin d'aujourd'hui pourrait comparer ses propres impressions avec celles d'un de ses illustres prédécesseurs, comme Chateaubriand qui, le 5 octobre 1811, visita comme lui la basilique et la grotte[1] :

> « Quoique ces monuments aient été souvent décrits, le sujet par lui-même est si intéressant que je ne puis me dispenser d'entrer dans quelques détails... Deux escaliers tournants, composés chacun de quinze degrés, s'ouvrent aux deux côtés du chœur de l'église extérieure et descendent à l'église souterraine placée sous ce chœur. Celle-ci est le lieu à jamais révéré de la nativité du Sauveur. Avant d'y entrer, le supérieur me mit un cierge à la main et me fit une courte exhortation. Cette sainte grotte est irrégulière, parce qu'elle occupe l'emplacement irrégulier de l'Étable et de la Crèche. Elle a trente-sept pieds et demi de long, onze pieds trois pouces de large et neuf pieds de haut. Elle est taillée dans le roc : les parois de ce roc sont revêtues de marbre et le pavé de la grotte est également d'un marbre précieux. Ces embellissements sont attribués à sainte Hélène. L'église ne tire aucun jour du dehors et n'est éclairée que par la lumière de trente-deux lampes envoyées par différents princes chrétiens. Tout au fond de la grotte, du côté de l'Orient, est la place où la Vierge enfanta le Rédempteur des hommes. Cette place est marquée par un marbre blanc incrusté de jaspe et entouré d'un cercle d'argent radié en forme de soleil. On lit ces mots à l'entour :

1. In *Itinéraire de Paris à Jérusalem*, t. 1 des *Œuvres complètes* de Chateaubriand, Gallimard, coll. « Bibliothèque de La Pléiade ».

*HIC DE VIRGINE MARIA*
*JESUS CHRISTUS NATUS EST*

Une table de marbre, qui sert d'autel, est appuyée contre le rocher et s'élève au-dessus de l'endroit où le Messie vint à la lumière. Cet autel est éclairé par trois lampes, dont la plus belle a été donnée par Louis XIII.

À sept pas de là[1], vers le Midi, après avoir passé l'entrée, d'un des escaliers qui montent à l'église supérieure, vous trouvez la Crèche. On y descend par deux degrés, car elle n'est pas de niveau avec le reste de la Grotte. C'est une voûte peu élevée, enfoncée dans le rocher. Un bloc de marbre blanc, exhaussé d'un pied au-dessus du sol et creusé en forme de berceau, indique l'endroit même où le Souverain du Ciel fut couché sur la paille [...]. Rien n'est plus agréable et plus dévot que cette église souterraine. Elle est enrichie de tableaux des écoles italiennes et espagnoles [...]. Les ornements ordinaires de la Crèche sont de satin bleu brodé en argent. L'encens fume sans cesse devant le berceau du Sauveur. J'ai entendu un orgue, fort bien touché, jouer, à la messe, les airs les plus doux et les plus tendres des meilleurs compositeurs d'Italie. Ces concerts charment l'Arabe chrétien qui, laissant paître ses chameaux, vient, comme les antiques bergers de Bethléem, adorer le Roi des rois dans sa Crèche. J'ai vu cet habitant du désert communier à l'autel des Mages avec une ferveur, une piété, une religion inconnues des chrétiens d'Occident. “Nul endroit dans l'univers, dit le Père Néret[2], n'inspire plus de dévotion... L'abord continuel des caravanes de toutes les nations chrétiennes..., les prières publiques, les prosternations..., la richesse même des présents que les princes chrétiens y ont envoyés..., tout cela excite en votre âme des choses qui se font sentir beaucoup mieux qu'on ne peut les exprimer.”

1. Ou Chateaubriand faisait de tout petits pas, ou la grandeur du lieu a perturbé son sens des proportions...

2. Le père supérieur du couvent franciscain qui accompagne Chateaubriand dans sa visite.

Ajoutons qu'un contraste extraordinaire rend encore ces choses plus frappantes ; car, en sortant de la grotte où vous avez retrouvé la richesse, les arts, la religion des peuples civilisés, vous êtes transporté dans une solitude profonde au milieu des masures arabes, parmi des sauvages demi-nus et des musulmans sans foi... »

Le pèlerin d'aujourd'hui qui n'a pas éprouvé, comme Chateaubriand, cette sensation de « richesse » à l'intérieur de la grotte, et qui ne trouvera pas davantage, à l'extérieur, de « sauvages demi-nus », vient donc de remonter l'escalier nord et pénètre dans la chapelle arménienne, dans la partie gauche du transept de la basilique, puis rejoint la porte de Joinville pour se diriger vers l'église catholique Sainte-Catherine. Il est là dans le domaine des franciscains. De l'église, on peut descendre vers tout un réseau de grottes (de Saint-Jérôme, des Saints-Innocents) et de chapelles qui communique avec la grotte de la Nativité. Remonté dans l'église Sainte-Catherine, le pèlerin peut en sortir par la porte centrale et débouche alors sur un très beau cloître – Saint-Jérôme – à partir duquel on rejoint le couvent franciscain, mais aussi la Casa Nova, bel hôtel en pierres claires tenu par les franciscains pour y recevoir les pèlerins... Des frères de Corde, avec leur tenue si reconnaissable, pieds nus dans des sandales, vont et viennent constamment.

À Bethléem, trente-quatre franciscains, dirigés aujourd'hui par le père Justo Artaraz – il porte le titre de gardien du sanctuaire de la Nativité –, s'occupent du couvent, de la paroisse Sainte-Catherine, de la Casa Nova, du séminaire, des sanctuaires des grottes de Saint-Jérôme, de la grotte du Lait, de la chapelle de la Maison de Joseph, des citernes de David, des ruines d'un monastère byzantin situé sur la colline d'Abou Ghunaim, des ruines du monastère géorgien de Saint-Théodore à Bir al-Qout.

Le père Eugenio Kamar est le curé de la paroisse latine de Bethléem. Il a passé trente-cinq ans en Syrie et essaie de redynamiser sa paroisse après le très long passage du père Georges, son prédécesseur. Assisté de deux vicaires, il est aussi responsable de l'asile de vieillards (actuellement occupé par une cinquantaine de vieilles dames) et d'un jardin d'enfants destiné à la progéniture des employés.

Les franciscains de Bethléem font partie de la custodie de Terre sainte qui continue à assurer la garde des sanctuaires. Cette garde, on l'a vu, n'a pas été de tout repos. L'ordre revendique quelque 4 000 morts dans l'exercice de cette mission. La custodie s'occupe de l'accueil et du service des pèlerins et assure aussi aujourd'hui le soutien pastoral et matériel des chrétiens palestiniens. Elle exerce ses diverses activités dans les pays du Proche-Orient : Israël, territoires dépendant de l'Autorité palestinienne, Jordanie, Syrie, Liban, Chypre, Égypte et Rhodes. Elle est dirigée de Jérusalem par le père Giovanni Battistelli, 66 ans, assisté d'un discrétoire de sept membres (discrets), dont l'un est désigné comme vicaire custodial. Jusqu'en 1980, ce dernier était français, mais cet ultime privilège de nationalité a été aboli cette année-là. Si la custodie dépend du patriarcat latin de Jérusalem, les relations entre ces deux instances sont aujourd'hui encore délicates.

La custodie de Terre sainte est, depuis la fin du XIVe siècle, représentée et assistée dans certains pays par des « commissariats de Terre sainte » pour veiller à ses intérêts et procéder à des collectes annuelles en faveur de la garde des Lieux saints. Il y a ainsi un commissariat de Terre sainte en France, dirigé par le père Bruno Dupuis.

15

# Les réfugiés de Bethléem

Les murs du salon de la maison des Abou Akar[1] célèbrent la mémoire de Mohammed, mort le 22 octobre 1990 des suites d'une blessure par balle doum-doum tirée sur lui par un soldat israélien dans la journée du 6 août 1988. Photos, portraits, tableaux représentent le jeune martyr. Occupant les emplacements restants, quelques foulards aux couleurs palestiniennes, deux portraits de Georges Habache, le leader radical du FPLP[2], un d'Abou

---

1. Première visite chez les Abou Akar, le 6 juillet 1999. L'histoire des Abou Akar s'appuie sur un long entretien avec la mère de Mohammed Abou Akar et sur un très beau livre écrit par Janet Varner Gunn, *Second Life. A West Bank Memoir*, publié en 1995 par l'University of Minnesota Press. Janet Varner Gunn a vécu pendant deux ans au camp de Deheiché, dans l'intimité de cette famille.

2. Le FPLP (Front populaire pour la libération de la Palestine) est la principale organisation rivale du Fatah, la plus ancienne et la plus importante des organisations de la résistance palestinienne animée par Yasser Arafat. Plusieurs scissions ont entraîné une baisse de son influence au sein de l'OLP (Organisation de libération de la Palestine), structure de représentation institutionnelle créée en 1964. Mais ses prises de position politiques et de spectaculaires détournements d'avions de ligne ont valu au FPLP d'occuper une place de premier plan au sein de la résistance palestinienne et une influence qui excède l'importance numérique de ses militants. En 1952, un groupe

Jihad[1], assassiné à Tunis le 16 avril 1988 par les services secrets israéliens, un cliché du Che et une vieille photo noir et blanc, remontant à 1948, montrant le camp de Deheiché, composé alors de toiles de tentes...

La maison des Abou Akar a été construite sur la vieille structure en béton que l'UNRWA[2] accordait à chaque

d'étudiants, parmi lesquels Georges Habache – issu d'une famille de commerçants grecs orthodoxes –, fonde le Mouvement des nationalistes arabes (MNA) qui se lie à Nasser. En 1964, deux organisations armées palestiniennes proches du MNA : les Héros du retour et les Jeunes de la Revanche, s'unissent et provoquent – en octobre 1967 – la naissance du Front populaire pour la libération de la Palestine, le FPLP, sous la direction de Georges Habache. Le FPLP s'est opposé à la conférence de Madrid, puis aux pourparlers d'Oslo. Aujourd'hui, il considère les accords d'Oslo comme un fait accompli.

1. Abou Jihad, proche collaborateur d'Arafat, était l'organisateur de l'Intifada.

2. L'Office de secours et de travaux des Nations unies pour les réfugiés de Palestine au Proche-Orient (UNRWA - United Nations Relief and Works Agency for Palestine Refugees in the Near-East) a été institué le 8 décembre 1949 par la résolution 302 de l'Assemblée générale de l'ONU pour mettre en œuvre des programmes de secours et de travaux destinés à venir en aide aux réfugiés de Palestine déplacés en 1948. Il n'a été opérationnel que le 1er mai 1950. À cette date, les 1 491 200 Palestiniens – dont 914 221 réfugiés enregistrés par les Nations unies – se répartissaient comme suit : 240 300 personnes à Gaza ; 764 900 en Cisjordanie ; 160 700 en Israël ; 322 000 dans les différents pays arabes, et 3 300 dans le reste du monde. Aujourd'hui encore, l'UNRWA poursuit la majorité de ses programmes, bien qu'il ait été constitué comme « organisme temporaire ». Son action se répartit dans cinq secteurs : Liban, Syrie, Jordanie (Transjordanie), Cisjordanie et Gaza. L'UNRWA a défini comme « réfugié de Palestine » toute personne qui, à la veille du conflit de 1948, résidait en Palestine depuis au moins deux ans, et qui, par suite du conflit, a perdu à la fois son foyer et ses moyens d'existence. Pour bénéficier de l'aide de l'UNRWA, le réfugié doit être immatriculé, « être dans le besoin » et avoir trouvé asile dans les régions limitrophes d'Israël en 1948. Y ont également droit les descendants des réfugiés immatriculés remplissant certaines

famille de réfugiés à la fin des années cinquante et qui lui sert à présent de buanderie. Le camp, qui regroupe aujourd'hui environ 8 500 réfugiés, est, depuis l'invasion israélienne du Liban en 1982, une marmite en ébullition, véritable cauchemar des occupants israéliens. À partir de 1985, des groupes combattants se sont constitués pour lutter contre les menées de « collaborateurs » qui tentaient d'allumer la guerre entre ceux qui soutenaient l'OLP et ceux qui s'étaient rangés derrière le FPLP de Georges Habache. En 1987, les militaires israéliens ont bloqué les deux entrées principales du camp pour apaiser les colons de Kiryat Arba, siège des extrémistes de la foi (Gush Emunim) à Hébron, qui, à chacun de leurs passages devant le camp, recevaient des projectiles.

Aujourd'hui, les réfugiés représentent *grosso modo* la moitié de la population des territoires palestiniens ; 380 000 vivent encore dans les vingt-huit camps de Cisjordanie et de Gaza. Rappelons qu'ils étaient, selon l'UNRWA, 726 000 en 1948. À Bethléem, on dénombre trois camps de réfugiés : Deheiché, Beit Jibrine et Aida.

Un petit garçon d'environ 5 ans tourne autour de sa grand-mère, une forte femme qui tient sa maisonnée avec un mélange de fermeté et de tendresse. L'enfant porte un tee-shirt orné d'une photo de Mohammed, son oncle, et d'un texte en arabe : « Le héros-martyr Mohammed ». À la question : « Quel est ton village ? », il répond : « Ras Abou Amar », avant de repartir jouer avec son frère.

Nous posons la même question à Hala, 17 ans, une des tantes du gamin qui vient de quitter le salon. Elle n'est pas

---

conditions. En juillet 1967, l'UNRWA a été prié par l'ONU de fournir une assistance humanitaire aux personnes qui, dans sa zone d'activité, ont été déplacées par suite de la guerre arabo-israélienne de juin 1967.

très à l'aise pour parler de « son » village à un étranger. Elle commence par des phrases convenues :

« Ras Abou Amar, c'est le village de mes parents, là où sont nés mes ancêtres, là où se passaient les histoires que l'on m'a racontées... Avant, il y avait des maisons. Il y a peut-être encore des arbres... Quand je songe à mon village, me revient d'abord l'histoire triste du départ de mes grands-parents, en 1948. Ils se sont installés ici, à Deheiché, parce que c'est tout près de Ras Abou Amar, et qu'ils pensaient ainsi pouvoir rentrer facilement. Je crois qu'un jour j'y reviendrai, et, si ce n'est moi, mes fils y reviendront. »

Elle laisse s'écouler quelques instants, puis reprend : « Ils auraient dû rester. »

Nous insistons pour qu'elle en dise davantage, car nous sentons bien que le village qu'elle porte dans sa tête est bien plus concret et précis que ces phrases anodines, tout juste bonnes pour un devoir de rédaction. Hala s'anime un peu et parle enfin du plaisir qu'elle éprouve à questionner sa grand-mère :

« Elle est vivante. Elle a 85 ans. Elle montre parfois les deux grandes clés de sa maison de Ras Abou Amar, qui serviront quand nous y retournerons... Je lui demande souvent de me raconter des histoires de son village. Notre maison était belle, même si elle n'était pas très spacieuse... Je peux imaginer comment ma grand-mère confectionnait le pain sur une pierre chaude, comment elle se levait, tôt matin, pour aller cueillir les figues, comment elle trayait les brebis et fabriquait du fromage avec le lait... »

Hala n'a connu que le camp de Deheiché situé tout près de Bethléem, sur le bord de la route qui relie Jérusalem à Hébron, à quelques kilomètres seulement du village dont elle parle, qu'elle n'a jamais vu et qu'elle ne verra probablement jamais, puisqu'il est situé en Israël. Hala est née trente-quatre ans après que ses grands-parents et leurs quatre enfants, dont sa propre mère, ont quitté ce village. Celui-ci abritait 719 âmes sur une superficie de 8 342 dunums. Aujourd'hui, on dénombre 4 031 réfugiés identifiés comme originaires de Ras Abou Amar.

La mère d'Hala n'avait qu'un an quand elle a quitté ce lieu que la famille idéalise au fil des ans. Elle se met à son tour à raconter sa vie de souffrances. La plupart des habitants de Ras Abou Amar et des villages environnants – Ajour, Zacharia, Lsefle, Bet Retab, Bet Natif, Eslin, El Goura, El Malha – n'emportèrent que quelques ballots et quelques bêtes. Les échos du massacre de Deir Yassine[1] étaient parvenus jusqu'à eux et des rumeurs incontrôlées faisaient état de meurtres et de viols commis par des Israé-

1. Un rapport – inédit – du Comité international de la Croix-Rouge (CICR) raconte : « Le conflit de mai 1948 à juillet 1949 fut extrêmement dur et sans merci. Nous l'avons suivi jour après jour, et voici ce que nous avons constaté : la véritable guerre a en fait commencé fin avril et s'est poursuivie jusqu'en février 1949. En avril, le 8 exactement, eut lieu le massacre de Deïr Yassin, petit village à dix kilomètres de Jérusalem, où environ 300 personnes arabes, toutes sans armes, furent massacrées, sur un total de 400 habitants. L'Irgoun a accompli cet acte de terrorisme inqualifiable auquel nous avons assisté. Vieillards, femmes, petits enfants, nouveau-nés, tout fut sauvagement tué, à la grenade et au couteau, par une troupe parfaitement dirigée par ses chefs, et sans aucun motif militaire ni provocation... Cette action a eu d'immenses répercussions – souligne le rapprt du CICR. Toute la presse, aussi bien juive qu'arabe, a hautement condamné ce procédé, mais en insistant sur le fait qu'il pouvait se reproduire et que chacun devait se méfier. La terreur s'est aussitôt installée chez les Arabes, déclenchant des mouvements de panique parfaitement disproportionnés avec le danger réel. Grâce à Deïr Yassin, 700 000 Arabes ont quitté leur domicile pour devenir des réfugiés, abandonnant tout aux Juifs. C'est ainsi que toute la population de Jaffa s'est enfuie, les 28 et 29 avril, alors que les Juifs de Tel-Aviv n'avaient déclenché qu'une petite attaque dans les faubourgs... »

liens dans des localités avoisinantes. Les fuyards croyaient partir pour une dizaine de jours ; ils sont toujours là, plus de cinquante ans après, dans un des trois camps de réfugiés de Bethléem. Pendant dix ans, comme le millier de familles installées à Deheiché, les Abou Akar ont vécu sous la tente, jusqu'à ce que les Nations unies installent de petites unités en béton d'environ six mètres carrés pour chaque famille. La mère d'Hala a fréquenté l'école primaire de l'UNRWA, tout près d'ici, puis s'est mariée avec un cousin originaire du même village qu'elle ; c'était en 1967, année de l'occupation de la Cisjordanie. Comme ses enfants et ses petits-enfants, elle dit qu'elle n'a qu'une idée en tête : revenir dans son village. Le plus extraordinaire est qu'elle semble vraiment croire à cette éventualité.

Comme tous les habitants de Bethléem, la mère d'Hala aime à parler de l'Intifada – la « guerre des pierres » déclenchée par les jeunes Palestiniens à la fin de 1987, jusqu'aux accords d'Oslo – alors même qu'elle y a perdu un fils. Avant le début de l'Intifada, les soldats israéliens avaient déjà repéré les enfants Abou Akar pour leur activisme, et effectué des descentes au domicile familial. Un jour, ils ont même rossé deux d'entre eux, pendant une heure, dans la cour de la maison. Puis les visites domiciliaires s'accélèrent. Les trois fils Abou Akar ne sont en effet pas les derniers à lancer des projectiles sur les véhicules israéliens qui passent devant le camp :

« Au début de mon mariage, j'avais rêvé d'autre chose pour mes enfants que de lancer des pierres, mais la vie en a décidé autrement, poursuit la mère. Mes fils ont été arrêtés une vingtaine de fois. Les gens du Chabak – les services de sécurité – faisaient en sorte qu'un de mes fils soit toujours en prison. Mes enfants ont été torturés, mais n'ont jamais dénoncé leurs copains. Ils ont – nous avons –

beaucoup souffert à cause des Israéliens. À plusieurs reprises, des soldats ont tout cassé dans la maison. Une fois, ils ont emporté la carte d'identité de mon mari. Puis ce fut la journée tragique du 6 août 1988. Ce jour-là, comme souvent, il y avait de violentes manifestations ; tous les soldats avaient la photo signalant mon fils Mohammed. Celui-ci a pris dans ses bras un camarade blessé pour le conduire à l'hôpital de Bethléem. C'est alors qu'un soldat, caché derrière un réservoir sur le toit d'une maison, l'a mis en joue et a tiré sur lui. Une balle doum-doum... Je n'ai pas mesuré tout de suite la gravité de son état, car, aussitôt après, une cinquantaine de soldats israéliens ont cerné la maison. L'un d'eux m'a dit de ne pas m'inquiéter, que mon fils n'était que légèrement blessé... Il a été transporté à l'hôpital arabe de Jérusalem ; là-bas, il a été opéré pendant cinq heures et, quand il s'est réveillé, il a fait à son père le “V” de la victoire et lui a dit : “On va gagner, je vais m'en sortir. Ne t'inquiète pas, on va libérer la Palestine !” Mais le médecin a confié à son père qu'il n'allait pas tarder à mourir, car il n'avait plus d'estomac. Les *chebabs* [les jeunes] du camp sont venus jusqu'à Jérusalem pour attendre sa mort. »

Janet Varner Gunn, une universitaire américaine qui effectue un séjour de deux ans à Jérusalem au sein d'une ONG, va alors entrer dans la vie des Abou Akar. Elle collabore au mensuel de son organisation, *Update*, qui relate les atteintes aux droits de l'homme, lorsqu'elle découvre par un ami palestinien l'histoire de Mohammed. Elle se rend à l'hôpital et entrevoit le blessé pendant quelques minutes. Il est squelettique et grimace de douleur à chaque inspiration. Deux semaines plus tard, le 13 septembre, contre toute attente, il est encore en vie. De nombreux amis sont venus lui souhaiter son dix-septième anniversaire et ont apporté des fleurs. Janet est là, elle aussi, au côté de celui qui est en train de devenir son protégé. Elle rencontre alors la mère de Mohammed à qui elle témoigne sa sympathie et sa compassion.

« Mes autres fils auraient pu aussi être tués. Cela fait partie de notre situation », lui répond-elle d'une voix qui ne tremble pas, gardant son chagrin pour elle-même.

L'universitaire américaine apprend que seule une intervention aux États-Unis pourrait sauver son protégé palestinien. En deux semaines, elle réussit à lever tous les obstacles pour faire opérer là-bas Mohammed. Elle a convaincu un certain nombre d'organisations de s'engager financièrement. L'adolescent revient trois mois et demi plus tard. Il est maintenant connu dans le monde entier. Glenn Frankel, lauréat du prix Pulitzer, a écrit à son sujet dans le *Washington Post* un article intitulé « Les blessures transforment un jeune Palestinien en légende ».

La mère poursuit son récit : « Mohammed est sorti de l'hôpital. Il a passé son baccalauréat, a appris à conduire. Les soldats l'ont arrêté par deux fois, mais l'ont laissé repartir quand ils ont vu sa terrible blessure au ventre. Le "miraculé" était très populaire, un héros... Le sursis n'a pas été très long. Très affaibli, il est mort quelques mois plus tard. Les Israéliens ont immédiatement bouclé le camp. Par peur qu'ils prennent son corps, les amis de Mohammed ont subtilisé sa dépouille à Jérusalem et l'ont transportée en empruntant de petites routes. Malgré le couvre-feu, les Israéliens n'ont pas pu contrôler le camp qui honorait son martyr. »

Si elle souffre à l'évocation de la tragédie de son fils, la mère de Mohammed ne tremble pas pour autant : « Je n'ai pas peur, je dis ce que je veux... » Elle n'hésite pas à déclarer que seul Georges Habache a actuellement son soutien, parce qu'il a toujours défendu les réfugiés palestiniens, qu'il exprime ce qu'elle pense à propos de Jérusalem, qu'il est comme elle contre les accords d'Oslo qui n'ont, dit-elle, absolument rien apporté aux réfugiés :

« C'est quoi, la paix d'Oslo ? C'est peut-être bien pour les gosses, mais pas pour moi. Moi, je veux retourner dans mon village. Si la situation n'évolue pas, on va résister. Ce n'est pas possible qu'un Juif de Russie, de France ou d'ailleurs vienne occuper mon village ! Ce n'est pas juste ! Les zones autonomes, ça ne signifie rien pour nous. Ce sont toujours les Israéliens qui décident de tout... »

Elle s'emporte contre les gens de l'Autorité palestinienne qui n'ont pas souffert, eux, et qui, selon elle, ne font rien :

« Pendant l'Intifada, les Palestiniens étaient proches les uns des autres, ils étaient solidaires. Depuis que l'Autorité est censée nous diriger, il n'y a plus de solidarité envers ceux qui croupissent toujours dans les prisons israéliennes[1]. Aujourd'hui, la situation est encore pire que sous l'occupation. »

La mère de Mohammed s'en prend violemment à ceux qui font étalage de leurs voitures et de leur argent, alors que la plupart végètent dans la misère. Elle raconte que, la veille de l'arrêt de l'occupation de Bethléem, fin décembre 1995, des soldats israéliens sont venus embarquer deux de ses autres fils, dont l'un a eu un œil emporté par une balle, mais elle omet de préciser que ces deux garçons ont ensuite été arrêtés par des policiers palestiniens et incarcérés pendant quatre mois.

1. Ces phrases ont été prononcées en juillet 1999, c'est-à-dire deux mois avant la négociation Arafat-Barak et la libération d'un premier contingent de détenus.

Aujourd'hui, un des fils Abou Akar est à l'université de Bethléem, l'autre est peintre, le troisième a trouvé un emploi dans un hôpital. Tous trois ne peuvent sortir de la zone « A », celle qui est placée sous contrôle exclusif palestinien. En clair, ils ne peuvent quitter le périmètre de Bethléem.

Les Abou Akar ont également deux filles. L'une est mariée, l'autre, Hala, la petite dernière, devait faire un voyage avec sa classe à Gaza, mais elle n'a pas pu accompagner ses amies, car elle est une Abou Akar, et, comme ses frères, ne peut pas quitter Bethléem.

Deux jours plus tard, nous revenons chez les Abou Akar. Deux petits enfants jouent « à l'Intifada » dans la cour : l'un incarne le soldat israélien, l'autre le *chebab*... Dans le salon dont les murs commémorent le glorieux souvenir de Mohammed, un nouveau personnage a pris place : la « mère Aziz », 90 ans, une voisine installée dans le camp également depuis 1948. Si elle a du mal à marcher, il émane d'elle, en revanche, une incroyable énergie. Les yeux très vifs, une « tchatche » inépuisable, elle tient entre ses mains deux clés : celle du garde-manger et celle de la maison qu'elle a dû abandonner en 1948 après avoir entendu elle aussi parler du massacre de Deir Yassine ainsi que de cas de paysans précipités dans les puits. Elle mourra avec ces deux clés dans la main. Elle sait pourtant ce qu'est devenu Eslin, son village, car elle a réussi à y retourner, notamment avec une équipe de télévision néerlandaise. Là-bas, il n'y a plus une maison debout. Elle a pleuré quand elle a contemplé pour la première fois ce désolant spectacle. Elle porte néanmoins toujours son village dans la tête. Elle le décrit. C'est bien lui qui la fait vivre et lui « donne l'énergie pour y retourner ». Elle ne pense qu'à ça : « Je veux dormir à même cette terre. Qui va nous y ramener ? » Elle ajoute : « Je suis très fatiguée physiquement, mais, si mon âme est encore intacte, c'est à cause de l'idée du retour... Je sais bien que mes clés n'ouvriront plus rien, puisque ma maison a été démolie, mais je les garde toujours avec moi... »

Il y a dix ans, la « mère Aziz » courait encore avec les petits *chebabs*, fuyant les soldats israéliens ; elle les aidait, car elle était contente que les gosses se battent pour sa terre, leur terre. Elle se souvient d'avoir conseillé à Mohammed de bien faire attention. « Cela m'est bien égal de mourir, ils peuvent me tuer », lui aurait-il répondu. Elle parle avec douceur des amis juifs que sa famille fréquentait dans les années vingt. Ils étaient d'un village voisin d'Eslin : « Eux, étaient palestiniens et avaient les mêmes traditions que nous. Ils venaient à nos fêtes de famille. » Elle s'emballe ensuite contre les Anglais « qui ont fait cadeau de la Palestine aux Juifs ». Puis c'est au tour du roi Abdallah de Jordanie de s'attirer les coups de la très vieille dame : « Il nous a vendus aux Juifs. Abdallah, c'est comme une souris morte qui sent du museau, il faut le prendre avec un mouchoir et le jeter loin de la maison[1]. » Elle conclut sur ce qu'elle et les Palestiniens ont vécu en 1948 : « C'était une catastrophe comme le Kosovo. Mais, maintenant, les Kosovars rentrent chez eux, tandis que nous, au bout de cinquante et un ans, nous sommes toujours ici... »

1. La hargne de la vieille dame repose sur une réalité historique...

Le camp de Beit Jibrin est situé à l'autre bout de la ville, tout près du tombeau de Rachel. Sa dénomination officielle est al-Azeh, mais personne ne l'appelle ainsi. Beit Jibrin est le nom du village dont sont originaires les réfugiés, à 25 kilomètres à l'ouest d'Hébron, et qui comptait 5 500 habitants en 1948. Il s'agit du plus petit des vingt-sept camps de réfugiés palestiniens.

Notre guide est une figure locale de l'Intifada. Originaire du village de Beit Ajar – entre Bethléem et Hébron –, Jihad Essa Takakh a 28 ans. Membre du Front populaire de libération de la Palestine (FPLP) de Georges Habache, il connaît chaque famille de Beit Jibrin. Avant de pénétrer dans le camp, il nous raconte brièvement son histoire.

Après avoir, en première ligne, jeté des pierres avec des copains sur les forces d'occupation, il a été arrêté le 2 mars 1990. Il avait alors 19 ans. Une quarantaine de soldats ont déboulé sur sa maison, au village. Ses parents ont été battus et l'intérieur du domicile familial ravagé – « comme après le passage d'un cyclone », dit-il.

« Les soldats ont dit aux gens du village qu'ils m'embarquaient pour une heure. J'ai été condamné à vingt-sept mois de prison, dont huit jours d'interrogatoires par les brutes du Shin Bet [la Sécurité intérieure israélienne]. Durant l'une de ces séances, on m'a cassé un doigt [il montre] et tiré une balle dans le genou gauche [il montre également]. Les questions étaient : “Pourquoi jetez-vous des pierres ? Qui vous a dit de le faire ? À quelle organisation appartenez-vous ? Qui est votre chef ? Qui lance aussi des pierres dans votre quartier ? Est-ce que vous connaissez les familles de ceux qui jettent des pierres ?” Évidemment, je ne disais rien et encaissais des coups de tous les côtés. Mes cinq frères ont été arrêtés eux aussi, de même que mes deux oncles. Dans un premier temps, on m'a flanqué à la prison de Betonia, avant de me transférer dans le désert du Néguev. Ensuite, j'ai été incarcéré près de Jérusalem, à Mascobiyeh, puis à Megido, enfin à Hébron. Mes parents n'ont reçu de mes nouvelles qu'un an après mon arrestation. Les occupants m'ont relâché en 1993. »

Les présentations ainsi faites, Jihad nous conduit dans le camp. Sitôt franchie l'entrée signalée par un panneau bleu de l'UNRWA, l'enchevêtrement des petites bicoques en briques tranche sur le reste du quartier. Les ruelles étroites et sinueuses laissent passer une lumière différente. Les bruits non plus ne sont pas les mêmes. Les gosses jouent au ballon avec une simple boule de chiffons. Notre progression dans l'allée principale attire des femmes aux fenêtres. En moins de cinq minutes, la nouvelle de notre visite s'est répandue comme une traînée de poudre : une véritable procession d'enfants et d'adolescents nous accompagne jusqu'au patio d'une maisonnette blanchie à la chaux.

Un vieux nous attend sur le pas de la porte. Très digne, arborant une longue barbe aussi blanche que sa *abaya* (la robe de coton traditionnelle des paysans palestiniens), il nous invite à prendre place dans la cour bétonnée mais ombragée. Il a l'air méfiant. Par l'intermédiaire de Jihad, il veut savoir qui nous sommes, ce que nous faisons dans le camp dont il est à l'évidence une autorité. La question décisive tombe comme un couperet : « Avez-vous eu des contacts avec les forces d'occupation ? » Après notre réponse négative, il accepte de parler, mais, s'il y consent, c'est parce que « le monde occidental doit savoir la vérité sur notre malheur », dit-il d'une voix sentencieuse.

Ahmed Abd al-Rahman, 76 ans, musulman, est un ancien paysan. Sa ferme était une des plus belles, une des plus enviées de Beit Jibrin. Ses terres étaient vastes et fertiles.

Il ne se souvient plus de la superficie exacte, seulement que son regard pouvait s'y perdre et confondre les confins de ses champs avec la ligne d'horizon... « On cultivait de tout, raconte-t-il, on avait des vaches et des moutons. Les saisons se succédaient et nous vivions heureux, sans histoires, avec nos parents et nos voisins. En 1948, des coups de canon ont tonné durant plusieurs jours près de la ferme. Le malheur est arrivé dès l'instant où les Anglais ont donné notre terre aux Juifs. On a été vendus comme un troupeau de moutons... »

Le vieil homme poursuit son récit sans effort apparent, comme si tout datait d'hier :

« Avec nos voisins, nous avons décidé de quitter la ferme afin de nous mettre à couvert à Hébron, la ville la plus proche. Nous avons pensé que nous y serions en sécurité, car c'est là que nous avions l'habitude de vendre les produits de notre terre. On était huit : mes parents et cinq frères et sœurs. Je n'étais pas encore marié. Comme on croyait revenir bientôt – avec l'aide des forces arabes coalisées –, on n'a emporté que le strict nécessaire... En arrivant à Hébron, on a constaté que beaucoup de familles avaient eu le même réflexe que nous : rejoindre une zone urbanisée. Avec des amis, en croisant nos récits respectifs, nous avons appris que beaucoup avaient fui devant l'avancée des soldats israéliens fonçant à bord de véhicules blindés. Voyant les jours passer, on a commencé par choisir un endroit où s'installer provisoirement. Deux mois plus tard, on est partis pour Jéricho, toujours à pied, parce qu'on avait froid sous la tente et qu'il fait plus chaud à Jéricho... L'encombrement et l'entassement des gens y étaient indicibles. Après cinq mois d'une installation très précaire – toujours sous la tente –, sans vêtements de rechange, sans argent ni bétail, on a appris que des cousins s'étaient installés à Bethléem et que les conditions de vie y étaient plus faciles, la Croix-Rouge internationale y ayant installé des tentes et distribuant de la nourriture. En effet, en arrivant par le nord de Bethléem, des bergers nous ont raconté que les troupes jordaniennes venaient d'évacuer le monastère orthodoxe de Saint-Élias. Des gens arborant des brassards de la Croix-Rouge nous ont dirigés vers la tombe de Rachel, et nous avons été accueillis dans cet endroit où nous sommes encore aujourd'hui. La Croix-Rouge avait pris possession d'un ancien camp de l'armée égyptienne qui protégeait Bethléem avant la catastrophe de 1948. On a vécu comme cela, au jour le jour, jusqu'en 1951, l'année où l'UNRWA a pris les choses en main.

« On a continué à vivre sous la tente jusqu'en 1957, date à laquelle l'UNRWA a commencé à bâtir de petites maisons en dur... Le plan d'occupation a été calqué sur l'emplacement des tentes. La maison qu'on habite encore aujourd'hui a été construite exactement à l'emplacement de la tente que je partageais avec mon père. Selon l'importance des familles, on construisait des maisons de 3,5 mètres sur 3, ou de 4,5 mètres sur 3. Ma famille a pu ainsi obtenir trois baraques : une pour mon père, une pour mon frère et la dernière pour moi. Chacun a commencé à chercher du travail. Certains sont partis à Amman en Jordanie. D'autres en ont trouvé à Bethléem. J'ai eu la chance de sympathiser avec des employés de l'UNRWA qui m'ont confié la garde de l'école du camp. L'école des garçons et des filles se trouvait dans un bâtiment situé en face de l'actuelle université. Je suis resté gardien de l'école jusqu'en 1989, deux ans après le début de l'Intifada.

« En juin 1967, on a eu l'impression que tout recommençait... On était ici, dans le camp. Les premiers soldats sont arrivés, juchés sur des chars. Le camp de Beit Jibrin a été encerclé par une multitude de fantassins. À Bethléem, il y a eu des morts. Les troupes d'occupation ont bombardé le centre-ville, mais aussi les abords du camp, à proximité de la tombe de Rachel dont la façade a reçu des éclats d'obus. C'était désespérant, car il n'y avait personne pour contrer cette offensive. On s'est sentis totalement abandonnés, comme en 1948. Mais, cette fois-ci, c'était pire que tout : on ne savait rien, et, surtout, on ne comprenait rien à la situation, car la radio égyptienne diffusait des bulletins de victoire et des appels à la résistance. »

Les yeux du vieil homme s'embuent, il retient ses larmes.

« En fait, personne ne résistait et on voyait des soldats israéliens absolument partout. C'est à ce moment-là que la communauté internationale a abandonné tout un peuple à l'occupation étrangère, une occupation brutale. »

Il s'arrête et se concentre pour évoquer la vie quotidienne au camp. À plusieurs reprises, il cite les noms de familles du voisinage qui ont eu un des leurs arrêté :

« Très souvent – en tout cas plusieurs fois par jour –, les soldats faisaient irruption dans les maisons du camp en renversant tout sur leur passage ; on nous alignait contre le mur, les mains sur la tête, sans bouger sous le soleil pendant plusieurs heures, ou bien au milieu de la nuit.

« De 1967 à 1973, il n'y a eu aucun changement. Notre vie s'est figée dans une espèce de rythme biologique, sans événement particulier, sinon un sursaut d'espoir pendant la guerre du Kippour, avant que tout ne retombe à nouveau. Nous, les habitants de Beit Jibrin, nous sommes devenus des feuilles d'arbre à la merci du moindre souffle, des averses et des saisons, exposées à tous les vents. Des feuilles d'arbre – répète Ahmed avec gravité –, pas plus que cela. Aujourd'hui encore, je ne suis pas sûr que nos vies pèsent plus que les feuilles des arbres... »

Chaque fois qu'il le peut, Ahmed Abd al-Rahman remercie les Bethléemites pour leur hospitalité :

« Les habitants de Bethléem, de Beit Jala et de Beit Sahour sont les meilleurs voisins du monde, des gens très bien, solidaires et généreux, qui nous ont accueillis comme des frères... »

Mais le vieil homme n'aspire qu'à une chose : retrouver sa terre, qui était celle de ses parents et de ses grands-parents :

« Même si on me construit un château n'importe où, je préfère retrouver ma terre. Oui, même si je dois y finir ma vie sous une toile de tente, encore une fois. »

En octobre 1967, il est retourné voir son village avec un ami de la famille. Les deux hommes ont pris l'autobus et sont descendus près d'Hébron avant de finir la route à pied :

« La maison était complètement détruite, comme toutes celles du hameau de Beit Jibrin où nous vivions. Il n'y avait personne. Je me suis assis sur un muret. Soudain pris d'une immense fatigue, j'ai été saisi d'un grand tremblement et je me suis évanoui. L'ami m'a ramené à moi. Il était effrayé et nous sommes partis rapidement. Il y avait partout de nouvelles plantations, des pommiers et des orangers. Je n'ai même pas reconnu la sinuosité des sillons dans les champs dont j'avais tant retourné la terre. Je n'ai pas reconnu non plus la ligne d'horizon. C'est la dernière fois que j'ai contemplé ma terre... »

Et aujourd'hui ?

« Aujourd'hui, répond Ahmed en levant les yeux au ciel, grâce à Dieu, j'ai six garçons et sept filles, ainsi que quatorze petits-enfants. Notre camp abrite environ deux mille personnes. Ce sont eux qui vivront le retour chez nous, parce que ici c'est la terre des Bethléemites, pas la nôtre. Au premier tremblement de terre dans le monde arabe, nous rentrerons chez nous, en dépit des fusils. Aujourd'hui, rien ne peut nous empêcher de songer à ce jour... »

Intarissable lorsqu'il s'emploie à nous faire partager cet espoir, Ahmed Abd al-Rahman se ferme dès qu'on parle politique. Sa méfiance n'a pas complètement disparu, même si notre guide, Jihad, tente de lui faire entendre qu'il n'a rien à redouter.

Azam, 19 ans, un de ses fils, pénètre alors dans la pièce.

« Mon fils, reprend Ahmed, travaille à l'école de l'UNRWA, comme moi. Les autres travaillent pour l'Autorité palestinienne et dans la construction. Avec eux – en 1993 –, lorsqu'on a vu à la télévision Arafat serrer la main de Rabin, on s'est dit que c'était peut-être le début du chemin du retour. Ce sera difficile, mais on y arrivera, j'en suis convaincu... »

Écoutant respectueusement la conversation, Azam finit par intervenir en commençant par s'adresser à son père :

« Ta vision est trop sentimentale et, malgré tes prophéties, le retour n'est pas pour demain... Ce ne sont pas les accords d'Oslo qui te rendront ta terre. Regarde autour de toi ! Regarde la vie qu'on mène ! On étouffe, ici, on ne peut rien faire. On ne peut même pas aller à Jérusalem. Regardez, tout autour de Bethléem : ils ont pris nos montagnes pour y construire des forteresses peuplées de colons armés jusqu'aux dents. Quand les occupants mettent la main sur des terres, ils ne les lâchent plus. Comment peut-on parler de paix tout en continuant à construire de nouvelles colonies ? Leur paix durcit de jour en jour, comme le ciment de leurs constructions. Bethléem, Hébron,

Ramallah, Naplouse, Jéricho : toutes ces villes palestiniennes sont aujourd'hui ceinturées par le ciment de cette drôle de paix... Les États-Unis financent les travaux. La Turquie s'est donnée à l'occupant comme une putain. La Grande-Bretagne, l'Italie et la France dorment ! Quant à la Syrie, elle a déjà signé la paix la plus humiliante. Un jour, Habache et Hawatmeh[1] rentreront ici pour continuer la lutte à nos côtés. Reprendre la lutte : voilà notre seule perspective.

– Qu'est-ce qu'être palestinien ?

– C'est tenir à sa terre, à ses parents, à sa famille, à son village, répond le vieux paysan de Beit Jibrin.

– Je suis palestinien parce que je suis fier d'être ce que je suis, complète le fils. J'ai été élevé dans l'honneur, et non pas dans la résignation. Je suis un Palestinien parce que je n'accepte pas la vie que nous menons ici !

– Comment s'est passée l'Intifada, à Bethléem ?

Répugnant toujours à parler politique, Ahmed Abd al-Rahman pèse chacun de ses mots :

« L'Intifada a été une période extrêmement difficile. En premier lieu, ce mouvement a été notre révolte, celle des Palestiniens des camps de réfugiés, en dehors de tout clivage, de toute appartenance aux organisations politiques. Chacun a participé à sa manière, à son niveau, selon ses possibilités. L'Intifada a changé beaucoup de choses, tout particulièrement les rapports entre nous : avec nos enfants, avec nos voisins, avec les gens de Bethléem qui ont une fois de plus manifesté à notre endroit une solidarité à toute

1. Leader du FDPLP, Nayef Hawatmeh est, comme Georges Habache, chrétien. Il vit actuellement à Damas.

épreuve. Durant cette période, j'ai l'impression que nous avons tous été unis contre l'occupant. »

Akef, 25 ans, l'un des frères d'Azam, nous a rejoints. Il finit des études d'expert-comptable à l'université de Bethléem. Pour lui, l'Intifada, c'est sa main gauche broyée par une femme soldat israélienne – à coups de gourdin sur le rebord d'un lit métallique – lors d'un interrogatoire au poste de police, en face de l'église de la Nativité. Akef est l'élément le plus politisé de la famille :

« Les jeunes de Beit Jibrin sont majoritairement FDPLP, explique-t-il. C'est pour cette raison qu'ils ont mené l'Intafada conjointement à ceux du camp de Deheiché. Georges Habache jouit toujours d'un grand prestige dans ces camps, parce que, contrairement à Arafat, il poursuit la lutte. »

Akef exprime aussi son admiration pour les chrétiens de Beit Sahour qui, « eux aussi, ont fait front contre l'occupant. Tout le quartier a fait la grève de l'impôt. Pour les punir, les soldats ont perquisitionné maison par maison, emportant les meubles, les vêtements, la télévision ».

Après avoir partagé le thé avec nous, les fils d'Ahmed sont sortis dans le camp expliquer aux voisins inquiets la raison de notre présence prolongée à Beit Jibrin. Ahmed Abd al-Rahman paraît rassuré, plus confiant. Malgré les dénégations de notre guide, il sourit malicieusement en nous disant que nous n'oserons jamais retranscrire le contenu de cette conversation. Mais, hormis cette brève embellie, une lourde mélancolie a tôt fait de voiler à nouveau son regard, nous signifiant que le moment est venu de nous retirer.

Avant de nous quitter, comme pour exprimer une ultime vérité, il prend nos mains entre les siennes :

« Je pense tout le temps à ma maison. Parfois, j'ai peur de devenir fou ! Tous les jours, je pense à ma terre, et il m'arrive de pleurer tout seul dans l'obscurité pour ne pas montrer mon chagrin à mes enfants et à mes petits-enfants. Je préfère leur parler de notre ferme, de nos cultures, de nos moutons. Dès que j'aperçois des moutons quelque part, je me sens tout à coup très mal, comme lorsque je me suis évanoui, sur le muret, parmi les décombres de notre maison. Je ressens alors une profonde humiliation, une douleur que tous les paysans du monde peuvent comprendre et partager. Dieu vous garde ! »

La nuit tombe ; une lumière rasante fait briller les réservoirs d'eau sur les toits en terrasse des cubes de brique qui tiennent lieu de demeures aux réfugiés. Les gosses tapent toujours dans leur boule de chiffons en se chamaillant. Comme à l'aller, notre sortie de Beit Jibrin est escortée par une bonne partie de la jeunesse du camp. Les plus âgés font à notre attention le « V » de la victoire. À l'évidence, une autre Intifada peut se rallumer ici à tout moment... Jihad nous explique qu'ils sont heureux que des étrangers s'intéressent à leur vie ici et que nous serons toujours les bienvenus.

# 16

# Comme l'électricité, le téléphone, la monnaie... l'eau est toujours contrôlée par l'armée israélienne

Quelques jours à Bethléem suffisent pour toucher du doigt la plupart des problèmes qui se posent en Palestine. Si les occupants sont partis en décembre 1995, ils restent néanmoins omniprésents. Tous les flux sont contrôlés par eux. Les hommes, d'abord, qui ne peuvent aller librement à Jérusalem : même le maire est obligé de demander un permis spécial pour se rendre à une réunion, et il a peu de chances de l'obtenir à temps. Alors que les taxis israéliens de Jérusalem peuvent venir à Bethléem, ceux de Bethléem ne peuvent aller à Jérusalem. Dès qu'on sort de Bethléem, des blocs de béton peints en jaune et brun montrent à l'automobiliste ou au promeneur qu'on passe en zone « C », contrôlée par les Israéliens. La monnaie est israélienne, la banque installée sur la place de la Nativité n'a même pas changé ses formulaires, toujours rédigés en hébreu. Le téléphone comme l'électricité sont contrôlés par les Israéliens ; le numéro de code de Bethléem est d'ailleurs le même que celui de Jérusalem. Nous ne courons guère de risques à supposer que le travail des services de contrôle des conversations téléphoniques s'en trouve facilité.

Plus surprenant encore est le problème de l'eau. À Bethléem, comme sur l'ensemble du territoire cisjordanien, l'eau est contrôlée par l'armée israélienne. Le West Bank Water Department (WBWD) a été créé en 1967, juste après l'occupation israélienne, pour gérer les puits existants et l'approvisionnement des villes palestiniennes. En 1982, l'armée israélienne a pris le contrôle direct des puits gérés jusque-là par le WBWD. Les Israéliens voulaient soustraire aux techniciens palestiniens des informations jugées stratégiques sur les nappes phréatiques, les caractéristiques techniques, les quantités puisées. Aux termes d'un arrangement entre l'armée et l'administration civile (qui n'en dépend pas moins du ministère de la Défense), la compagnie israélienne Mekorot s'est vu confier le contrôle technique des puits, cependant que la gestion administrative restait du ressort du WBWD. Ainsi, trois organismes interviennent dans l'approvisionnement en eau de Bethléem : la Mekorot vend de l'eau au WBWD qui l'achemine ensuite vers les neuf centres d'approvisionnement « primaires » de la Water Supply Sewerage Authority qui dessert environ 72 000 Palestiniens (sur les 113 000) grâce à 8 600 compteurs individuels. Cette eau provient de six puits situés sur le plateau d'Hérodion, au sud de Bethléem, dont un seul dépend de la WSSAM.

Plus généralement, dans toute la Cisjordanie, ce sont les Israéliens du WBWD qui décident du volume d'eau qui sera acheminé dans les réseaux palestiniens et de celui qui le sera vers les colonies juives. Les trois nappes phréatiques qui alimentent Israël et les territoires palestiniens sont toutes situées en Cisjordanie. Les Palestiniens n'utilisent que 20 % de la production totale issue de ces réserves. Par ailleurs, ils ne peuvent augmenter librement leurs propres ressources en eau, car ils ont interdiction de creuser de nouveaux puits sans l'agrément d'un comité israélo-palestinien mis en place par les accords d'Oslo.

Cette situation permet de comprendre pourquoi Bethléem a manqué d'eau durant l'été 1998 et, dans une moindre mesure, pendant l'été 1999. Le débit quotidien moyen est ainsi tombé à 3 122 $m^3$ entre le 6 et le 13 juillet 1998, pour remonter à 10 464 $m^3$ en août. Une crise qui a provoqué un intense marché noir : le mètre cube a atteint 150 Nis – soit l'équivalent de 220 francs français – au plus fort de la pénurie.

Le Bethléemite consomme pourtant en moyenne seulement 76 litres d'eau par jour, alors que la norme quotidienne fixée par l'OMS est de 100 litres. Il y a de surcroît de grandes disparités entre les usagers selon leur situation géographique dans le district de Bethléem. La pénurie s'explique d'abord parce que les besoins des colonies ont été satisfaits en priorité par les militaires israéliens. Il y a accessoirement une raison plus sordide à ce manque : de l'eau a été ponctionnée en amont, sur le réseau du WBWD, pour être revendue ensuite au marché noir. De tels trafics n'ont pu être opérés sans une collusion entre des Palestiniens et des Israéliens, puisque les prélèvements illicites s'effectuaient en zone « C », contrôlée par les militaires israéliens. Certains affirment aussi que la pénurie de juillet 1998 a pu être un signe – malveillant – des Israéliens visant à montrer aux Bethléemites à quel point ils étaient dépendants de leur bon vouloir, et qu'ils pourraient, le moment venu, par exemple en cas de déclaration unilatérale d'indépendance, « fermer le robinet ».

Aux problèmes de nature politique s'ajoutent enfin ceux qui proviennent de la vétusté des installations, des branchements sauvages, d'une gestion défaillante due à un manque de savoir-faire technique entraîné par la dépendance.

Si l'article 40 des accords d'Oslo reconnaît l'existence de « droits palestiniens » sur l'eau de Cisjordanie, il repousse les réponses aux délicates questions de propriété aux négociations portant sur le statut final. Or, les dispositions actuelles recèlent de nombreuses ambiguïtés, comme le fait que les besoins autres que domestiques ne sont pas mentionnés. Elles sont et seront sources de nombreuses disputes et polémiques. Les Israéliens n'ont fourni que 10 millions de mètres cubes sur les 28,6 millions qu'ils s'étaient engagés à laisser débiter pendant la période intermédiaire, car le Joint Water Committee n'a autorisé le forage que de sept nouveaux puits dans la nappe Eastern Aquifer, la seule à ne pouvoir être exploitée qu'à partir du territoire cisjordanien.

Le partage de l'eau est donc bien désormais au cœur du conflit israélo-arabe.

## 17

# La grotte est encerclée...

L'injustice est inscrite dans le paysage de Bethléem. La dernière image que nous emportons de la ville de la Nativité après dix jours de séjour est celle d'un grand incendie de pins embrasant le sommet de la colline d'Abou Ghunaim, à quelques kilomètres à l'est de la ville. Ce feu a été allumé volontairement par les Israéliens, le 12 juillet dernier, c'est-à-dire au lendemain de la première rencontre entre Ehud Barak, nouveau Premier ministre israélien, et Yasser Arafat, président de l'Autorité palestinienne. Bethléem et les Palestiniens ont définitivement perdu un combat entamé en mars 1996 pour s'opposer à l'installation, sur des terres du district, d'une nouvelle colonie juive appelée « Har Homa ». Celle-ci est prévue pour devenir une réplique de Bethléem, avec de nombreux et confortables hôtels, dans le but de dériver une partie du flux de touristes – donc de profits – de la ville de la Nativité. Cette installation a été d'autant plus sensible au cœur des Bethléemites que cette colline était, avec ses soixante mille pins, la seule grande réserve verte de la région, et le siège d'une très grande activité monastique depuis les premiers siècles de notre ère. Har Homa, d'une superficie de 2 126 dunums[1], et l'autoroute de contournement qui la relie à la colonie de Gilo, située au nord de Bethléem sur des terres également confisquées d'environ 1 500 dunums, parachèvent l'encerclement de la petite ville palestinienne. Cet incendie indique que les autorités israéliennes, après avoir dédaigné les protestations palestiniennes et construit les infrastructures de cette nouvelle colonie, ont décidé de reprendre les travaux, perçus par les Bethléemites comme une provocation et une grave injustice. Il signifie en effet que les travaux d'installation de la colonie vont bientôt recommencer et constituer la deuxième grave agression israélienne de l'année autour de Bethléem.

La première s'est déroulée en mars dernier, quand deux bulldozers ont arraché des oliviers pour accroître les superficies « colonisées » et aménager une nouvelle route desservant la colonie Éfrat (ou Éphratah), située cette fois au sud de Bethléem. Chaque construction de route stérilise les terres en bordure : les fermiers palestiniens ne peuvent plus les utiliser. Salah Tamari, un des personnages incontournables de Bethléem, a une nouvelle fois tenté d'alerter tout un chacun, notamment le consulat américain, pour empêcher l'irrémédiable. Le journaliste israélien qui assistait à la scène a déclaré à Salah Tamari : « Les Palestiniens sont dans une meilleure situation que les Juifs durant l'Holocauste. Vous, vous pouvez protester et appeler le consulat américain. Nous, nous avons été arrêtés et emmenés dans les chambres à gaz, et personne n'a protesté... Même si je ne justifie pas, bien sûr, ce qui est en train de se passer...[2] »

1. 10 dunums = 1 hectare.
2. *Jerusalem Times* du 12 mars 1999.

Le journaliste a oublié de mettre en scène un autre militant – israélien, celui-ci – qui est de tous les combats aux côtés de Tamari dans la lutte des Bethléemites contre les confiscations de terres : il s'agit de Michel Warschawsky, fils d'un ancien grand rabbin de Strasbourg.

Grand, les yeux bleus, Salah Tamari, 55 ans, est le chef d'une grande tribu bethléemite musulmane. Député de la circonscription de Bethléem au Conseil législatif, il y est président de la Commission pour la terre et les colonies. Viscéralement attaché à sa terre, il la défend avec l'énergie du désespoir. Toute son activité de militant du Fatah – il a été chef de commandos, mais il a aussi séjourné cinq ans aux États-Unis pour y mobiliser les ressortissants arabes en faveur de la cause palestinienne – repose sur la nostalgie d'un Bethléem qui appartient au passé : celui de la culture de l'olive, de l'harmonie entre des gens de religions différentes, des processions de Noël, des récoltes abondantes et ritualisées. Il raconte que, petit, il avait demandé à son père musulman pourquoi le voisin avait une partie du visage paralysée. Le père avait répondu : « Parce qu'il a dit du mal de l'Église ! »

« J'ai été très choqué, au Liban, de voir des chrétiens tirer sur des lieux du culte musulman, et, inversement, des musulmans tirer sur des édifices chrétiens. Pour moi, qui suis de Bethléem, un tel acte est tabou... Je suis toujours fasciné par l'église de la Nativité, par la paix qui émane des franciscains... La culture de Bethléem, qui est une culture de paix, doit être préservée... »

Le lyrisme de Tamari sur les temps d'avant 1967, autrement dit d'avant l'occupation, est inépuisable. Quand il s'emploie à décrire ce qui est arrivé après, son ton change complètement : « Et l'occupation vint ! Elle a modifié brutalement notre façon de vivre. Je me bats pour que cette façon-là revienne... » Pour lui, la politique n'a de sens que si elle défend en toutes choses la dimension humaine, or, jusqu'à maintenant « c'est l'inverse qui est advenu ».

Le bureau de Tamari, situé sur la route qui conduit à Jérusalem, près du tombeau de Rachel, est tapissé de photos de ce passé qu'il évoque, les larmes aux yeux. Ce chef bédouin dont les racines plongent dans le petit village d'Artas, mais qui a vécu son enfance près de la basilique de la Nativité, passe constamment de réminiscences des temps anciens à des attaques virulentes contre la politique israélienne. Il déploie de grandes cartes sur son bureau, pointe du doigt les terres que les Israéliens s'apprêtent à confisquer pour construire le nouveau *check-point*, répond au téléphone, fait entrer un nouveau visiteur, fait servir du café, puis reprend la conversation avec flamme...

Étudiant au Caire, il y devient combattant de l'OLP, est fait prisonnier au Sud-Liban en 1982 et libéré dix-huit mois plus tard. Il rentre à Bethléem en 1994 après de très longues années d'absence. Pris par ses activités au Conseil du Fatah, il n'a pas encore eu le temps de revoir tous les lieux de son enfance. « Je garde précieusement la visite de ces joyaux pour un autre temps. » Il se bat quotidiennement contre les spoliations continuelles des Israéliens qui développent leurs colonies autour de Bethléem, repoussent méthodiquement les limites de Jérusalem, prennent de nouvelles mesures pour contrôler plus étroitement la ville de la Nativité. En juillet 1999, son combat est axé contre l'agrandissement du *check-point* au nord de Bethléem. Il décrit l'encerclement méthodique de la ville : « À l'ouest, Beit Jala est bloqué par Gilo. À l'est, c'est un désastre, car les Israéliens veulent faire passer une route qui couperait Beit Sahour en deux pour accéder à une nouvelle colonie, dans la zone d'Éfrat... » C'est lui qui, au printemps 1996, a essayé d'arrêter l'arrivée des bulldozers sur la colline d'Abou Ghunaim en s'y installant pendant une cinquantaine de jours sous la tente...

Tamari ne comprend pas la politique israélienne, à ses yeux illogique et à courte vue, car elle ne peut que déboucher sur une confrontation totale et brutale :

« La situation est explosive, car la paix et le développement des colonies sont absolument inconciliables. Nous voulons maîtriser notre développement pour assurer une vie décente à notre peuple. Or la politique des Israéliens consiste à isoler complètement Jérusalem, à diviser le sud de la Palestine par des colonies et des routes de contournement, et à contrôler ainsi toute notre terre. Nous ne pouvons rien planifier. Les Israéliens ne nous laissent pas d'avenir. Ils sont inhumains ! Nombre de gens de mon village et des villages alentour, qui possédaient des terres, ont été obligés d'aller travailler dans les colonies et y sont traités comme des prisonniers de guerre. La situation est pathétique... L'objectif des Israéliens est de saper totalement et par tous les moyens le moral de la société palestinienne, de monter les Palestiniens les uns contre les autres.... Ils procèdent à une purification ethnique sophistiquée, le crime le plus pervers qui soit... »

Tamari raconte des scènes où de vieux Palestiniens qui cherchaient à revoir leurs villages ont été tabassés par des soldats. Il raconte la destruction à l'explosif de maisons palestiniennes. Il parle de l'effet que produit sur les enfants la vue de leurs parents constamment humiliés.

« Notre peuple a besoin d'espoir, il veut tout simplement sa terre et l'indépendance... Oslo a marqué un nouveau commencement. Deux peuples ont décidé de se reconnaître mutuellement et de régler leurs problèmes. Nous avions accepté quelque chose... Puis le premier coup dur a été l'assassinat de Rabin ; il a été suivi de l'arrivée au pouvoir de Netanyahou. Dès lors, ce qui a compté, ç'a été de rester vivants et de tenter de garder un brin d'espoir... C'est rude, de maintenir ainsi un peuple dans une situation hybride de "ni guerre ni paix", et de prétendre que la violence est terminée... Le plus important, c'est la liberté. On est libres ou on ne l'est pas. Il n'y a pas de demi-mesures. La paix est synonyme de liberté, alors que si vous demandez à un Israélien ce qu'est pour lui la paix, il répondra : la sécurité. Or ce mot ouvre de terribles boîtes de Pandore... La sécurité, c'est la possibilité de larguer une bombe, de torturer, de battre un individu à mort ou de l'expulser... »

Tamari ne comprend pas qu'il y ait des Israéliens pour n'être pas encore convaincus que leur avenir passe par la paix avec les Palestiniens. « Dans cent ans, dans deux cents ans, on en sera toujours au même point... »

Il clôt l'entretien en déclarant : « Comme il est difficile de se garder de toute amertume ! Il faut se combattre soi-même. On est pour la paix et la justice, alors qu'on nous présente dans le monde entier comme des violents... Même le Christ a fini un jour par craquer : il a jeté les philistins hors du Temple ! Deux mille ans après, c'est Bethléem qui est mise en croix... »

Michel Warschawsky possède deux bureaux, l'un à Jérusalem, l'autre à Bethléem, à quelques centaines de mètres de chez son ami Salah Tamari, où il nous reçoit. Il est l'un des principaux animateurs du Centre d'information alternatif (Alternative Information Center), la plus importante des ONG israélo-palestiniennes, qu'il a fondée avec quelques camarades en 1984.

La voix est posée, le vocabulaire précis. De son regard pénétrant et apaisant tout à la fois se dégage cette force sereine mais inflexible des militants rigoureux. Toujours extrêmement respectueux de l'interlocuteur, le ton de la conversation ne s'inscrit pas d'emblée dans une attitude de vérité, plutôt dans une recherche permanente de compréhension. Michel Warschawsky est une des grandes figures de la cause palestinienne – un « sage », disent ses compagnons. Il explique une fois de plus la politique israélienne à ses deux visiteurs français, au milieu d'une véritable ruche truffée d'ordinateurs, de télécopieurs et de téléphones, où plusieurs chercheurs palestiniens recensent et analysent quotidiennement les atteintes aux droits de l'homme, l'avancée des colonies de peuplement, l'évolution des négociations israélo-palestiniennes, etc.

Son père a été le grand rabbin de Strasbourg pendant trente ans. En 1965, il est venu étudier dans une école talmudique de Jérusalem, car il se sentait étouffer dans la capitale alsacienne : « Ne sortant que rarement de mes bouquins, j'étais persuadé qu'en juin 1967 Israël avait gagné sur toute la ligne. Pour moi, les Juifs étaient les meilleurs, et, comme beaucoup de mes camarades potaches, j'étais persuadé de la portée messianique de ce succès sans appel. Juste après cette victoire aveuglante, durant l'automne 1967, j'ai dû accueillir et piloter un groupe de Strasbourgeois que mon père n'avait pu accompagner, retenu en France par un empêchement de dernière minute. Je me suis alors aperçu à quel point je ne connaissais rien à la situation du pays réel. Je les ai emmenés à Hébron visiter les tombeaux des pères fondateurs du judaïsme : Abraham, Isaac et Jacob, et leurs épouses Sarah, Rébecca et Léa. Là, le choc a été très dur, car je me suis rendu compte que cette terre était peuplée d'autres habitants que les Israéliens, et que nous étions devenus des occupants... Le soir même, j'ai téléphoné à mon père à Strasbourg pour lui raconter ce que j'avais vu, et lui dire : “Mais, papa, maintenant c'est nous, les occupants ! – Oui, c'est terrible”, a répondu mon père. »

Et Michel Warschawsky de répéter à quel point ce mot d'« occupant » résonnait très fortement en lui, car il faisait resurgir les terribles histoires de l'occupation de l'Alsace, qui avaient baigné son enfance :

« J'ai alors entamé ma vie d'aujourd'hui, c'est-à-dire à œuvrer au rapprochement entre Palestiniens et Israéliens », explique Michel avec une simplicité empreinte de pudeur, presque soulagé que nous quittions l'évocation de son destin personnel pour revenir à une problématique plus objective : la situation géographique, spatiale, urbaine et démographique de Bethléem.

« D'abord, il convient d'élucider une impression que partagent légitimement beaucoup d'habitants de Bethléem, à savoir une politique délibérée d'encerclement de la ville. En fait, cette politique n'existe pas, même s'il y a bien une politique qui aboutit à ce résultat – ce qui n'est pas la même chose. Il est bien clair que Bethléem ne constitue pas un objectif en soi, mais que la ville subit les conséquences d'un plan plus large. Dans le contexte des années 1994-95, ceux qu'on appelle la “bande à Pérès” – les négociateurs d'Oslo – ont réussi à imposer un nouveau consensus politique. Ils ont convaincu la droite d'accepter les grandes lignes d'un statut définitif, dans la mesure où la création d'un État palestinien était inévitable. Ce plan prévoit d'annexer les “blocs de colonies” abritant la majorité des colons juifs dont les habitations se trouvent en continuité avec le territoire israélien, et de se retirer des zones à très forte densité palestinienne. Il s'agit d'un plan qui fait donc dans l'"ethniquement pur" !... Tel a été le plan de Yossi Beilin, successeur de Pérès, un des participants israéliens aux pourparlers d'Oslo.

« En face, il y a Ariel Sharon qui s'est beaucoup penché sur les cartes de géographie. Il fait exactement la démarche inverse en disant : là où se trouvent les plus fortes concentrations de population palestinienne, là est le futur État palestinien. Sharon milite ainsi pour une Palestine composée d'enclaves et de "bantoustans". Il veut diviser la Cisjordanie en petits carrés. Ces carrés seraient tracés en fonction de l'ensemble des colonies israéliennes actuellement existantes. D'où l'importance hautement stratégique accordée aux axes routiers de liaison et de contournement. Le plan Sharon prend 40 % du territoire de Cisjordanie ; le plan Beilin, 20 %. Ce dernier a alors été soumis au numéro 2 palestinien, Abou Mazen. En 1995-96, un accord général était sur le point d'aboutir quand Rabin a tout fait capoter au dernier moment.

« Il n'est pas équitable de dire que sous Netanyahou, les pourparlers ont été totalement gelés. Au contraire : cette période a donné lieu à une négociation très serrée, mais entre Israéliens, sur le mode : "Mettons-nous d'accord sur les contours d'un règlement définitif avec les Palestiniens." C'est pour cette raison qu'aujourd'hui[1], le nouveau Premier ministre Ehud Barak souhaite un gouvernement d'unité nationale, y compris même avec l'extrême droite », précise Michel Warschawsky en revenant à la géographie, aux cartes et aux frontières sans lesquelles l'Histoire resterait incompréhensible. « Israël n'a jamais voulu dire ses frontières définitives, pensant pouvoir pousser toujours plus

1. Rappelons que cet entretien a eu lieu le 6 juillet 1999.

loin son avantage territorial, essayant d'annexer toujours davantage de terres. Cette stratégie est commune à la droite et à la gauche israéliennes. En 1977-81, Israël a négocié sa frontière avec l'Égypte. Ensuite, ce fut avec la Jordanie. C'est maintenant avec la Syrie. La résolution 242 des Nations unies ne fixait pas de frontières, mais des lignes de cessez-le-feu que les Israéliens ont toujours cherché à repousser à leur avantage. L'histoire d'Israël se résume à un processus ininterrompu de colonisation : le maximum de territoires avec le minimum de population arabe. À cette stratégie il faut ajouter le facteur temps, dont les responsables israéliens ont toujours pensé qu'il jouait en leur faveur. On est actuellement arrivé à un point de rupture à partir duquel cet avantage de calendrier risque de s'inverser. Selon la "bande à Pérès", la colonisation juive est parvenue à son avancée maximale et il serait temps, désormais, d'arrêter des frontières stables, véritables clefs d'une reconnaissance internationale solide et incontestée. La droite rétorque : pourquoi s'arrêter maintenant ? Laissons ouvertes les options futures qui pourraient nous rapporter encore davantage de terres... C'était la doctrine Netanyahou ! Aujourd'hui, on arrive au bout de cette logique ; Barak semble l'avoir compris. »

En écoutant Michel Warschawsky, on comprend que l'idée de « Grand Israël » n'est plus en vogue, sauf chez les religieux orthodoxes et l'extrême droite, mais que la gauche et la droite israéliennes sont d'accord pour réduire l'État palestinien à sa plus faible expression. La gauche israélienne dit aux Palestiniens : « Prenez maintenant, car demain, ce sera sans doute plus difficile ! » En face, les Palestiniens se laissent enfermer dans cette logique de négociation.

« Comme souvent, relève le responsable de l'AIC, les Palestiniens parient sur le long terme et tirent des plans sur la comète, alors qu'ils négocient dans le court terme, quand ce n'est pas dans l'urgence, au coup par coup. La plupart du temps, ils se lancent dans des discours et des déclarations passionnés qui ne portent pas vraiment à conséquence. Dans cet ordre d'idées, représentez-vous que la partie palestinienne qui négociait durant les pourparlers d'Oslo n'a pas exigé officiellement le *gel* des colonies de peuplement !... Actuellement, les nouvelles implantations se développent avec une rapidité jamais vue depuis juin 1967, inédite en trente-trois ans d'occupation ! Bien qu'à son accession au pouvoir, en juillet 1992, Yitzhak Rabin ait pris l'engagement solenel de ne pas mettre en chantier de nouvelles implantations, bien que cet engagement ait été rappelé – mais verbalement – lors de la signature des accords d'Oslo, le nombre des colons a augmenté *de plus de 40 %* en moins de quatre ans[1] ! Cette évolution affecte bien évidemment la région de Bethléem, car il s'agit avant tout de consolider la position d'une Jérusalem réunifiée, future capitale de l'État d'Israël... »

Bethléem est donc victime de l'engrenage du « Grand Jérusalem » : « Les négociateurs palestiniens ont mis le doigt dans ce mécanisme infernal lorsqu'ils ont accepté de faire de la Ville sainte une "question à part", repoussée aux discussions finales sur le statut définitif, souligne encore Michel Warschawsky. On a assisté à un fantastique tour de prestidigitation de la part de la propagande israélienne qui a littéralement imposé cette notion de "Grand Jérusalem",

1. In *Settlement Watch Report* n° 8, Mouvement La Paix maintenant, juillet 1998.

laquelle n'était, au départ, qu'une notion relevant de l'aménagement du territoire. Un groupe d'urbanistes israéliens travaillait sur cette question depuis des années. Un beau jour, Rabin a dit : "Nous ne rendrons jamais le Grand Jérusalem !" C'est la première fois qu'on entendait cela depuis Oslo... La presse a repris l'expression, qui s'est imposée à tous, presque de manière naturelle, comme si le "Grand Jérusalem" représentait une concession fantastique faisant désormais oublier le "Grand Israël" de l'extrême droite... Ainsi, le "Grand Jérusalem" est devenu la zone prioritaire de colonisation. C'est cet engrenage qui insularise Bethléem, et non un quelconque plan d'encerclement de la ville de la Nativité. »

Actuellement, « la bataille essentielle n'est plus d'ordre démographique ». L'affaire est entendue depuis longtemps. Il y a belle lurette qu'on admet la supériorité numérique arabe et le fait qu'elle va grandissant. Par conséquent, la « judéisation » de pans entiers de la Cisjordanie ne s'effectue plus selon une stratégie de type démographique, mais en termes d'occupation de l'espace. D'une manière générale, les villages arabes sont plus denses que la plupart des colonies. Les urbanistes israéliens sont donc par-dessus tout attentifs à mettre en œuvre des plans d'occupation créant de la continuité. Michel Warschawsky poursuit sa démonstration en expliquant qu'il s'agit des deux faces d'un même processus : créer de la continuité spatiale d'une part, insulariser les communautés palestiniennes, d'autre part.

C'est la poursuite de la guerre par d'autres moyens. En juin 1967, les officiers qui ont modelé la plupart des frontières actuelles ont reçu des ordres écrits stipulant de manière très explicite : *le plus de territoire possible avec le moins d'habitants possible.* Cette doctrine de la continuité débouche sur l'absolue nécessité de constituer des « axes de présence » destinés à ce que les colonies ne soient pas des enclaves ou des camps retranchés, mais des « segments » morcelant au contraire le territoire palestinien en autant d'enclaves et de camps retranchés. « Encore une fois, l'objectif n'est pas d'encercler Bethléem, mais de créer une continuité entre les colonies et le territoire israélien, insiste à nouveau Michel Warschawsky. En l'occurrence, la route de contournement numéro 60 qui traverse Bethléem est destinée à relier le bloc Etzion, au sud d'Hébron, jusqu'à la mer Morte, tandis que la nouvelle liaison entre Éfrat et la dernière colonie du Djebel Abou Ghuneim achèvera le bouclage de Bethléem, qui deviendra une enclave palestinienne... en Palestine ! »

Si les pourparlers israélo-palestiniens de Madrid, ouverts en novembre 1991, ont tourné court, c'est parce qu'ils furent menés par des Palestiniens de l'intérieur sachant parfaitement sur quelles réalités géographiques et quelle stratégie spatiale s'appuyaient les membres de la délégation israélienne. Les pourparlers d'Oslo ont mis en scène une distribution radicalement différente, comprenant des représentants palestiniens de l'extérieur ayant accompagné Arafat dans ses exils successifs jusqu'à Tunis, n'ayant donc pas remis les pieds en Palestine depuis de nombreuses années. Ils devaient souvent consulter les cartes israéliennes pour situer les localités dont il était question au fil de la négociation. Comment, dans ces conditions, pouvaient-ils être attentifs à la question des colonies, qui n'a fait l'objet d'*aucune* demande palestinienne spécifique ? Dans la logique d'Oslo, l'autonomie palestinienne, c'est ce qui reste après la reconnaissance des colonies juives sur lesquelles la souveraineté israélienne n'a jamais été remise en cause. Les colonies juives progressent continuellement, au détriment d'un espace palestinien qui se rétrécit de jour en jour au nom de la sécurité israélienne, constamment invoquée pour justifier de nouvelles expropriations et annexions.

Beaucoup de Palestiniens de l'intérieur – pas seulement les partisans du FPLP ou du FDPLP[1] – reprochent à Yasser Arafat de n'avoir jamais réellement compris la problématique des colonies ni de l'avoir intégrée à sa vision politique. « Le Vieux », comme l'appellent affectueusement beaucoup de Palestiniens, a toujours pensé que les représentants de l'intérieur cherchaient à contester, sinon à remettre en cause son autorité sur le mouvement de libération de la Palestine. Selon plusieurs sources autorisées, les services israéliens auraient tout fait pour le conforter dans cette opinion.

« Cette stratégie a été tout spécialement testée dans la région de Bethléem ; d'où cette fausse idée d'un encerclement prémédité », conclut Michel Warschawsky. La ville de la Nativité est victime d'un double handicap historique et géographique : le nord de l'agglomération demeure dépendant des liens familiaux, commerciaux et culturels avec Jérusalem ; le sud est conditionné par la proximité du

1. Le FDPLP (Front démocratique et populaire de libération de la Palestine) est le produit d'une scission de gauche du FPLP de Georges Habache qui s'est effectuée en 1969. Il est dirigé par Nayef Hawatmeh, issu d'une modeste famille de paysans jordaniens de rite grec-catholique. Le Front, qui se réclame du marxisme-léninisme, impute la responsabilité des défaites arabes successives face à Israël à la « nature de classe » des régimes arabes et des dirigeants palestiniens traditionnels. En septembre 1999, Nayef Hawatmeh s'est entretenu avec Yasser Arafat pour un échange de vues sur l'application du mémorandum de Wye River (rétrocession de 13 % du territoire de Cisjordanie et libération de 350 prisonniers palestiniens) et sur la négociation finale avec les Israéliens concernant la création de l'État palestinien.

bloc Etzion, l'une des plus vieilles colonies israéliennes ; évacuée en 1948, celle-ci avait été l'enjeu d'une sérieuse bataille dans laquelle furent engagées les troupes égyptiennes et jordaniennes alors stationnées à Bethléem. La ville de la Nativité se trouve ainsi prise en tenailles entre Jérusalem et ce « bloc » historique pour l'extension duquel trois villages palestiniens ont été annexés.

Nous terminons cette rencontre avec Michel Warschawsky par la visite guidée de différents sites particulièrement en rapport avec notre conversation, notamment la nouvelle route qui aboutit à la colonie juive orthodoxe de Beitar Ilit, ainsi reliée au bloc Etzion. Tout au long de cette route, aux alentours des villages palestiniens, de petites pancartes jaunes indiquent les limites de champs de mines qui datent de 1948. Il y a régulièrement des accidents qui concernent presque toujours des enfants. Le profil de la route épouse celui des hauteurs. Cette méthode, dite « Efrat » – du nom de la grande colonie située au sud de Bethléem – consiste à occuper les sommets des collines afin de pouvoir les relier les uns aux autres par des lignes de constructions qui resteront le plus souvent vides ! Ainsi progressent des « colonies en trompe l'œil » reliant Jérusalem à la mer Morte...

« Occupez les collines ! » avait lancé Ariel Sharon en 1998 après la signature de Wye River. L'appel a été entendu et a donné lieu à de nouveaux affrontements au sud de Bethléem, dans le secteur des collines du Blé et de l'Olivier. Nuitamment, et sous la protection de l'armée israélienne, des Juifs orthodoxes ont installé des caravanes et un campement de tôles à 3,5 kilomètres au sud de la ville. L'obsession des occupants est de « normaliser » les colonies pour en faire des quartiers comme les autres. Il s'agit aussi de convaincre les Palestiniens que cette prise de possession de toutes leurs hauteurs et de tous leurs points de vue est irréversible.

Cette politique du coup de force et du fait accompli modèle l'espace, donc les perceptions. Elle génère un imaginaire qui finit par se fondre avec le réel. Autour de Jérusalem, l'injustice s'est désormais inscrite dans le paysage ; celui-ci dégage une impression d'exception, de violence froide et planifiée. Tous les jours, le regard des habitants bute sur l'horizon intolérable de l'occupation. Tous les jours un peu plus, une politique méthodiquement poursuivie fait de Bethléem une prison à ciel ouvert.

Après nous avoir fourni ces explications irremplaçables sur une cartographie extrêmement complexe, Michel Warschawsky attire notre attention sur un dernier aspect essentiel de l'imbroglio israélo-palestinien : les premiers ont réussi à persuader les seconds qu'ils étaient eux-mêmes responsables de leur malheur. Comme la vague de messianisme qui a déferlé sur l'opinion israélienne après la guerre de juin 1967, une lourde chape de culpabilité s'est abattue sur la conscience palestinienne. Ainsi, nombre d'habitants de Cisjordanie sont aujourd'hui convaincus qu'ils sont les principaux auteurs de leur condition, celle d'un peuple condamné à subir le joug d'une occupation étrangère, comme si Dieu avait voulu les punir d'une indignité originelle qu'ils n'arrivent pas à formuler. C'est aussi cela, le mystère de l'identité palestinienne...

« Emblématique, à cet égard, fut la lettre que Rabin exigea d'Arafat dans la phase finale des pourparlers d'Oslo, explique Warschawsky. Rabin a demandé que le chef de la centrale palestinienne reconnaisse par écrit que les Palestiniens avaient été des terroristes ! Ce document était tout à fait superflu pour le dénouement technique de la négociation. Mais, aux yeux des Israéliens, il était indispensable de maîtriser la perception du passé. Au regard de l'Histoire universelle – or c'est essentiel pour des gens du Livre ! –, les Palestiniens sont et resteront des terroristes. Ils reconnaissent leur responsabilité dans le sang inutilement versé. » Conformément à l'idéologie sioniste, cet acte d'allégeance à la mémoire ne peut qu'affaiblir la légitimité de leur futur État. Il s'agit par là de contrôler non seulement la terre, mais aussi les consciences.

Dans l'*Éthique*, Spinoza définit parfaitement la force, la rationalité et l'effectivité de l'idéologie en écrivant : « Les idées fausses et inadéquates s'enchaînent de la même manière et aussi nécessairement que les idées justes et adéquates. » En écoutant Michel Warschawsky, nous avons eu l'impression d'entendre un disciple du savant d'Amsterdam, excommunié de la Synagogue en 1656 à cause de son effort radical de compréhension du monde. Depuis Spinoza, les adversaires les plus dangereux de l'idéologie sioniste sont les opposants juifs eux-mêmes. Évidemment, Michel Warschawsky et le Centre d'information alternatif (AIC) ont été à leur manière excommuniés... La loi dont les autorités israéliennes se sont servies pour interdire l'AIC – à plusieurs reprises – date de 1948 et s'intitule « Loi de prévention contre le terrorisme ». Ce texte a été décalqué presque mot pour mot des décrets britanniques d'exception de 1945. Un amendement datant de 1986 interdisait tout contact avec l'OLP. En vertu de cette loi, Michel Warschawsky et l'AIC ont été accusés de contacts réitérés avec des terroristes et de soutien à une organisation terroriste. Ils ont dû œuvrer eux-mêmes pour faire la preuve de leur innocence. Leur procès a duré des années.

Le Centre vient de reprendre ses activités. « Tout effort dont la raison est en nous le principe n'a d'autre objet que la connaissance ; et l'âme, en tant qu'elle use de la raison, ne juge pas qu'aucune chose lui soit utile, sinon ce qui conduit à la connaissance » (*Éthique*, IV, 26). L'œuvre de Spinoza, que Tony Négri appelle « l'Anomalie sauvage », résiste toujours à l'interprétation comme un diamant noir dans lequel s'abolit l'histoire linéaire de la raison occidentale. À sa manière, Michel Warschawsky prolonge cette filiation-là...

Les chrétiens de Bethléem ne tiennent pas de discours aussi achevés que le bédouin musulman Tamari ou le militant israélien Warschawsky, mais ils vivent les confiscations de terres dans leur chair, car ce sont eux qui sont personnellement dépossédés. Hanna Nasser parle de 7 000 donums confisqués, plus les 3 000 qui ont servi à implanter les routes de contournement depuis l'annexion de Jérusalem-Est. Jamal Salman, son directeur de cabinet, est plus virulent sur ce thème. Sa famille s'est vu récemment confisquer 70 dunums. Comme Warschawsky, il est amer envers les signataires des cartes fixant les limites de Bethléem dans l'application des accords d'Oslo paraphés le 28 septembre 1995 : « Malheureusement, les gens de l'extérieur n'ont pas compris ce qu'ils signaient. Ils étaient à Taba, ils ne connaissaient pas la région. Ils nous téléphonaient pour se renseigner... » Les mimiques de Jamal Salman valent mieux que de longs commentaires. Il dit ne pas comprendre pourquoi ça se passe comme ça. Il prend manifestement une fraction des gens de l'Autorité pour des incompétents. Il est persuadé qu'un jour ou l'autre les

Palestiniens se révolteront : « Ils ne peuvent se satisfaire de la situation qui leur est faite aujourd'hui. Ça prendra peut-être dix ans, ou davantage, mais ça explosera... Il est temps d'avoir un pays, un drapeau, une nationalité, la liberté !... Nous voulons nous aussi avoir le droit d'aller et venir. Nous voulons être comme les autres, alors qu'aujourd'hui nous ne sommes que des citoyens de seconde zone ! »

Le père Eugenio Kamar, curé de Bethléem, pourrait manifestement reprendre mot pour mot les propos tenus par le maire ou son directeur de cabinet, mais il est, de par sa fonction, plus prudent. Pour ce qui est des questions politiques, il nous renvoie au porte-parole officiel de la custodie de Terre sainte, un Italien qui n'a pas la langue dans sa poche et affirme d'entrée de jeu que « Bethléem est en train de devenir une île assiégée par les Juifs... ». Il sait qu'il ne sera démenti ni par son patron direct, le custode de Terre sainte, ni par Michel Sabbah, le patriarche latin qui tient régulièrement des propos fermes et sévères sur la politique israélienne. Ainsi, par exemple : « Nous condamnons tous ceux qui ont causé des souffrances au peuple juif. Mais nous demandons aussi au peuple juif de procéder à son tour à un examen de conscience sur ses rapports avec le peuple palestinien. »

## 18

# *No future* pour Bethléem ?

« Les autorités israéliennes ont-elles l'intention de réduire la présence chrétienne, d'inviter les chrétiens, en confisquant leurs terres, à émigrer ? » demandait le patriarche latin de Jérusalem, au printemps de 1996, à la suite d'une énième confiscation de terres appartenant à des chrétiens, dans le district de Bethléem, en vue d'y installer une nouvelle colonie. L'arrivée massive de réfugiés en 1948, l'occupation de 1967, la politique israélienne ont en effet bouleversé plus radicalement la ville de la Nativité que toutes les invasions, mises à sac, colonisations et occupations des époques passées. L'émigration chrétienne est le meilleur indicateur de l'état d'une société dont beaucoup, en son sein, estiment qu'elle est désormais condamnée.

Hanna Nasser, maire catholique de Bethléem, est, comme le patriarche, très préoccupé par les départs continuels de chrétiens de Bethléem et de Terre sainte. Il parle des tentatives israéliennes, pendant l'occupation, pour diviser cette communauté : « Des rumeurs sont régulièrement lancées, selon lesquelles les chrétiens seraient persécutés ici par les autorités. Ce n'est pas vrai. Les chrétiens sont libres d'acheter des terrains. Ils ont quitté et quittent leur ville uniquement pour des raisons économiques... Nous ne sommes pas une minorité, nous sommes des chrétiens palestiniens prêts à défendre nos intérêts de façon démocratique. Nous étions ici avant l'arrivée de l'islam, nous resterons autant que la situation économique le permettra... »

Pour illustrer son propos, Hanna Nasser parle de sa propre famille. Ses trois filles sont mariées et installées à Bethléem ; l'aîné des garçons finit ses études de pharmacie en Italie et va essayer de trouver du travail en Palestine. Le dernier est en Arizona depuis deux ans. « Il me pose souvent des questions sur l'avenir. C'est difficile de lui répondre. Il faut tout faire pour continuer à vivre ici, mais, si on ne peut pas survivre... J'ai peur de ce qui risque d'arriver si la situation économique ne s'améliore pas... Si elles ne sont plus entourées de leur communauté, les églises chrétiennes se transformeront en musées. »

Au cours de notre entretien, il reviendra à maintes reprises, quoique en des termes différents ou moyennant quelques variantes, sur la cause première des problèmes de Bethléem – la politique d'Israël : « Nous vivons dans une île et sommes victimes d'un apartheid dont le nouveau *check-point* est la parfaite illustration. Le peuple est déprimé. La Cisjordanie et Gaza sont une grande prison dont la clé se trouve en Israël... » Il parle avec amertume de l'iniquité dont ils sont victimes depuis plus de cinquante ans, et qui est acceptée par le monde entier : « Le monde a cru que les Arabes voulaient jeter les Israéliens à la mer, alors que la réalité était tout autre. Ce sont les Israéliens qui ont repoussé les Arabes dans le désert tout en réussissant à faire croire que les terres où ils se sont installés étaient vides... » Comme tous ceux que nous avons rencontrés à Bethléem, Hanna Nasser fait le parallèle entre le sort fait par la communauté internationale aux Kosovars et celui qui leur est réservé. Il parle de la symbolique des chiffres, du même ordre de grandeur : plus de huit cent mille Palestiniens ont été chassés de leurs villages et plus de quatre cents villages ont été détruits. « Pour nous, l'OTAN n'est jamais venu faire appliquer les résolutions de l'ONU. C'est trop injuste... »

Comme le maire de Bethléem, tous les responsables palestiniens sont habités par cette injustice. Il reparcourt l'histoire de sa ville à grandes foulées :

« Les Bethléemites n'ont jamais supporté le joug ottoman. La période du mandat britannique a été la meilleure. Après, la majorité a été obligée de partir. La direction jordanienne a freiné le développement... La plus mauvaise période de notre histoire est celle de l'occupation israélienne, à partir de juin 1967. Les familles ont dès lors été divisées. Des milliers d'étudiants qui ont quitté Bethléem avec un laissez-passer israélien n'ont pu ensuite revenir et se sont retrouvés disséminés à travers le monde avec un statut de réfugiés. “Ils” [terme le plus courant pour désigner les Israéliens] sont les plus forts, les plus riches, tout le monde se tait. L'Amérique et l'Europe n'entendent rien faire... Je ne suis pas optimiste. Je ne peux oublier que Léa Rabin elle-même a déclaré que son mari ne voulait rendre que 60 % des territoires occupés. Si la situation économique continue à se dégrader, il y aura de graves problèmes... »

Le prédécesseur de Hanna Nasser, Elias Freij, chrétien orthodoxe, formulait le même diagnostic. Lors du premier Noël libre de Bethléem, en 1995, il déclarait : « Je lance un SOS au monde entier ! Si l'Occident chrétien ne nous aide pas, je crains fort que le christianisme ait totalement disparu de cette région d'ici vingt-cinq ans. »

L'émigration, qui préoccupe tant les chrétiens mais aussi l'Autorité palestinienne, n'est pas un phénomène récent. Les Bethléemites ont été de grands migrants dès la fin du siècle dernier. Aujourd'hui que le climat est apaisé entre Grecs et Latins, ils cherchent ensemble à comprendre cette grave question. Sous l'occupation, qui les a beaucoup rapprochés, ils ont créé *al-Liqa*, qui signifie « Rencontre », un centre œcuménique fondé à Jérusalem en 1983 entre chrétiens et musulmans. Ce centre a l'ambition de faciliter les échanges entre confessions et de faire mieux comprendre les problèmes spécifiques des églises locales. Il est implanté au nord de Bethléem, mais en zone « C », c'est-à-dire contrôlée par les Israéliens, entre la tombe de Rachel et le *check-point* installé à l'entrée de la ville. « Les Israéliens contrôlent tous les visiteurs du centre », nous déclare d'emblée Adnan Musallam, professeur à l'université de Bethléem et secrétaire du comité de rédaction du journal édité par al-Liqa. À partir de 1990, al-Liqa s'est plus spécialement intéressé au problème de l'émigration chrétienne de Terre sainte, qui « constitue un des plus grands challenges auxquels l'Église de Palestine soit confrontée, car d'une Église de fidèles elle est menacée de se transformer en Église de pierres... ».

Al-Liqa a publié en décembre 1992 un numéro spécial consacré au problème de l'émigration, introduit par une préface de Michel Sabbah, le patriarche latin, préoccupé par cette perte de substance en tant que responsable de l'Église catholique, mais aussi en tant que nationaliste palestinien. Il y écrit en effet que « les intérêts de l'Église et du pays sont complémentaires dans la mesure où le croyant est aussi un patriote... La loyauté à l'Église soutient la loyauté au pays, car la loyauté à l'Église est fondamentalement loyauté à Dieu et à tout ce qui est droit, juste, bon et honnête... »

Le professeur Adnan Musallam raconte ensuite la chronique de l'émigration des Bethléemites vers les Amériques à partir de la fin du XIXe siècle. Un phénomène qui touchait l'ensemble de l'Empire ottoman, puisqu'on estime le nombre d'émigrants turcs partis outre-Atlantique entre 1860 et 1914 à 1,2 million.

La dégradation des conditions économiques fut la principale cause de cette émigration. L'ouverture de la Palestine aux produits nouveaux et à la technologie européenne a affecté profondément l'économie locale. L'instabilité politique a joué également un rôle notable dans ces départs massifs. Le XIXe siècle s'est caractérisé dans l'Empire ottoman par des désordres, des guerres, des crises économiques, une administration aussi inefficace que corrompue. Les paysans qui constituaient la grande majorité de la population étaient accablés de taxes et d'impôts. Avec la guerre des Balkans et l'approche de la Première Guerre mondiale, l'émigration devint aussi un moyen de se soustraire à la conscription. À ces causes s'ajouta le désir de nombreux chrétiens de connaître les pays d'origine des Occidentaux venus s'établir en grand nombre, jadis, dans les institutions religieuses de Terre sainte.

Les expositions internationales de Philadelphie en 1876, de Chicago en 1893 et de Saint Louis en 1904 ont aussi attiré des Bethléemites avec leurs multiples produits de Terre sainte (statuettes, crèches, boîtes, chapelets en bois d'olivier ou en nacre, etc.). D'aucuns sont restés aux États-Unis ; d'autres se sont installés à Mexico, au Guatemala, et y ont fait fortune. D'autres encore sont partis pour le Chili, le Pérou, la Bolivie, la Colombie ou le Honduras. Le Chili devient une très importante terre d'accueil à partir de

1880. Tous ces migrants partaient dans le même esprit que les « bougnats » qui « montaient » naguère à Paris. Ils n'ont qu'un seul but : faire fortune, puis s'en revenir à Bethléem. Mais les échos qui leur parviennent de la ville de la Nativité sont catastrophiques : guerre, chaos, famine... Tel est notamment le cas en 1915 et 1916, où beaucoup de gens périssent de faim en Palestine. Plus question de revenir au pays. Au contraire, l'émigration s'accélère dangereusement. Des familles entières n'ont plus un seul représentant sur le sol natal.

Au début du mandat britannique, quelques Bethléemites sont pourtant revenus, fortune faite. Des palais et de jolies demeures ont alors été construits. Non loin de la tombe de Rachel, sur la route d'Hébron, on peut ainsi voir encore le palais Jassir. Mais ces retours furent limités par les autorités britanniques qui fermèrent la porte aux Palestiniens alors qu'elles la maintenaient grande ouverte aux immigrants juifs. La loi de citoyenneté, qui avait pour objectif de faciliter l'obtention de la citoyenneté palestinienne aux Juifs débarquant en Palestine, fut ratifiée en 1925, alors que les émigrants palestiniens qui avaient quitté leur pays avant 1920 étaient considérés comme des Turcs ! Cette règle, adoptée par les Britanniques, était en totale contradiction avec l'article 34 du traité de Lausanne stipulant que la citoyenneté pouvait être accordée à ceux qui étaient nés dans les pays régis par la Sublime Porte et qui en feraient la demande entre le 6 août 1924 et le 6 août 1926. Par différentes mesures administratives, les Anglais firent également en sorte de rendre quasi impossible l'application du traité de Lausanne. L'ambassadeur de Grande-Bretagne au Mexique déclara ainsi que son gouvernement « ne l'avait pas autorisé à dépenser trois livres pour publier ladite loi » ! Sur un total de 9 000 demandes d'obtention de la citoyenneté palestinienne par des Palestiniens émigrés, les Anglais n'en satisfirent qu'une centaine.

Sous la houlette de Khalil Issa Marcos, chef d'une famille orthodoxe convertie au catholicisme, les notables de Bethléem fondèrent en 1927 le Comité pour la défense des droits des émigrants arabes à la citoyenneté palestinienne. Ce comité mena une campagne très active contre la politique antipalestinienne des Britanniques, en lançant d'abord une adresse au peuple anglais. Le maire de Bethléem témoigna devant la Commission royale de Lord Peel, venue en Palestine à l'automne 1936 pour enquêter sur les raisons de troubles graves, notamment la grève générale déclenchée le 26 avril 1936 par Hadj Amin Husseini, le Grand Mufti de Jérusalem, après le meurtre de plusieurs Arabes par des Juifs. Cette grève avait rapidement dégénéré en rébellion contre les Britanniques. Le principal témoin devant la Commission fut d'ailleurs le Grand Mufti en personne qui réclama une indépendance complète de la Palestine, telle que les Britanniques l'avaient promise. Il affirma qu'une fois cette indépendance obtenue, il reconnaîtrait aux Juifs installés en Palestine antérieurement au mandat britannique des droits égaux à ceux des Arabes, alors que ceux venus avec l'« invasion sioniste » ne bénéficieraient que de droits civils et religieux...

La Commission Peel recommanda de faciliter le retour des émigrés palestiniens qui avaient gardé un contact permanent avec la Palestine. Le Comité de défense reprit alors son combat pour que les droits des émigrants palestiniens soient reconnus sans restriction et protégés par les autorités britanniques. Il n'y réussit guère et nombre de Bethléemites perdirent ainsi le contact avec leur pays du fait qu'ils ne purent jamais obtenir la citoyenneté palestinienne.

La guerre, la création de l'État hébreu, les 800 000 réfugiés qui en résultèrent finirent par couper un peu plus les ponts entre Bethléem et sa diaspora. Après que la rive gauche du Jourdain fut passée sous contrôle jordanien, Amman édicta à son tour une loi de citoyenneté. Nouveau motif de découragement pour les émigrés palestiniens, cette loi les privait de la citoyenneté jordanienne sous prétexte qu'ils n'étaient pas jordaniens à l'époque où les deux rives étaient réunies. Le retour de Bethléemites dans leur pays d'origine en fut rendu encore plus difficile.

Depuis l'occupation israélienne en 1967, le sort des individus originaires de la ville de la Nativité s'est encore aggravé. De nombreux étudiants qui avaient quitté Bethléem, munis d'un laissez-passer israélien, n'ont pu y revenir et se sont retrouvés disséminés à travers le monde avec un statut de réfugiés. Adnan Musallam explique que toutes les mesures prises par Israël ont visé à évacuer son pays de ses légitimes propriétaires, non seulement en empêchant le retour de tous ceux qui, pour une raison ou une autre, en étaient partis, mais, de surcroît, en faisant tout pour pousser les chrétiens hors de Palestine, en créant les conditions d'un nouvel exode. Le Dr Manuel Hassassian explique dans la même livraison d'*al-Liqa* : « Il est d'une criante vérité que les plans sionistes visent fondamentalement à occuper les terres arabes et à les évacuer de leur population autochtone pour qu'elles puissent absorber les émigrés juifs de tous les coins du monde. Le premier signe évident de ce mouvement a été l'immigration des Juifs soviétiques à partir de 1988. » Les différents auteurs insistent également sur la volonté israélienne de nier par tous les moyens l'identité palestinienne.

Les mesures successives prises contre les Bethléemites expliquent que ceux-ci sont très nombreux de par le monde : au moins 50 000 ! On est fier, à Bethléem, de parler des réussites de frères éloignés : des frères Jarur, du quartier Hreizat ; des frères Sahuri, des frères Hermas et de Soleiman Zummar, qui ont fait fortune au Chili ; ou encore des frères Lama qui, après avoir gagné beaucoup d'argent également au Chili, fondèrent la compagnie cinématographique Condor qui produisit le premier film muet de l'histoire du cinéma égyptien, *Un baiser dans le désert...* Comme tous les Palestiniens, les Bethléemites ont besoin d'évoquer ces *success stories* pour oublier un peu leur désespérance et leur impuissance à peser sur leur destin.

Le curé de Bethléem, comme le maire et les notables chrétiens de la ville, mais aussi le patriarche de Jérusalem et Yasser Arafat lui-même essaient d'enrayer ou à tout le moins de contenir cette grave évolution.

Eugenio Kamar, curé franciscain de la paroisse de Sainte-Catherine, installé dans son bureau à quelques dizaines de mètres de son église et de la basilique de la Nativité, ouvre ainsi notre entretien sur le problème majeur de l'émigration dont, dit-il, « la principale cause est l'instabilité économique et politique » :

« Les familles riches continuent de partir. Nous essayons de racheter leurs maisons, mais les prix sont très élevés et ce sont souvent des musulmans aidés par les pays arabes qui les rachètent. On n'arrive pas à enrayer ce phénomène, vraiment très grave pour l'avenir du christianisme. Il y a en ce moment une centaine de jeunes chrétiens pauvres qui ne peuvent fonder un foyer, faute d'avoir un toit. Nous faisons le maximum pour mobiliser l'argent nécessaire. Le patriarche latin est très sensibilisé au problème de l'émigration des familles chrétiennes et en fait état dans ses lettres pastorales... »

Le curé nous envoie chez un avocat catholique, Antoine Salman, personnage clé dans le système d'entraide de la communauté chrétienne. Celui-ci se montre d'abord très réticent à évoquer les difficultés qui affectent sa communauté : « Le problème, dit-il, c'est la non-application de la loi par ceux qui sont censés être les premiers à la respecter. » L'avocat évoque ici à mi-mot les affaires de corruption qui impliquent certains membres de l'Autorité palestinienne. Pessimiste, il n'est pas loin de penser qu'il n'y a pas d'avenir à Bethléem : « Or il ne peut y avoir d'État démocratique avec des gens qui ne respectent pas la loi. » Comme tout le monde à Bethléem, il souligne que, pendant l'Intifada, la jeune génération avait un but et un espoir, et qu'elle n'en a plus désormais...

Nous le revoyons deux jours plus tard ; il se montre alors un peu plus bavard :

« Il n'est pas facile de trouver des solutions au problème de l'émigration, encore moins à l'intérieur d'une même communauté. Pour convaincre quelqu'un de rester, encore faut-il lui offrir une meilleure vie. Or les problèmes de logement sont compliqués, il y a beaucoup de chômage et le futur est incertain. Et c'est vrai qu'il n'est pas commode ni agréable de vivre dans une grande prison. Le nombre des gens qui ont prévu de partir est en augmentation, mais il n'est pas non plus si aisé de quitter le pays. Il n'y a qu'un petit nombre qui y parvient. Ce qui est nouveau, c'est que ce sont des gens des classes inférieures qui partent. On essaie de parler à ceux qui veulent quitter le pays, mais comment persuader quelqu'un qui a de meilleures chances ailleurs – autrement dit, la fin des pressions de toutes natures qui s'exercent ici ? On leur objecte qu'on est encore des personnes, et non pas des matricules, comme là-bas, dans les grands pays industrialisés. En fait, tout dépendra du devenir des relations israélo-palestiniennes... »

Antoine Salman insiste sur les problèmes économiques qui rendent le mariage des jeunes très difficile : « Comment un jeune qui gagne 300 à 500 dollars par mois peut-il trouver les 40 000 dollars nécessaires à l'organisation du mariage ? » Face à ce type de problèmes, la société d'entraide que dirige l'avocat est très démunie. Elle n'a que neuf logements à offrir et n'en a pas construit de nouveaux depuis 1994.

Une des réponses au problème numéro un de l'émigration a été la création, en 1973, de l'université catholique de Bethléem par le pape Paul VI. Cette université a longtemps été dirigée par Michel Sabbah, actuel patriarche de Jérusalem. Le recteur en est aujourd'hui le frère Vincent Laham.

Le frère Vincent exulte, car il est en train de boucler ses valises : il part en vacances aux États-Unis, dans le New Jersey dont il est originaire. « Il faut sortir de temps en temps, dit-il. C'est absolument nécessaire pour l'équilibre mental. Ici, on vit sous une pression permanente. Il y a parfois de quoi devenir fou[1] ! » Avec son jardin à la française, ses bancs ombragés, son auditorium de pierres et sa chapelle surmontée de la statue de Jésus enfant, l'université de Bethléem est un havre de paix qui domine la ville. Au milieu d'une zone résidentielle dont elle est séparée par un mur d'enceinte circulaire, cette université compte déjà vingt-

1. Entretien du 10 juillet 1999.

six ans. En 1964, le pape Paul VI, qui effectuait un voyage en Terre sainte, s'inquiétait de l'émigration continue des chrétiens d'Orient ; de concert avec le patriarche latin, il a voulu lancer une œuvre destinée à les inciter à ne plus quitter la Terre sainte. En 1971, les Frères des écoles chrétiennes mirent l'école de Bethléem et ses terrains à la disposition du Vatican. L'année suivante, Mgr Pio Laghi, délégué apostolique à Jérusalem, expliqua aux Frères le projet du Vatican de créer une École normale destinée à former les futurs professeurs, qui assurerait un meilleur niveau d'enseignement dans les écoles de Terre sainte. Avec l'appui de plusieurs directeurs d'établissements de Jérusalem, du maire de Bethléem – à l'époque Elias Freij –, les Frères suggérèrent de créer plutôt une université qui offrirait aux jeunes Palestiniens la possibilité de poursuivre sur place leurs études supérieures. Le Vatican se rangea finalement à cette idée et demanda au supérieur général des Frères des écoles chrétiennes de détacher trois de ses religieux pour fonder cette institution. Trois Américains arrivèrent ainsi le 1er octobre 1973 : les frères Joseph Neary, Anthony O'Connor et Bredan Fitzgerald. Aujourd'hui, une dizaine de Frères président aux destinées de l'université de Bethléem, dont l'un, le frère Jean Manuel, docteur en anglais, est palestinien.

À l'heure actuelle, l'établissement accueille 2 074 étudiants. La moitié vient de Bethléem et des alentours ; 25 % de Jérusalem, 15 % de Hébron, les 10 % restants, d'ailleurs. Aux deux facultés de Lettres et des Sciences s'ajoutent un baccalauréat (quatre ans d'études) en Éducation, Administration et Santé. Des diplômes (deux ou trois ans d'études) sont proposés dans diverses branches professionnelles : Gestion hôtelière, « Tourisme pour la Paix », Agence de voyage, Guidage, Obstétrique (sage-femme),

Métiers d'infirmière néonatale et d'aide-soignante. Alors qu'en Palestine, dans les écoles publiques, primaires et secondaires, garçons et filles sont séparés, l'université de Bethléem est mixte et compte 65 % de filles et 35 % de garçons : « Si la Palestine veut devenir un pays moderne, tourné vers le XXI^e siècle, les jeunes hommes et jeunes femmes doivent apprendre à se respecter en travaillant ensemble, dit le frère Vincent. Il est très important pour nous de favoriser au maximum les échanges entre chrétiens et musulmans pour arriver à un respect mutuel. Il s'agit de guider les étudiants et étudiantes vers une connaissance approfondie de leur propre foi, afin de respecter les croyances religieuses de chacun. Sur ce point très sensible pour la société palestinienne en formation, nous nous efforçons de développer parmi les enseignants et les étudiants une grande tolérance et un profond respect à l'égard de tous. Frères des écoles chrétiennes, nous croyons que lorsque les différences entre fidèles de diverses religions sont respectées, elles peuvent être une source de synergie et de solidarité non seulement dans la communauté universitaire, mais encore – plus tard – dans la société civile. »

Actuellement, 32 % des étudiants sont chrétiens et 68 % musulmans. Derrière le discours officiel évoquant une cohabitation harmonieuse, la vie de ce laboratoire palestinien ne va pas sans problèmes. En effet, les partis islamistes – Hamas, Jihad et Frères musulmans – réclament la construction d'une mosquée dans le périmètre de l'université. « Même si la cohabitation entre chrétiens et musulmans ne pose pas de difficultés majeures, explique le recteur, nous sommes confrontés à cette revendication, récurrente à chaque rentrée, portée par les militants islamistes qui font pression sur les étudiants musulmans. Ceux qui viennent de la campagne sont très religieux et aisément influençables par les islamistes. Le Hamas a gagné les dernières élections universitaires à l'université de Bir Zeit et s'est donné pour prochain objectif de contrôler celle de Bethléem. »

Cette évolution fait écho à l'émergence d'un « mouvement islamique » au sein des communautés arabes d'Israël. En avril 1999, des heurts interconfessionnels ont fait une centaine de blessés à Nazareth, où les activistes du Front islamique veulent voir construire une mosquée sur l'esplanade de la basilique de l'Annonciation. Aucun pèlerin suivant les traces de Jésus en Terre sainte ne peut échapper à la géographie du conflit qui bloque, depuis fin 1997, les préparatifs des fêtes du Jubilé 2000. « En sous-main, les autorités israéliennes attisent cette petite guerre de religion qui ne fait que diviser un peu plus la communauté arabe », commente un diplomate arabe en poste à Jérusalem. Une récente note confidentielle d'un service français confirme cette analyse :

« Depuis sa création, Israël a opté pour une gestion fragmentée de sa minorité arabe. Pour empêcher que les Arabes ne se constituent en une véritable communauté nationale solidaire, capable de mener, sur cette base, une action collective, l'État hébreu a systématiquement tenté d'accentuer les différences confessionnelles et socioculturelles propres à la société palestinienne. Cette politique a débouché sur la constitution de communautés à part, en particulier les Druzes et les Bédouins dont le comportement électoral, par exemple, diffère de celui des autres citoyens arabes. L'émergence du “mouvement islamique” comme force politique d'envergure en Israël, avec le lot de tensions interconfessionnelles qu'elle génère, s'inscrit en droite ligne dans cette logique de fragmentation des identités collectives. En effet, le phénomène ne doit pas être uniquement analysé au travers du prisme de l'islam politique. S'il s'apparente par bien des aspects au profil des mouvements islamistes tel que Gilles Kepel, par exemple, a su le dégager, le "mouvement islamique" est aussi et peut-être avant tout un mouvement communautaire dont l'objectif est moins une réislamisation piétiste que la mobilisation des musulmans de tous profils[1]. »

Le Likoud aurait ainsi octroyé une subvention de cinq millions de shekels au « mouvement islamique » pour l'aider à financer sa campagne électorale lors des législatives du printemps 1999. Cette politique qui consiste à attiser les revendications confessionnelles pour fragmenter la communauté arabe n'est pas nouvelle. Le Shin Bet – service chargé de la sécurité intérieure d'Israël – a ainsi favorisé l'émergence du mouvement islamiste Hamas, au début des années soixante-dix, en finançant ses écoles et ses structures d'aide sociale. Jouant la logique des « ennemis complémentaires », selon laquelle les fondamentalismes religieux se justifient les uns par rapport aux autres, cette politique visait à « casser de l'intérieur » la revendication nationale palestinienne en y inoculant le virus intégriste, admettent aujourd'hui plusieurs responsables militaires israéliens[2].

« Quotidiennement, les islamistes organisent la prière dans les couloirs alors que c'est interdit, puisqu'un lieu du campus est spécialement destiné à cet usage, de même qu'une salle de classe pour la prière du vendredi, poursuit le recteur de l'université de Bethléem. Nous ne souhaitons pas attribuer un lieu de prière définitif, pour ne pas mettre le doigt dans l'engrenage du communautarisme, tout à fait

1. Gilles Kepel, *Le Prophète et le Pharaon*, Seuil, 1993.

2. *Cf.* Richard Labévière, *Les Dollars de la terreur. Les États-Unis et les islamistes*, Grasset, 1999.

contraire à la tolérance interreligieuse à laquelle nous travaillons. En fait, les étudiants disposent de beaucoup plus de pouvoirs que dans n'importe quelle autre université à travers le monde. Le Hamas et le Jihad font beaucoup de bruit et impressionnent les jeunes issus de milieux ruraux modestes, insiste le frère Vincent. Imaginez que la plupart d'entre eux, quand ils arrivent ici, n'ont jamais vu un chrétien de leur vie ! Les premiers contacts se font dans notre université. Ce “laboratoire” fonctionne comme une petite Palestine qui jouit, malgré toutes nos difficultés, d'une certaine stabilité. »

En dépit de l'activisme des islamistes, le Fatah reste majoritaire à l'université de Bethléem. Chaque parti palestinien décompte ses propres partisans parmi les étudiants afin de s'assurer de leur vote lors des élections universitaires. En contrepartie, ceux-ci reçoivent une bourse destinée à financer leurs études. « Cette année – en grande partie à cause de la revendication relative à l'érection d'une mosquée sur le campus –, les traditionnelles élections de printemps n'ont pas eu lieu, car nous voulons changer le système qui engendre trop de tensions, explique le frère Vincent. Par conséquent, le Fatah n'a pas versé l'argent habituel à ses étudiants. » Ce système grève lourdement la situation financière de l'université, qui se trouve dans un état préoccupant. En effet, le problème numéro un de l'université de Bethléem réside dans un financement structurellement déficitaire. Le coût de la scolarité pour un étudiant s'élève à 800 dollars par an. Bien évidemment, une grande partie des étudiants n'a pas les moyens d'acquitter ce montant. Ainsi les contributions directes des étudiants couvrent-elles à peine 20 % du budget annuel. Par l'intermédiaire de la Congrégation pour les Églises orientales, le Vatican reste le principal donateur en assurant 15 % du budget global. Comme les six autres universités palestiniennes (Naplouse, Bir Zeit, Jérusalem, Hébron et les deux établissements de Gaza), celle de Bethléem reçoit une subvention – proportionnelle au nombre de ses étudiants – de l'Autorité palestinienne, aidée par l'Union européenne. « Par ces trois canaux, ajoute le frère Vincent, nous arrivent environ 65 % du budget annuel. Nous devons trouver le reste... Nous nous tournons vers différents donateurs : les États du golfe Persique, les États-Unis, l'Europe ou l'Amérique latine, tout en veillant à préserver notre indépendance. »

Pour boucler des fins de mois souvent difficiles, le frère Vincent fait aussi appel à un système « D » dont il ne veut pas dévoiler toutes les subtilités. Il se transforme lui-même en collecteur de fonds en utilisant ses dons musicaux, et raconte volontiers les difficultés du pianiste organisateur de concerts qu'il sait aussi être. « Étant pianiste, nous nous produisons régulièrement – avec un autre frère – pour faire rentrer un peu d'argent supplémentaire. Nous jouons à deux pianos à queue et nous nous produisons à Londres, Chicago ou au Québec... L'année dernière, nous devions louer un deuxième piano. Je téléphone à Tel-Aviv à un marchand de pianos d'Israël. On me répond que cela me coûtera 2 500 dollars, plus les taxes, le transport et l'accordage. Ayant trouvé – deux ans auparavant – à Rome un Steinway pour 1 000 dollars, je réponds que c'est presque trois fois le tarif normal, et j'essaie de marchander. Le loueur me propose finalement le marché à 1 500 dollars, plus 200 pour le transport. Comme je rétorque que c'est encore trop cher, il finit par me dire que le prix n'est pas exorbitant pour Bethléem, située, m'explique-t-il, dans une zone extrêmement dangereuse, sans qu'on puisse en rien modifier cette réalité... Sachant que sa maison est la seule où je puisse trouver un Steinway de qualité en Israël, mon interlocuteur savait pertinemment que je finirais par accepter ses conditions, ce que j'ai dû me résigner à faire la mort dans l'âme... »

Dans cette situation d'enfermement, et malgré le prix de location de son Steinway, le piano est devenu très important pour le frère Vincent – « une échappatoire irremplaçable, une porte de sortie, dit-il, de cet univers souvent kafkaïen qui englobe Bethléem et sa région ».

Laboratoire et banc d'essai de la société palestinienne en gestation, l'université de Bethléem risque néanmoins de devenir un « ghetto expérimental » : « Même si, dans les zones palestiniennes, les étudiants ne sont plus emprisonnés ni agressés par les soldats israéliens, les Palestiniens sont soumis à des contraintes d'une nature différente, souligne le recteur. Par exemple, les zones prétendument libérées sont dramatiquement touchées, au point de vue économique et politique, par les fermetures systématiques de frontières décidées de manière unilatérale par le gouvernement israélien. De plus, les tergiversations, les ajournements successifs dans les négociations de paix ont perpétué l'instabilité, fait perdre l'espoir et renforcé la tentation de basculer dans l'extrémisme. Finalement, les Palestiniens, en regardant l'évolution, pour eux défavorable, du processus de paix, sont aujourd'hui découragés et continuent de vivre dans un climat politique très perturbé[1]. »

Du haut de sa colline, le campus fait face à une autre colline, celle d'Abou Ghunaim, que les occupants appellent « Har Homah », du nom de leur dernier projet de colonie

---

1. « L'université de Bethléem – 25 années d'efforts soutenus », *Jérusalem. Bulletin diocésain du patriarcat latin*, août-octobre 1998, c'est-à-dire un an avant la reprise des négociations de paix.

de peuplement, vilipendé par les Bethléemites. Le jour même où le nouveau Premier ministre israélien Ehud Barak promet que son gouvernement ne mettra pas en chantier de nouvelles implantations, à Bethléem les travaux redémarrent sous les yeux des étudiants qui suivent les programmes d'été de l'université ! Dans la grande cour ombragée de l'université, un petit groupe d'étudiants commente la reprise des travaux sur la colline d'en face :

« Ce sont des menteurs ! Ils prennent des engagements solennels devant la communauté internationale, qu'ils violent aussitôt, sans même attendre que vous ayez le dos tourné. Ici, à Bethléem, on le constate tous les jours. À la longue, cela devient insupportable. Dans ces conditions, il n'est pas surprenant que plus personne ne croie dans une paix constamment foulée aux pieds dans la vie quotidienne. Oslo et Wye Plantation, c'est du baratin. Ceux qui veulent vraiment la paix ne construisent pas de nouvelles colonies ! lance Akram.

– Comment pouvons-nous faire confiance à des gens qui brûlent des arbres ? » ajoute Leila.

Le patriarche latin, le Palestinien Michel Sabbah, qui a été le premier patron de l'université de Bethléem, comprend sûrement Leila, mais, sous peine de renoncer à toute efficacité, ne peut poser aussi brutalement une telle question. Il n'hésite cependant pas à aborder les problèmes politiques les plus délicats. À la suite du blocage du processus de paix à cause de Netanyahou, il a répondu sans détour, dans une lettre pastorale datée de Jérusalem, le 15 septembre 1998, aux questions que lui adressaient ses ouailles :

« Dans cette situation, quelques-uns tiennent bon et disent : “Il faut poursuivre la recherche de la justice et de la paix.” D’autres sont découragés et disent : “Il n’y a plus que le recours à la violence pour essayer de reprendre le peu de droits qui peuvent encore être récupérés.” D’autres enfin disent : “Tout est vain ; il ne reste plus qu’à foutre le camp, à jouir et profiter de ce qui nous arrivera sans plus penser à la dignité ni aux droits.” C’est pourquoi beaucoup, parmi le peuple comme dans les rangs des responsables, se sont laissé gagner par la corruption et profitent autant que faire se peut des circonstances, sans se préoccuper des souffrances d’autrui ni de la droiture sans laquelle notre vie ne pourra jamais retrouver son assiette.

« Face à cette réalité, les fidèles s’interrogent et posent aussi de nombreuses questions aux pasteurs que Dieu a donnés pour guides à son troupeau. À ces questions nous voulons essayer de répondre à la lumière de la foi [...]. Nous désirons aider nos fidèles à développer une vision chrétienne de la justice et de la paix, face au conflit qui ne cesse d’emplir les esprits et les cœurs [...]. Notre vision de base est celle-ci : Dieu est le Créateur de tous les individus et de tous les peuples. La dignité de chaque personne est celle que Dieu lui a donnée. Nous sommes tous égaux dans cette dignité. D’où l’égalité entre les peuples et entre les gens dans leurs droits et leurs devoirs, et la nécessité pour chacun de reconnaître et de respecter les droits de l’autre, comme de ne pas entraver l’accomplissement de ses devoirs ni le recouvrement de ses droits. Chaque personne et chaque peuple ont le droit et le devoir de réclamer tous leurs droits s’ils viennent à être violés, et de jouir de leur pleine liberté pour exercer leurs devoirs et défendre leurs droits. Chaque personne et chaque peuple doivent être aidés dans cette poursuite de la justice, car la justice garantit la paix pour tous. Sans la justice, c'est-à-dire tant que les droits resteront bafoués, la voie de la paix restera fermée.

« Autre principe dans notre vision de base : seules les voies de la paix peuvent conduire à la paix. Par la violence, une guerre ou un combat peuvent être gagnés. Un État peut être créé par la force et s'imposer comme un fait accompli. Mais la paix ne sera que le fruit de la paix. La réalité que nous vivons le prouve : avec la force et la violence, Israël a gagné des combats et a créé un État. Mais la paix, il ne cesse de la chercher ou de vouloir en vain l'imposer par la force. De même les Palestiniens : par les combats entre Arabes et Juifs qui durent maintenant depuis plus d'un siècle, ils n'ont fait que perdre et ne sont pas parvenus à la paix. Le dialogue en est la voie, avec les pourparlers, pourvu que les accords qui en résultent ne restent pas lettres mortes : ils doivent rétablir la justice pour tous. C'est seulement avec ce rétablissement de la justice que pourra commencer l'éducation de la paix dans les cœurs [...].

« Les chefs des Églises de Jérusalem ont été plus d'une fois critiqués par les autorités sous prétexte qu'ils interféraient indûment dans la vie politique et se révélaient les partisans d'une partie contre l'autre. Ces lignes pour le réaffirmer : les chefs religieux ont le droit et le devoir d'intervenir dans une situation politique qui produit l'instabilité générale dans la vie quotidienne et est cause d'injustices, limitant les libertés et provoquant la frustration, donc, par suite, la violence même que l'on déclare vouloir éviter alors que les injustices ne font que l'entretenir et l'approfondir dans les âmes. L'Église ne parle pas pour appuyer ou pour exciter une partie contre l'autre, mais pour faire son devoir, qui consiste à dénoncer l'injustice, à défendre l'opprimé, à dire qu'il a le droit de revendiquer tous ses droits... »

Le patriarche latin agace profondément les autorités israéliennes. Il a été arrêté à deux reprises. Acteur essentiel de la vie de Bethléem et évidemment de son futur, parfaitement francophone, Michel Sabbah a soutenu un doctorat de philologie arabe en Sorbonne et est commandeur de la Légion d'honneur. Il vit dans la vieille ville de Jérusalem, derrière les fortifications construites entre 1520 et 1566 par le sultan-calife Soliman le Magnifique pour protéger Jérusalem des raids bédouins et des attaques des Croisés. Le quartier chrétien s'est développé dans la partie nord-ouest de la vieille ville autour des principaux sites liés à la vie et à la mort de Jésus, principalement la Via Dolorosa et le Saint-Sépulcre. On y accède par la porte de Jaffa qui débouche sur la route d'Hébron. Ouverte en 1538, cette porte a été baptisée par les Arabes *Bab al-Khalil* (« porte de l'Ami »). Des policiers israéliens y stationnent en permanence, car elle commande la rue de David qui mène tout droit au mur des Lamentations, à la mosquée al-Aqsa et au dôme du Rocher.

Une fois passé la porte, la première rue à gauche s'appelle effectivement « route du patriarcat latin » et finit en impasse sur un ensemble de bâtiments regroupant le patriarcat, construit entre 1862 et 1866. Les grandes dalles de pierre des longs couloirs conservent une fraîcheur agréable. La résonance des pas imprime une étrange solennité que les pères entretiennent en parlant à voie basse.

« C'est un homme généreux, donc facile d'accès. Mais ne le fatiguez pas trop, il travaille trop. Nommez-le simplement "Béatitude" », nous recommande le père-Chancelier en nous introduisant dans un petit salon essentiellement meublé de fauteuils capitonnés de rouge – sans style particulier –, disposés autour d'une table basse. Au mur, deux portraits : le pape Jean-Paul II et Sa Béatitude.

Il s'assied sous le portrait du pape, puis rajuste les plis d'une simple soutane noire en précisant qu'il parle rarement aux journalistes, mais qu'il inscrit volontiers « cette conversation dans le cadre de sa mission au service de l'Église et de la communauté latine, en relation avec tous les chrétiens, les musulmans et les juifs. Une des tâches principales du patriarcat latin de Jérusalem est l'action en faveur de la justice et de la paix dont les deux pays ont tellement besoin[1] ».

Michel Sabbah n'en est pas moins le premier patriarche palestinien. « Cela n'a pas de signification particulière, précise-t-il, sinon celle de l'aboutissement d'une évolution normale. Le premier évêque palestinien du diocèse a été nommé en 1848... Disons qu'au bout du cycle l'Histoire est arrivée à maturité et que personne aujourd'hui ne trouve anormal que le patriarche latin de Jérusalem soit un Palestinien ! »

Le patriarche répond toujours après un temps de réflexion, mais directement, sans atermoiements ni faux-fuyants. En homme méthodique, il commence par rappeler l'étendue de son diocèse :

« Il comprend Israël, Jérusalem, la Palestine, la Jordanie et Chypre, ce qui fait quatre pays avec une population de 14 millions de personnes dont s'occupent 85 prêtres. On y compte plus de 300 000 chrétiens (protestants, orthodoxes et catholiques), dont 140 000 catholiques, les Latins et les Orientaux s'équilibrant à peu de chose près ! En Palestine particulièrement, la chrétienté demeure une composante essentielle de la société, même si ses effectifs décroissent régulièrement. »

1. Entretien du 31 août 1999.

Cette diminution du nombre des chrétiens est une de ses préoccupations majeures. Mais à la question qu'il posait lui-même en mars 1996 après la confiscation des terres de la colline d'Abou Ghunaim – « Est-ce que les autorités israéliennes ont l'intention de réduire la présence chrétienne et de l'inviter à émigrer en confisquant ses terres ? » – il répond aujourd'hui de façon plus nuancée :

« Cette politique ne vise pas délibérément les chrétiens comme tels, pas plus que les musulmans d'ailleurs, mais répond à une logique qui a sa nécessité interne. Les Israéliens possèdent les clés de cette nécessité, dont ils n'expliquent pas toujours clairement les vraies finalités. Ils voudraient que la terre de Palestine soit vide, comme ils l'ont longtemps souhaité. Or cette terre – comme beaucoup d'autres – n'est pas vide de populations ! Les terres appartiennent aux Palestiniens, qu'ils soient chrétiens ou musulmans. Cette logique d'expropriation et d'annexion n'est pas dirigée spécifiquement contre les chrétiens, mais elle constitue une des raisons du départ des chrétiens. La cause principale en est bien sûr le conflit permanent qui entrave toute possibilité d'avenir.

« Le déséquilibre ainsi engendré empêche la stabilisation d'une économie viable et d'une autorité réelle pouvant garantir la justice au quotidien. La confiscation des terres rétrécit l'espace et bloque toute velléité d'expansion des chrétiens. Il n'y a pas de liberté d'action et de circulation entre Jérusalem et Bethléem pour les chrétiens comme pour les musulmans. Ce rétrécissement, cette limitation, cette mutilation, ces frontières multiples, ces postes de contrôle, ces tracasseries policières et administratives résultent directement du conflit. Mais, avec le temps, les Israéliens commencent à analyser la situation et à comprendre que la seule solution, c'est de traiter directement avec les Palestiniens pour la création d'un véritable État palestinien, pour tous les Palestiniens. Nous avons toujours dit cela. C'est notre ligne depuis très longtemps. Nous avons dit et répété : "Il faut négocier avec les Palestiniens", déjà du temps où Arafat était traité de terroriste... », rappelle Sa Béatitude.

## 19

# « Bethléem, petite ville de Judée... »

Cela fait beaucoup d'années que nous avons refermé définitivement nos catéchismes, mais cette phrase et quelques autres sont pourtant restées gravées dans nos mémoires. Elles traînaient derrière elles des images simplistes – une grotte saint-sulpicienne avec un Jésus entouré de Joseph, Marie, du bœuf et de l'âne, le méchant Hérode à la recherche des petits innocents, les Rois mages et les parfums d'Orient... –, mais aussi le sentiment diffus que, derrière ces croyances lointaines, parfois mal assimilées, il y avait quelque chose d'important, qu'à Bethléem était bien né un homme de paix.

Au terme de cette enquête, notre image de Bethléem, écrasée par le poids de l'Histoire, celle de Dieu et celle des hommes, est à l'évidence beaucoup plus complexe.

Maintes habitudes, maints rites générateurs d'incompréhensions, de frictions, quelquefois de conflits entre les uns et les autres dépassent les modestes acteurs bethléemites qui n'interviennent souvent que comme de simples marionnettes de l'Histoire. Les relations entre franciscains, religieux orthodoxes et prêtres arméniens à l'intérieur et autour de la grotte sont ainsi encore réglées par un firman de 1852, qui lui-même, on l'a vu, a été le résultat de batailles ancestrales entre les gardiens des Lieux saints. Les ressentiments provoqués par le souvenir du Grand Schisme de 1054 et par le sac de Constantinople ôtent de surcroît toute sérénité à la mise en application de ce décret turc. Le firman, rédigé comme un exploit d'huissier, était censé avoir tout prévu, codifié, décidant à qui appartenaient telle icône, telle tenture, tel tapis. Exemple : « La clé de la porte d'entrée est gardée par les orthodoxes. Les cinquante-quatre lampes et le lustre de la basilique, ainsi que toutes les icônes qui y sont accrochées, appartiennent aux orthodoxes. Les tapisseries qui couvrent les murs de la crèche appartiennent aux Latins. En face du pilier, à l'angle des deux escaliers qui mènent à la crèche, il y a trois chandeliers : celui du milieu appartient aux orthodoxes, celui de gauche aux Latins et celui de droite aux Arméniens... » Mais les rédacteurs turcs du firman n'avaient pas tout prévu : ainsi avaient-ils oublié de préciser à qui appartenait le plafond de la basilique et qui devait donc payer les travaux de réfection...

Des conflits ont ainsi surgi et une jurisprudence s'est progressivement instaurée pour compléter le texte de base d'une quinzaine de pages bien tassées. Ces arrangements, qui régissent la vie de la basilique de la Nativité et de la grotte, sont extrêmement complexes. Les Latins sont réduits à la portion congrue : ils n'ont le droit de célébrer aucun office dans la basilique, qu'ils ont seulement la faculté de traverser par un passage reliant leur couvent, par la porte dite de Joinville, à l'escalier nord de la grotte. Dans la grotte, ils peuvent dire la messe exclusivement sur l'autel des Mages. Les tapis couvrant les murs de la grotte sont la propriété des Latins, mais les douze tableaux qui y sont suspendus sont à la fois la propriété des Grecs et des Latins. Le sol est alternativement lavé par les Grecs et les Latins, mais les murs de l'escalier nord sont latins. Ledit escalier est lavé quotidiennement par les Latins. Au-dessus de la porte nord figurent deux icônes et deux lampes que se partagent Grecs et Arméniens. Quant à l'étoile de la Nativité, source de tant de conflits, elle est époussetée tous les jours par les Grecs, mais lavée deux fois par semaine par les Grecs et les Arméniens. L'autel qui est situé au-dessus est nettoyé par les seuls Grecs. La crèche proprement dite, comprenant l'autel de la Mangeoire, dit des Rois mages, est utilisée exclusivement par les Latins, et donc nettoyée par eux. Mais cette exclusivité ne va pas jusqu'à la possibilité d'y effectuer des réparations sans en référer aux autres.

Même les plus petits détails de la vie de cet incroyable « ménage à trois » sont réglés et quand l'un des trois se mêle de mofidier l'un de ces détails, cela peut entraîner un véritable embrasement ! Ainsi, l'ouverture par les Grecs de la petite porte de fer de la basilique s'effectue-t-elle quand les trois coups de cloche des Latins retentissent à l'aube. Au premier coup, le portier grec actionne la serrure ; au deuxième, il tire le premier verrou ; au troisième, il tire le second verrou. Des incidents ont eu lieu en 1891, 1898 et 1909 du fait du non-respect de cette convention.

Les conflits sont désormais plus rares, mais il ne faut pas chercher beaucoup pour en trouver de relativement récents. Ainsi, en juin 1960, arrive à Bethléem un prêtre catholique syrien originaire de Mossoul, le père Ephren Abdelahad. Le but de son voyage est de visiter les Lieux saints et de voir quelques parents, des orthodoxes résidant à Bethléem. Il a aussi un grand rêve : célébrer la messe à l'intérieur de la grotte. Il en parle aux franciscains qui lui objectent que les Grecs ne le permettront jamais. Il décide de passer outre à l'interdiction. Le 13 juillet, vers 5 h 30 du matin, il se présente à la sacristie de l'église paroissiale de Sainte-

Catherine et, en l'absence du frère sacristain, revêt les habits sacerdotaux de son rite et descend dans la grotte de la Nativité, accompagné d'un vieillard qui doit lui servir d'acolyte. Il a apporté le pain de chez lui et pris le vin à la sacristie. Il s'installe devant l'autel latin des Rois mages et commence à célébrer la messe. Vers 5 h 20, un moine grec orthodoxe descend dans la grotte et, dans un premier temps, ne remarque rien d'« anormal ». Un peu plus tard, il se rend compte que ce n'est pas un prêtre latin qui est en train de dire la messe, mais un Oriental catholique, ce qui est contraire au *Statu quo*. Il se précipite aussitôt sur le célébrant en criant *« Katholikos ! Katholikos ! »*, et lui tombe dessus, l'obligeant à interrompre l'office. Les cris du Grec ont ameuté sa communauté. D'autres moines descendent à leur tour dans la grotte et dévastent l'autel des Mages, brisant le verre des encadrements et lacérant le missel du prêtre syrien... Pour ce manque de vigilance, le père gardien franciscain de Bethléem sera obligé d'aller présenter ses excuses au supérieur de la communauté grecque.

Le dernier incident médiatisé s'est déroulé à l'occasion du nettoyage traditionnel de la Saint-Sylvestre 1984. Il a démarré dès l'instant où un prêtre a passé la serpillière sur un carré de marbre dépendant d'une communauté rivale ! S'en est ensuivie une bataille à coups de balais et d'objets divers. On parle de cet événement sous la dénomination ironique de « guerre des Balais ». Depuis, c'est la paix armée, mais un rien peut rallumer la mèche et susciter une nouvelle explosion.

Le frère Ibrahim Faltas, le « M. *Statu quo* » franciscain de Bethléem, a beau affirmer aujourd'hui que « tout va bien entre les trois communautés qui gardent l'église de la Nativité », et qu'il n'y a pas eu de crise depuis son arrivée en

1996, les relations intercommunautaires n'en demeurent pas moins très complexes. Les Grecs orthodoxes, les Arméniens et les franciscains se réunissent toutes les deux semaines pour discuter de la réparation du toit de la basilique de la Nativité, mais ces pourparlers sont restés au point mort depuis déjà pas mal de temps. Il faut dire, à la décharge des « Grecs » qui rechignent toujours à mettre la main au portefeuille, qu'ils sont très pauvres et obligés d'exercer un second métier pour faire subsister leur nombreuse famille. La dernière fois que le problème de la réparation de la basilique s'était posé, les trois communautés gardiennes des Lieux saints n'avaient déjà pas pu s'entendre. En 1991, les Israéliens avaient finalement pris la décision de faire réparer eux-mêmes la toiture. En 1994, les trois communautés sont parvenues à un accord sur la restauration de la coupole du Saint-Sépulcre, mais cette unanimité constitue plutôt une exception.

À Bethléem, depuis la fin de 1995, l'Autorité palestinienne s'est substituée à l'Empire ottoman, au mandat britannique, à la Jordanie et finalement à Israël pour protéger la minorité chrétienne et faire respecter le *Statu quo*. Yasser Arafat a un conseiller aux Affaires chrétiennes – M. Kandalaft – qui prépare ses arbitrages. Tout le monde suspecte ce conseiller de ne pas être impartial, dans la mesure où il est orthodoxe. Mais c'est souvent Arafat en personne qui suit ces problèmes, car il tient beaucoup à garder « ses » chrétiens en paix. Il voit en chacun d'eux un ambassadeur de la cause palestinienne en Occident et tient beaucoup à la pérennité de cette communauté, notamment à Bethléem.

« L'Autorité palestinienne a pris ce rôle très au sérieux, même trop, dans certains cas, confie le patriarche de Jérusalem. Par exemple pour ce qui concerne la réparation du toit de l'église de la Nativité. Les travaux sont bloqués parce qu'on ne trouve pas de solution financière équitable. Le principal bailleur de fonds risque de prendre de l'ascendant sur les autres associés à la gestion du lieu. Chacun, à sa manière, est responsable du gel de la situation, jusqu'au jour où le toit finira par s'écrouler... Le *Statu quo* précise que si les représentants des religions ne trouvent pas d'accord pour régler les affaires courantes, les autorités civiles doivent le faire. En l'occurrence, dans le cas de l'église de la Nativité, l'Autorité palestinienne n'ose prendre de décisions de peur d'indisposer les uns ou les autres... »

Lors de la préparation de « Bethléem 2000 », les responsables avaient lancé un concours pour la création du logo. C'est un Français qui a gagné et reçu en grande pompe, à Londres, les honneurs dus au vainqueur. Las, son logo montrait une vierge stylisée qui, pour les Grecs, était indécente, puisqu'on devinait sa poitrine... Ils portèrent la question devant l'Autorité palestinienne et Arafat a écarté le logo litigieux pour ne pas avoir la communauté grecque sur le dos...

Toutes ces querelles mesquines entre moines chrétiens agacent manifestement le patriarche latin qui les trouve d'un autre temps. Elles agacent d'ailleurs la plupart des chrétiens arabes – Michel Sabbah est arabe –, qu'ils soient catholiques ou « grecs ». Les Arabes orthodoxes se sont éloignés au fil du temps de leur clergé, celui-ci étant resté « grec » et ne s'étant pas arabisé, contrairement au clergé catholique où les Arabes sont devenus largement majoritaires.

Interrogé sur le dernier incident survenu entre Latins et Grecs, le patriarche déclare ne pas s'en souvenir et estime que « l'esprit a changé. Heureusement, car si je me réfère à ce que la presse a appelé la "guerre des Balais", il est clair que, de part et d'autre, les fidèles tiennent ça pour des enfantillages, des querelles de préséance dépourvues d'intérêt, hormis peut-être pour les intéressés... Nous nous discréditons les uns et les autres. Conformément au souhait des fidèles eux-mêmes, les relations se sont nettement restaurées. N'oubliez pas que doivent coexister ici en bonne intelligence pas moins de treize communautés chrétiennes : grecque, arménienne, syrienne, copte, éthiopienne... Disons que les rapports sont devenus cordiaux et que la gestion du *Statu quo* est envisagée dans un esprit nouveau, plus apaisé. J'ai des contacts réguliers – presque mensuels – avec le patriarche orthodoxe, Sa Béatitude Diodoros. Mais certains points obscurs du *Statu quo* subsistent et alimentent des sources de tension, reprend Michel Sabbah. Par exemple la répartition et l'usufruit de tel ou tel bâtiment, tel ou tel droit de passage, telle ou telle servitude... Le problème se résume au fond à une question de priorité, et, pour le trancher une bonne fois pour toutes, il faudra bien rédiger un jour un nouveau *Statu quo*, donc organiser une nouvelle conférence internationale à cet effet. Pour mettre fin à ces petites mesquineries quotidiennes qui peuvent resurgir à tout moment, compte tenu d'une interprétation obtuse du *Statu quo*, nous devrions pouvoir élaborer une législation claire et nette, définissant sans ambiguïté ce qui revient à chacun. »

À l'intérieur même du monde latin de Terre sainte, l'harmonie n'est pas toujours au rendez-vous, notamment entre les deux grands acteurs que sont le patriarche et le custode, simplement parce que le premier a pris le pas sur l'autre et que le second doit obéissance à l'évêque de son diocèse, le patriarche. On a vu que, jusqu'à la moitié du siècle dernier, autrement dit jusqu'à l'arrivée du patriarche à Jérusalem, le custode était l'unique représentant de Rome en

Terre sainte. Cent cinquante ans plus tard, les franciscains n'ont pas encore complètement admis cette arrivée, ainsi que nous l'avons constaté à Saint-Sauveur, au siège de la custodie, dans la vieille ville de Jérusalem. Le père Claudio Baratto parle de relations « délicates » entre la custodie et le patriarcat, et rappelle que c'est la custodie qui a « donné dix paroisses en 1847 au patriarcat », suggérant par là que, sans elle, ce dernier ne serait pas ce qu'il est aujourd'hui. « La situation n'est pas complètement clarifiée », conclut-il.

Le patriarcat est proche du couvent du Saint-Sauveur. Questionné sur ses rapports avec la custodie, Michel Sabbah sourit et nous demande si nous avons l'impression que la custodie le prend pour un usurpateur : « Les franciscains sont arrivés après que les Croisés eurent établi leur tête de pont à Saint-Jean-d'Acre en 1290. N'oubliez pas qu'ils sont établis en Terre sainte depuis 1330 ! On finit par prendre des habitudes... De plus, ils ont eu beaucoup de martyrs. Le patriarche a rembarqué avec les Croisés. Ce n'est qu'alors que Clément VI a confié aux franciscains le lourd mandat de la garde des Lieux saints et des fidèles. Après le rétablissement du patriarcat par Pie IX en 1847, la custodie a conservé tacitement cette fonction de gardienne des Lieux saints. Les franciscains ont eu beaucoup de mérite à entretenir ces lieux et à accueillir les pèlerins du monde entier, reconnaît Sa Béatitude. Ils exercent d'ailleurs toujours ce mandat. Par conséquent, on peut comprendre qu'il leur soit difficile d'entrer dans le cadre strictement diocésain sans une certaine nostalgie. Il est vrai que dans leur inconscient prévaut toujours une certaine forme d'irrédentisme : la custodie demeure une entité à part... Cette perception est à mettre au compte de l'Histoire et d'une mémoire très riche, estime le patriarche, mais tous les franciscains ne sont pas des séparatistes dans l'âme. Il y a désormais un diocèse, et c'est comme cela ! La même histoire se poursuit, un peu différemment. En fait, il faut toujours rappeler que l'on vit la communion ecclésiale. Celle-ci consiste à vivre l'essence même de la communion avec une seule tête à la direction du diocèse. Un évêque comme un patriarche font leur travail. Nous avons un service à rendre. C'est tout ! La communion au sein de l'Église revient à répondre à la question : comment vivre pleinement cette aventure tout en conservant chacun son identité et son mandat ? Si nous y arrivons, alors l'Église peut vivre ! »

Le custode et la custodie restent des acteurs capitaux à Bethléem. Ce sont eux qui gardent la grotte et les autres Lieux saints du district. Pour la Noël 1999 qui inaugure les festivités de « Bethléem 2000 », les Latins s'appuient sur l'agenda et l'organisation de la custodie. Il ne faut pas oublier que celle-ci demeure une puissance financière, mobilière et immobilière qui contrôle plusieurs paroisses, écoles et hôpitaux.

Si le clergé bethléemite reste encore largement instrumentalisé par l'Histoire, les avanies de la période récente ont rapproché non seulement les chrétiens entre eux, mais aussi chrétiens et musulmans qui se sentent désormais bethléemites *et* palestiniens. Ce rapprochement s'est opéré contre Israël, responsable de l'arrivée massive de réfugiés, puis de l'occupation militaire et du développement des colonies depuis 1967. Le patriarche parle de « solidarité intercommunautaire face à l'occupant ». Certes, l'intégration des camps de réfugiés, aux marches des zones urbaines, n'a pas toujours été sans heurts, mais elle a débouché sur un réel dialogue entre musulmans et chrétiens. Jamais sortis de leur village, un grand nombre de paysans et de Bédouins musulmans n'avaient jamais vu de chrétiens. Par la force des choses, ils ont dû commencer à se parler...

« J'étais dernièrement en visite au camp de Deheiché, à Bethléem, raconte le patriarche. L'accueil a été très émouvant. Tous les habitants étaient là, quelles que fussent leurs origines, confessions et appartenances politiques. Certes, ce brassage de population a généré passablement de problèmes, mais des problèmes de déracinés... Aujourd'hui, les chrétiens des différents rites ne se distinguent plus. Ils veulent être chrétiens, un point c'est tout. Les uns et les autres s'efforcent d'entrer dans la voie de la charité et de la compréhension mutuelle. Face à l'occupation, les gens ne sont plus chrétiens de tel ou tel rite, ils sont avant tout palestiniens ! L'occupé, l'opprimé, l'exploité, c'est le Palestinien, qu'il soit chrétien ou musulman. Les uns et les autres sont embarqués sur le même bateau, et en ont conscience.

« Tout cela constitue un seul et même peuple, répète Sa Béatitude. Il s'agit d'un combat politique, pas d'un conflit religieux ! Les exigences de la confrontation ont bien évidemment renforcé l'identité palestinienne. Celle-ci n'est pas née avec le conflit. La Palestine était une province de l'Empire ottoman. Avec la fin des mandats, la division entre les différents pays arabes a renforcé l'existence d'une entité palestinienne. D'une certaine manière, le morcellement du monde arabe en autant de pays a paradoxalement accentué ses similitudes régionales et internationales. Là encore, la Palestine et les Palestiniens ont bénéficié d'un gain d'identité à travers l'affirmation d'une composante arabe transnationale. »

Il y a pourtant une ombre à ce tableau un peu trop idyllique... Les relations entre musulmans et chrétiens, qui avaient été très bonnes sous l'Intifada, sont en train de se dégrader, y compris à Bethléem. On a déjà vu les pressions des islamistes pour avoir leur mosquée à l'intérieur de l'université catholique de Bethléem, l'influence grandissante du Hamas fondamentaliste dans les camps de réfugiés. Elles sont entrées dans une phase très critique à Nazareth où les musulmans exigent désormais la construction d'une mosquée juste en face de la basilique[1]. Des affrontements ont eu lieu l'an dernier à Pâques et à Noël. Le patriarche, très affecté par ce problème, refuse d'en parler.

Si le patriarche latin demeure un acteur de premier plan de la vie locale, il en est un autre qui, depuis bientôt dix siècles, est très présent autour de la grotte : c'est la France, dont Michel Sabbah parle volontiers : « La France remplit – actuellement encore – parfaitement ses obligations. Dans toutes les situations, même les plus difficiles, notammment dans nos rapports avec l'État d'Israël, la France se tient à nos côtés. C'est la prolongation du contrat de Mytilène signé entre Paris et l'Empire ottoman en 1901[2], si ma mémoire est bonne... Les rapports avec le consulat général de France à Jérusalem ont toujours été très amicaux. Les

1. Les autorités israéliennes ont donné leur accord à la fin octobre 1999.

2. Les accords de Mytilène et de Constantinople signés entre la France et l'Empire ottoman furent transférés d'abord à la puissance mandataire britannique, puis à Israël, en 1949, par les accords dits « Fisher-Chauvet ». Prétextant que ces accords n'ont pas été ratifiés par la Knesset, le gouvernement israélien ne les respecte plus : les communautés religieuses font l'objet d'un véritable harcèlement.

ministres français de passage dans la Ville sainte ne manquent jamais une visite au patriarcat. En Terre sainte, tout ce qui est chrétien est associé à la France. Les chrétiens qui vivent sous l'Autorité palestinienne actuelle seront un jour citoyens de plein droit d'un État palestinien. Les liens historiquement établis avec la France ne disparaîtront pas. La France reste donc un appui majeur, même si le contexte a changé sous les contraintes de l'occupation israélienne. »

La France entend effectivement continuer à jouer un rôle actif en Terre sainte et donc à Bethléem, comme l'a souligné Jacques Chirac dans la vieille ville de Jérusalem, le 22 octobre 1996. Le président de la République avait choisi un lieu symbolique : l'église Sainte-Anne, que la Sublime Porte avait donnée à la France pour la remercier de son aide dans la guerre de Crimée – une guerre déclenchée, on l'a vu, à la suite du vol de l'étoile de la Nativité... Depuis, le drapeau tricolore flotte sur cette église, « car Sainte-Anne, c'est comme un morceau de notre pays en Terre sainte », a tenu à dire un Jacques Chirac qui avait été bousculé dans la vieille ville, quelques heures plus tôt, par des policiers israéliens.

Le Président s'adressa en ces termes aux religieux de Terre sainte, notamment au premier d'entre eux, le patriarche latin, le Palestinien Michel Sabbah :

> « Ma présence dans ce lieu, avec vous, est en réalité un peu plus qu'un symbole : c'est une fidélité que j'ai voulu honorer, c'est une tradition multiséculaire de participation active à la vie de cette partie du monde. C'est cette volonté constante que nous avons d'être acteur de son histoire, parce que nos attaches, nos racines y sont profondes.
>
> La fidélité : indépendamment de ses régimes – monarchie, république, empire, République encore –, la France a joué un rôle primordial dans les Lieux saints. Elle a exercé

sa protection efficace sur les sites sacrés et les a défendus. Mais c'est aussi sur des hommes et des femmes établis sur cette terre que la France entend faire porter sa protection. À travers les siècles, en dépit des vicissitudes, cette situation exceptionnelle a prévalu : il y a ainsi une longue liste d'établissements religieux que la France a le devoir de protéger. Elle assumera bien sûr cette obligation. »

Puis, s'adressant à Sa Béatitude, c'est-à-dire au patriarche latin :

« C'est à travers vous que je voudrais prolonger cet hommage à tous les religieux et religieuses de Palestine dont vous êtes, Votre Béatitude, l'éminent représentant. Hommes et femmes d'un peuple chrétien de Terre sainte dont la France se sent très proche, je voudrais saluer le courage de ce peuple qui a surmonté les épreuves à travers les siècles. Il est toujours là, certes moins nombreux, mais jouant toujours un rôle essentiel, un rôle d'ouverture et de dialogue, un rôle de paix aussi.

Au moment où s'élaborent de nouvelles institutions dans des conditions difficiles, je me tourne vers vous et je vous dis : courage ! Aujourd'hui comme hier, votre rôle demeure. Vous êtes indispensables. Ne désespérez pas ! Ne quittez pas cette terre ! Vous demeurez, aujourd'hui comme hier, une garantie de respect de l'autre et de tolérance pour la société qui se crée. En cela, vous êtes nécessaires à la paix. Voilà pourquoi la France demeure résolument à vos côtés... »

Discours important, car c'était la première fois depuis très longtemps que le rôle de la France dans cette région était défini clairement. Il s'inscrivait dans une longue tradition qu'un homme incarne sur place : le consul de France à Jérusalem. Les signes extérieurs du rôle historique de la France en Terre sainte sont encore nombreux. Ainsi les « messes consulaires » célébrées dans quelques églises, qui obéissent à un cérémonial très précis : le consul de France est accueilli à l'entrée de l'église par le célébrant avec de l'eau bénite ; après la lecture de l'Évangile, il baise le Livre ; à l'offertoire, on encense le consul qui se lève pour qu'il soit bien clair que c'est lui qu'on encense ; à la fin de la messe, on prononce une formule rituelle à la gloire de la République : *« Dominum fac salvam Respublicam »*... Le consul de France assiste à deux grandes cérémonies annuelles célébrées par le patriarche latin : la messe de Pâques au Saint-Sépulcre et la messe de minuit en l'église de la Nativité de Bethléem, où la France a la primauté protocolaire. Cette primauté nous est enviée par les Italiens. Le pape Léon XIII l'avait délibérément accordée à la France. « Cette primauté subsiste partiellement. Mais j'évite de créer des incidents si le protocole n'est pas tout à fait respecté à la lettre », explique Stanislas de La Boulaye, installé dans un grand bureau d'où il domine la vieille ville de Jérusalem. Il a eu un peu de mal avec ces pratiques qui peuvent aujourd'hui paraître désuètes : « Au début, j'ai trouvé ce rituel formel et ringard, pour ne pas dire paternaliste et néocolonial. À la longue, j'ai compris qu'il était opérant sur la réalité. Loin d'être un rituel vide et uniquement protocolaire, il garantit l'état d'une relation et de certains intérêts entre les communautés religieuses et la présence française en Terre sainte. Les nouvelles congrégations qui s'installent souhaitent, comme les anciennes, établir ce type de relations à travers les messes consulaires... Disons qu'à ce niveau le renouveau est très mesurable et va vers une consolidation des messes consulaires. Ces gestes ne sont pas que des rites creux, mais reprennent un vrai sens appuyé sur l'avenir... »

Premier rôle dans la pièce qui se joue à Bethléem (et ailleurs en Palestine), Yasser Arafat attache beaucoup d'importance au maintien de la France dans la protection des

Lieux saints et des communautés qui y vivent. Ainsi le ministre de la Justice de l'Autorité palestinienne a-t-il adressé, le 15 décembre 1997, une lettre au consul général de France, dont les termes avaient été préparés lors d'une visite du conseiller aux Affaires religieuses d'Hervé de Charette au président Arafat, le 12 mars 1997 : « Au sujet de la prise en compte par cette Autorité des droits accordés à des établissements religieux depuis les traités de Mytilène (1901) et de Constantinople (1913) entre l'Empire ottoman et la France, j'ai l'honneur de vous confirmer que l'Autorité palestinienne a l'intention de continuer à appliquer – à ceux de ces établissements situés dans les zones qu'elle administre – les droits, exemptions et facilités dont ils ont bénéficié jusqu'ici en vertu de ces accords », écrit le ministre palestinien. À Bethléem et dans les villes du district sous autorité palestinienne, les franciscains et toutes les autres congrégations bénéficient ainsi de toutes les exemptions – droits de douane, impôts fonciers, taxes municipales – que la Sublime Porte avait accordées à la demande de la « protectrice des Lieux saints ». La réponse française, de pur enregistrement, a suivi quelques jours plus tard. La France poursuit ainsi sa politique traditionnelle envers les communautés des chrétiens d'Orient, et un poste de chargé des relations avec les communautés religieuses a même été créé au consulat général de France à Jérusalem.

Dans les délicates négociations en cours, Yasser Arafat a besoin de l'appui des chrétiens et de celui de la France pour l'aider dans la résolution de l'épineux problème du statut final de Jérusalem, lui-même étroitement lié à celui des Lieux saints. Il est aussi « très attentif et respectueux vis-à-vis de l'enracinement des chrétiens en Palestine, ainsi que le souligne Michel Sabbah. L'Autorité a une attitude très saine à l'égard des chrétiens. Elle a parfaitement compris la signification de la présence chrétienne. Elle fait tout ce qu'elle peut pour protéger cette composante de son peuple. Les chrétiens disposent d'un nombre réservé de sièges au Conseil national palestinien, au Parlement – ce qui n'est pas le cas dans la plupart des autres pays –, et les maires des villes chrétiennes sont des chrétiens. Pour toutes ces raisons, nos rapports avec l'Autorité palestinienne sont excellents. Le président Arafat est toujours prêt à nous écouter. Sa porte nous est toujours ouverte. Notre relation est empreinte de respect mutuel. C'est un homme abordable, intelligent et sensible, qui a le cœur sur la main, mais il est en butte à de multiples pressions et n'arrive pas toujours à faire ce qu'il veut... ».

Les hasards de l'Histoire et du calendrier font coïncider la célébration du deux millième anniversaire de la naissance du Christ avec des négociations déterminantes pour l'avenir de Bethléem, de la Terre sainte, de la Palestine et de la région, entre l'Autorité palestinienne et le gouvernement israélien. La première grande fête de ce Jubilé aura lieu à Bethléem. Les caméras du monde entier vont prendre et diffuser des images de cette petite ville située à une dizaine de kilomètres de Jérusalem, des images de la place de la Nativité montrant les principaux acteurs de cet épilogue : un Yasser Arafat fatigué aux côtés de Michel Sabbah, le patriarche latin peu apprécié des Israéliens, le consul de France, ainsi qu'une bonne trentaine de chefs d'État représentant la communauté internationale, on ne peut plus concernée par le statut de Jérusalem et celui des Lieux saints. Pour expliquer ces images, les reporters seront bien obligés de faire un peu d'Histoire, et le lecteur de ces pages sait combien elle est complexe. La prochaine messe – catholique – de minuit se déroulera comme chaque Noël, en l'église Sainte-Catherine, selon un rituel resté *grosso modo* le même depuis plus d'un siècle. Deux mille ans après la naissance de Jésus, des centaines de millions de gens à travers le monde vont ainsi rêver d'une Bethléem qu'ils ne croyaient pas, pour la plupart, placée sous l'Autorité palestinienne. Ils seront peut-être surpris quand Yasser Arafat, qui, pour beaucoup, sent encore le soufre, répétera, comme lors de la première fête de la Nativité suivant la fin de l'occupation de Bethléem, en 1995, que « Jésus était palestinien ».

Des dizaines de milliers d'entre eux ne se contenteront pas des images de la télévision et feront le déplacement jusqu'à la grotte. Pour s'incliner au pied de l'autel, voir ou baiser la fameuse étoile latine en argent, touristes ou pèlerins feront longuement la queue. « Perdront »-ils également quelques minutes pour se faire une idée de la situation politique, économique et sociale qui prévaut à quelques dizaines de mètres de là ? Nombre d'entre eux ne le pourront pas, car ils seront venus à Bethléem grâce à des organisateurs de circuits israéliens qui « liquident » la visite de la basilique et de la grotte en moins de deux heures, ne laissant ainsi aucune retombée économique à Bethléem.

Jésus, palestinien ? Le patriarche latin n'avait pas à être choqué par cette affirmation qui en avait pourtant étonné plus d'un. « Qu'est-ce qu'une telle déclaration veut dire ? reprend Michel Sabbah. Fils de David, issu du peuple juif, Jésus est né en Palestine ; il est donc palestinien tout en appartenant à tous les peuples de la Terre, puisqu'il est Dieu fait homme... Mais la géographie est têtue, et il se trouve que Bethléem est bien en Palestine ! »

Le patriarche est sur le pont et s'active à préparer ce Noël 1999 :

« Nous avons créé un Comité de l'an 2000 pour parer à tous les aspects pratiques. L'aspect liturgique fait l'objet d'une attention spéciale. Tous les évêques catholiques sont associés. Nous sommes six communautés : Latins, melkites, maronites, Syriens, Arméniens et chaldéens. Tous, pour la première fois, passeront la nuit de la Nativité à Bethléem. À cette liturgie spéciale seront intégrés des rites orientaux. Et la messe de minuit sera retransmise par la télévision à l'ensemble de la communauté chrétienne mondiale... Pour ma part, je m'attache à faire ressortir le sens spirituel de ce dernier Noël du millénaire, qui risque de sombrer dans une espèce de mercantilisme millénariste... Nous devons profiter de cette occasion unique pour réactualiser tout le mystère de l'Incarnation : Jésus sauveur, c'est tout ce dont nous avons besoin ; Jésus, incarnation de la paix et de la justice, Jésus comme messager d'amour et de solidarité. Ce sens spirituel est non seulement adapté à la situation présente, mais il est susceptible d'aider à la réconciliation entre Israël et la Palestine. La paix est le message de Noël par excellence. Il faut profiter de l'entrée dans le troisième millénaire pour tourner la page d'un conflit qui n'a que trop duré. »

Le patriarche, qui revendique d'excellentes relations avec Yasser Arafat, se sent lui-même impliqué dans ce combat pour la paix : « Nous ne sommes ni "avec", ni "contre", mais au service de tous, des Palestiniens comme des Israéliens. Ce n'est pas notre faute si nous ne sommes pas toujours bien compris sur ce chapitre. Nous répétons que nous sommes en faveur d'une paix juste et équitable. Les Palestiniens ont été opprimés et le sont encore. Mais une vraie paix bénéficiera autant aux Palestiniens qu'aux Israéliens. Encore une fois, cette ligne de conduite parfaitement claire a fait que l'Autorité palestinienne nous a toujours considéré comme partenaires dignes de confiance. Certes, la relation n'est pas aussi simple ni aussi intime avec les Israéliens, qui restent plus difficilement abordables. Bien évidemment, la récente élection d'Ehud Barak ouvre de nouvelles perspectives. Avant ce changement, tout était mort et sans issue. Mais il faudra encore énormément de courage aux nouveaux dirigeants israéliens pour finaliser cette paix juste. Ils devraient pourtant comprendre que la stabilisation rapide d'un État palestinien viable ne peut qu'aller dans le sens de leurs intérêts et de ceux de tous les Israéliens. »

Une paix qui devra régler une bonne fois la question des Lieux saints et, au premier chef, celle de Jérusalem : « La ville est une Ville sainte pour les trois religions et les deux peuples. C'est une question essentiellement d'ordre politique et religieux. Politique, parce que les deux peuples doivent pouvoir y bénéficier d'une présence égale. Religieux, car la liberté d'accès aux lieux doit être absolument garantie. En théorie, elle l'est partiellement ; en réalité, elle demeure plus que relative, liée aux péripéties d'un conflit qui perdure... Beaucoup de chrétiens et de musulmans n'ont toujours pas le droit de rentrer à Jérusalem. Il faut des permis, des autorisations administratives difficiles à obtenir. Il conviendra de gérer les Lieux saints selon un statut particulier qui reste à définir, permettant l'accès et l'usage les plus libres et les plus indépendants qu'il sera possible... » Michel Sabbah insiste tout autant sur l'importance d'une liaison sans entrave entre Jérusalem et Bethléem, et sur l'arrêt des spoliations et des colonisations.

Sur la place de la Nativité, au moment où débutera la messe de minuit, manquera néanmoins l'acteur le plus important pour le devenir de Bethléem, des Lieux saints et de la Palestine : Ehud Barak, nouveau Premier ministre israélien. Il a entre les mains les clés qui pourraient ouvrir la prison de Bethléem, permettre aux Bethléemites de reprendre espoir et de renoncer à l'envie de fuir à l'étranger, afin que la ville de la Nativité devienne enfin la capitale de la paix pour tous, chrétiens et non-chrétiens.

# *Post scriptum*

L'embrasement de la colline d'Abu Ghuneim, le jour même de la première rencontre entre Ehud Barak et Yasser Arafat, n'est pas bon signe. Non plus que les cinq jeunes Palestiniens blessés par balles à Bethléem, le 9 septembre 1999. « Les affrontements ont éclaté lorsque plusieurs milliers de Palestiniens qui souhaitaient se rendre en territoire israélien pour y travailler en ont été empêchés par des barrages routiers installés par l'armée israélienne », rapporte l'Agence France Presse. Les Palestiniens condamnés au chômage forcé ont lancé des pierres en direction des forces de l'ordre, lesquelles ont répliqué en tirant des grenades lacrymogènes et des balles en caoutchouc. Plus graves encore furent les trois jours d'affrontements autour du *check-point* de la tombe de Rachel qui se sont achevés par la mort, par balle, le 25 octobre 1999 d'un vendeur de cartes postales palestinien. En effet, les Bethléemites n'acceptent toujours pas les travaux entrepris par les Israéliens autour du tombeau de Rachel. Les éditorialistes du monde entier continuent néanmoins à se montrer optimistes et sont persuadés de la volonté du « nouvel acteur » de Bethléem de parvenir à un bon accord avec Yasser Arafat.

Lorsque, le 8 octobre 1999, Yasser Arafat rencontre le ministre français des Affaires étrangères, Hubert Védrine, il affiche pourtant sa tête des mauvais jours. Très fatigué, mais surtout déçu et préoccupé – racontent les membres de la délégation palestinienne –, le « Vieux », comme ils l'appellent affectueusement, déplore une fois de plus les promesses non tenues. À peine arrivé aux affaires, le nouveau Premier ministre israélien, Ehud Barak, qui vient de signer les accords de Charm el-Cheikh, eux-mêmes adoptés afin de garantir l'application des accords de Wye River, ne respecte pas ses engagements. Il avait promis de stopper la construction de nouvelles colonies de peuplement ; il a en réalité donné le feu vert à la mise en chantier de 3 084 logements, soit plus que toutes les nouvelles constructions entreprises sous Netanyahou !

Et ce n'est pas tout. Ehud Barak avait également pris l'engagement de faire évacuer les quarante-trois sites occupés par des caravanes, à l'appel d'Ariel Sharon, avant les dernières élections. « J'ai vu par deux fois Ehud Barak qui m'avait promis de les faire enlever, mais rien n'a été fait, raconte d'une voix lasse Yasser Arafat. Une fois de plus, on se heurte au double langage de gens qui prétendent faire la "paix des braves" alors qu'ils se révèlent incapables de respecter le premier des engagements qu'ils viennent de parapher. Ce constat n'est pas une analyse politique, mais un fait, un fait brut et indiscutable. À quoi sert-il de signer des accords s'ils sont aussitôt violés, avant même que leur encre ait eu le temps de sécher ? »

Pour donner encore plus de poids à son propos, Yasser Arafat, qui reçoit le ministre français à Ramallah, évoque alors l'affaire qui choque tant de Bethléemites : l'accélération de la nouvelle implantation sur la colline d'Abou Ghuneim au moment même où la ville qui a vu naître Jésus est en plein chantier pour accueillir des centaines de milliers de pèlerins du monde entier autour des prochaines fêtes de Noël. « On dirait qu'il y a une réelle volonté de saboter la préparation des festivités de fin de millénaire qui se dérouleront à Bethléem. Il y a – semble-t-il – volonté d'encercler Bethléem de colonies juives, explique le chef de l'Autorité palestinienne. À Jérusalem, la situation est encore plus grave, ajoute-t-il ; les Israéliens agrandissent la colonie de Ma'ale Adumim pour en faire une ville aussi vaste que Tel-Aviv. Ce n'est pas nous qui l'affirmons, martèle Arafat, mais les Israéliens eux-mêmes, par la voix du journal *Ha'aretz*. Lors de la discussion finale, cette colonie sera bien sûr rattachée à Jérusalem, et par conséquent coupera le nord et le sud de la Cisjordanie. Bref, il y a un plan concerté et extrêmement grave de reprise de la colonisation », conclut-il.

Représentante de l'Autorité palestinienne à Paris, Leïla Shahid[1] a assisté à ce dialogue. Elle raconte que la discussion a porté également sur la judaïsation de Jérusalem, qui se poursuit : « Les Israéliens projettent de construire le Temple à l'intérieur du périmètre de l'Esplanade des Mosquées, ce qui constituerait la dernière des provocations... »

Lors de son entretien avec Hubert Védrine, Yasser Arafat a fait longuement état de ses doutes sur la volonté réelle du nouveau Premier ministre israélien d'aboutir à un accord acceptable pour les Palestiniens : « Quand Rabin a dit que pas une seule maison ne serait ajoutée aux colonies existantes et qu'il n'y aurait plus de financement public pour une seule colonie, il a tenu parole. J'en déduis que Rabin

1. Entretien du 19 octobre 1999.

était fiable, ce qui n'est pas le cas d'Ehud Barak... Nous voulons négocier sérieusement avec Barak, mais il ne bouge pas, ne manifeste aucun signe positif. Admettez que, dans ces conditions, notre position devienne extrêmement difficile. Ce qui est important, ce n'est pas ce que dit Barak, mais ce qu'il fait... Ehud Barak est un maximaliste ; par conséquent, nous allons à la crise », conclut Yasser Arafat, une lueur de désespoir dans le regard.

Le pire n'est assurément jamais sûr. Aussi devons-nous laisser à Edward Saïd, intellectuel palestinien engagé, le soin d'ouvrir une perspective :

« Comme en Afrique du Sud, nous devons être absolument clairs vis-à-vis des Israéliens sur le fait que notre combat ne vise en aucune façon à les chasser du Proche-Orient. Il n'est pas question de revenir aux années d'avant 1917 ou 1948. Nous devons au contraire leur assurer, comme Mandela l'a toujours fait pour la communauté sud-africaine blanche, que nous voulons qu'ils restent et partagent avec nous la terre sur une base égalitaire. Il faut parler aux Israéliens sur la base de droits politiques égaux pour tous sur cette terre commune. Si nous nous efforçons d'expliquer aux éléments démocratiques de la population d'Israël que nous voulons la même chose qu'eux, c'est-à-dire l'égalité des droits et une vie décente dans la paix et la sécurité, nous pourrons nous épauler mutuellement dans notre lutte[1]. »

La Terre sainte pour deux peuples, c'est ce dont rêvent tous nos interlocuteurs de Bethléem : le prince de la Paix n'a-t-il pas été l'un des leurs ?

---

1. *Al-Ahram Weekly* du 4 juin 1998 et *Al-Hayat* du 9 juin 1998. Articles repris dans *Israël, Palestine : l'égalité ou rien*, éditions La Fabrique, septembre 1999.

# Table

*Impression réalisée sur CAMERON par*
*BRODARD ET TAUPIN*
*La Flèche*

*pour le compte des Éditions Fayard*
*en novembre 1999*

*Imprimé en France*
Dépôt légal : novembre 1999
N° d'édition : 8708 – N° d'impression : 1172X
ISBN : 2-213-60510-6
35-57-0710-01/0